LA CAPTIVITÉ

DE

SAINTE-HÉLÈNE

TYPOGRAPHIE FIRMIN-DIDOT ET Cᴵᵉ. — MESNIL (EURE)

NAPOLÉON.

D'après un dessin de Girodet appartenant à M. de Marmont. (*Reproduction interdite.*)

INTRODUCTION

I.

Lorsque lord Liverpool eut désigné une prison
au vaincu de Waterloo, non content de s'instituer le
geôlier de l'Empereur, il voulut s'arroger le droit
d'exercer à lui seul une surveillance sur le captif de
Sainte-Hélène ! Mais les puissances alliées eurent
soin d'introduire, dans le traité du 2 août 1815, un
article spécial, stipulant « que les cours impériales
d'Autriche et de Russie, ainsi que la cour royale
de Prusse, nommeraient des commissaires, qui se
rendraient au lieu de séjour fixé par S. M. Britannique à Napoléon Bonaparte, et y resteraient pour
s'assurer de la présence du susdit Bonaparte, sans
être toutefois responsables de la façon dont le prisonnier serait gardé. »

La mission que devaient remplir ces agents à
Sainte-Hélène fut nettement définie dans une note
que le prince de Metternich remit à son envoyé,
le baron de Stürmer, au moment de son départ.
Ces instructions servirent plus tard de bases à celles
que le gouvernement de Louis XVIII adressa à son
représentant; comme elles établissent, d'une façon
précise, le caractère de la mission des commissaires,
je crois utile de les reproduire. « Les Puissances alliées étant convenues de prendre les mesures les plus
propres à rendre impossible toute entreprise de la
part de Napoléon Bonaparte, il a été décidé qu'il serait
conduit à l'île de Sainte-Hélène et qu'il y serait spécialement confié à la garde du gouvernement britannique et que les cours d'Autriche, de Russie et de
Prusse y enverraient des commissaires destinés à y
résider pour s'assurer de sa présence... La garde de
Napoléon étant spécialement confiée au gouvernement britannique, vous n'êtes, sous ce rapport,
chargé d'aucune autre responsabilité, mais vous vous
assurerez de sa présence par les moyens et de la manière dont vous conviendrez avec le gouverneur. Vous
aurez soin de vous convaincre, par vos propres yeux,
de son existence et vous en dresserez un procès-verbal, qui devra être signé par vous et par vos collègues... Vous éviterez avec le plus grand soin toute
espèce de relations avec Napoléon Bonaparte et les
individus de sa suite; vous vous refuserez positivement à celles qu'il pourrait chercher à établir avec

vous et, dans le cas où il se permettrait sous ce rapport des démarches directes, vous en rendriez compte
sur-le-champ au gouverneur... Vos fonctions se bor-
nant à celles qui vous sont indiquées par les présentes instructions, vous vous abstiendrez avec la plus
scrupuleuse exactitude de toute démarche isolée. »

L'empereur Alexandre choisit, pour son représentant, le comte de Balmain et lui enjoignit de régler sa
conduite sur celle de son collègue autrichien ; néanmoins, il est à remarquer que, dans les instructions qu'il lui adressa, il insista sur un point que le
beau-père de Napoléon avait omis à dessein. « Seul
entre tous les alliés, il désirait que l'on traitât l'Empereur avec bonté et surtout avec respect et avec les
égards qui lui étaient dus... Quand Napoléon eut
connaissance des sentiments de l'empereur de Russie,
il chargea un de ses officiers de prier le comte de faire
savoir à son maître combien il le remerciait de ses
sentiments (1). » Ainsi que je viens de le dire, le
gouvernement autrichien avait choisi pour commissaire un diplomate de carrière, le baron de Stürmer, qui avait pris part aux conférences du congrès
de Châtillon en qualité de secrétaire de légation ; peu
de temps avant sa nomination à Sainte-Hélène, il
avait épousé une Française, Mlle Boulet, fille d'un
employé supérieur au ministère de la Guerre. Des
relations mondaines existaient, avant ce mariage,

____

(1) *Napoléon à Sainte-Hélène. Rapports du baron de Stürmer*,
publiés par J. Saint-Cère et Schlitter. Introduction, p. xv.

entre la famille de Mme de Stürmer et celle de Las Cases ; aussi sa venue dans l'île fut fort mal accueillie par Hudson Lowe, et on peut croire qu'elle fut le prétexte des difficultés que son mari rencontra, dès le début, dans sa mission.

Aussitôt que le duc de Richelieu eut appris la nomination des deux commissaires, car, pour un motif encore inconnu, la Prusse n'en désigna pas, il représenta à Louis XVIII combien il serait nécessaire que la France exerçât aussi son contrôle à Sainte-Hélène, afin de concourir aux mesures que les puissances prenaient pour surveiller « cet homme, dont la liberté était devenue incompatible avec la liberté du monde ». Bien que le traité du 2 août ne fît aucune mention de la France, le duc de Richelieu pensait, avec raison, qu'elle devait être représentée à Sainte-Hélène, ne fût-ce que pour montrer aux alliés qu'elle entendait sortir de l'isolement où elle se trouvait depuis Waterloo. Il proposa donc à l'agrément du roi la nomination du marquis de Montchenu, qu'il regardait « comme un serviteur éprouvé, sur le zèle et le dévouement de qui il avait appris à compter depuis longtemps ».

Issu d'une ancienne famille du Midi, le comte de Montchenu (1) entra au service en 1772, comme chevau-léger de la garde du roi ; capitaine en 1779, il fut nommé mestre de camp en 1782 et remplit

---

(1) Dans toute sa correspondance, M. de Montchenu se donne le titre de *marquis,* sous lequel il sera désormais désigné.

les fonctions de son grade jusqu'à la nouvelle organisation de l'armée en 1791 ; il était alors chevalier de Saint-Louis. Il rejoignit le comte de Provence à Coblentz et le suivit dans toutes les pérégrinations de l'exil. « Je n'ai jamais voulu servir Bonaparte, dit-il dans une de ses lettres, quoique j'en eusse grand besoin... Si j'avais demandé d'être nommé maréchal de camp comme l'ont fait presque tous mes cadets, au bout de mes seize ans de service je l'aurais été comme eux, d'autant plus que le maréchal de Broglie, qui dirigeait à Mittau le département militaire, m'honorait d'une amitié particulière... Toujours est-il que le roi a eu bien de la peine à me faire maréchal de camp à une époque où mes cadets ont été promus lieutenants généraux sans avoir fait plus que moi ! »

Peut-être le roi n'avait-il pas eu tort d'oublier pendant quelque temps le personnage qui nous occupe ; car, au témoignage même de ceux qui le fréquentèrent pendant assez longtemps, c'était un esprit médiocre, un intrigant désireux de se faire remarquer pour arriver à occuper une situation que ses antécédents ne justifiaient pas. Napoléon disait en parlant de lui : « C'est un de ces hommes qui peuvent accréditer dans le monde l'ancien préjugé que les Français ne sont que des saltimbanques ; » et le baron de Stürmer, qui vécut auprès de lui pendant plus de trois ans et qui put apprendre à le connaître, n'hésitait pas à écrire « qu'il n'avait aucune des qualités propres à remplir le poste qui lui était confié... A la vérité, ajoutait-il, je le crois honnête homme et je suis loin de soupçonner sa fidélité envers son roi, mais il a peu d'instruction et manque absolument de tact. N'ayant jamais été dans les affaires, il n'en a nullement l'habitude et ne sait pas donner de suite à ses idées... Une vanité sans bornes est le mobile de toutes ses actions; il ne s'est pas fait aimer ici et les ridicules qu'il se donne tous les jours l'ont fait tomber dans une complète déconsidération (1) ».

Il faut, cependant, reconnaître que, malgré ses défauts et ses travers, M. de Montchenu sut assez habilement tirer parti d'une situation fort délicate; sa connaissance approfondie des hommes lui permit de rendre de véritables services au gouvernement de Louis XVIII, et il ne trompa point la confiance que le duc de Richelieu avait en lui; car il remplit scrupuleusement sa mission, qui consistait, avant tout, à voir ce qui se passait dans l'île, à écouter ce qui se disait autour de Longwood et à le rapporter fidèlement à son chef.

C'est à ce titre que sa correspondance avec le département des Affaires étrangères m'a semblé présenter un réel intérêt. Déposées dans les archives du quai d'Orsay, ces lettres, écrites au jour le jour, font partie des rapports diplomatiques dont la communication a été récemment autorisée;

(1) *Rapports du baron de Stürmer*, p. 16.

elles sont le résumé, assez impartial, des moindres
faits qui se produisirent dans l'île pendant les cinq
années de la captivité de l'Empereur et peuvent être
considérées comme l'écho des entretiens de Napoléon avec ses généraux. Je me plais donc à espérer
que cette publication fera connaître le glorieux captif
sous un aspect, sinon nouveau, du moins assez spécial, et que les pages qui vont suivre pourront servir à écrire le dernier chapitre de la grande Épopée.

II.

La nomination de M. de Montchenu fut signée
par le roi, le 19 décembre 1815 : sur sa demande,
un secrétaire, M. de Gors, lui fut adjoint, « moins à
cause de sa correspondance, qui ne pouvait être très
volumineuse, que pour le suppléer en cas de maladie ». Il fut invité à se rendre sans retard à Londres
pour s'entendre avec ses collègues étrangers sur la
date à laquelle le navire anglais, mis à leur disposition par le gouvernement, pourrait mettre à la voile.
Les instructions que le duc de Richelieu remit à
son envoyé lui traçaient d'une manière fort nette la
ligne de conduite dont il ne devait pas s'écarter pendant la durée de sa mission, et elles concordaient
avec celles du prince de Metternich à son agent :
« Lorsque M. de Montchenu sera arrivé à Sainte-
Hélène, il n'aura point à se mêler de la garde de

Bonaparte; le gouvernement anglais en est exclusivement chargé, il en a pris seul la responsabilité, par conséquent c'est à lui seul qu'il appartient de prendre les mesures de sûreté qui peuvent être nécessaires. Les fonctions habituelles de M. de Montchenu consisteront donc seulement à s'assurer, par ses propres yeux, de l'existence de Bonaparte. Lorsque ce fait aura été constaté de la manière qui aura été convenue entre les commissaires et le gouverneur de l'île, et chaque fois qu'il le sera, on dressera en commun un procès-verbal, qui sera signé par tous les commissaires et contre-signé par le gouverneur. Au commencement de chaque mois, M. de Montchenu fera faire, pour être envoyé au ministre des Affaires étrangères, une expédition authentique des procès-verbaux qui auront été dressés.

« Chaque puissance a prescrit, comme règle générale à son commissaire, de se concerter, sur toutes les démarches qu'il jugerait à propos de faire, avec les commissaires des autres cours; M. de Montchenu devra se conformer à ce principe. Si donc il jugeait nécessaire de faire soit quelque demande, soit quelque communication au gouverneur, ou toute autre démarche relative à l'objet de sa mission, il en ferait la proposition aux autres commissaires.

«... S'il arrivait que Bonaparte, ou même quelques personnes de sa suite, vinssent à former des projets d'évasion, à en préparer les moyens ou même simplement à chercher à entretenir des rapports au dehors et que le commissaire du roi eût acquis à cet égard quelques indices, même les plus légers, il lui est enjoint d'en prévenir sur-le-champ le gouverneur, sans qu'il ait besoin, dans ce cas, de se concerter d'avance avec les autres commissaires, pour peu qu'il pût en résulter le moindre retard. »

En résumé, M. de Montchenu devait régler sa conduite sur celle de ses collègues et, avant tout, défense leur était faite d'entretenir la moindre relation avec Longwood : on verra, néanmoins, que le marquis fut contraint, par les circonstances, de se départir de cette règle si stricte et que, pour donner à son gouvernement quelques détails sur le genre de vie menée par le personnage qui l'intéressait à un si haut point, il fut dans le cas de se mettre en rapport avec les personnes de la suite de l'Empereur; il entretint même des relations assez suivies avec Montholon, dont les conversations lui fournirent la matière de maints rapports fort curieux, car elles n'étaient que le reflet des entretiens de Napoléon avec ses compagnons.

Le duc de Richelieu recommandait aussi au commissaire de ne point laisser partir de Sainte-Hélène un seul bâtiment sans le charger de dépêches qui, indépendamment de ce qui concernait Napoléon, devaient signaler le nombre des vaisseaux qui viendraient toucher à James-Town, ainsi que le nom des personnages marquants se trouvant à leur bord et le temps de leur séjour dans l'île ; enfin, la correspondance de l'agent de Louis XVIII devait se grossir de toutes les nouvelles qu'il pourrait recueillir. On voit donc que les fonctions confiées à M. de Montchenu ne ressemblaient que de fort loin à une mission diplomatique et qu'un policier aurait mieux convenu pour ce rôle ; cependant, son zèle qu'aucune traverse ne pouvait rebuter et que l'insuccès de ses premières démarches n'arrêta pas, lui permit de rendre quelques services à son gouvernement. Malheureusement, pour lui et pour ses collègues, son esprit un peu brouillon et le peu de modération qu'il apporta dans les tentatives qu'il fit pour être admis chez l'Empereur lui fermèrent à tout jamais la porte de Longwood. Comme le dit fort judicieusement le baron de Stürmer, « il aurait fallu, avant toutes choses, sonder le terrain, acquérir une exacte connaissance des lieux et des personnes, ne rien précipiter et surtout ne point faire de démarches officielles sans en avoir calculé l'effet (1). »

Mais telle ne fut pas la conduite de M. de Montchenu, car, dès le lendemain de son arrivée, il se mit en opposition avec ses collègues et excita la méfiance d'un gouverneur toujours soupçonneux et qui ne voyait dans les commissaires que des espions chargés de contrôler ses moindres actes.

Napoléon était débarqué dans la petite rade de

______

(1) *Rapports du baron de Stürmer*, par J. Saint-Cère et Schlitter.

James-Town, le 15 octobre 1815; ce ne fut que le 18 juin 1816, au soir, que les trois commissaires arrivèrent à Sainte-Hélène. Le vaisseau anglais qui les amenait, *le Newcastle,* n'ayant pu jeter l'ancre par suite de la violence des lames et les règlements de l'île ne permettant pas d'aborder après le coucher du soleil, les envoyés des Puissances durent attendre au lendemain matin pour faire leur entrée dans le port. La réception fut solennelle, le gouverneur vint au-devant d'eux entouré de son état-major, et l'artillerie de l'île les salua d'une salve de treize coups de canon.

Dès qu'on fut arrivé à Plantation-House, demeure du gouverneur Hudson Lowe, M. de Montchenu, se conformant à ses instructions, demanda à être conduit aussitôt que possible à Longwood, car il désirait que le vaisseau qui l'avait amené, et qui allait repartir avant peu, pût porter en Europe sa première dépêche concernant Bonaparte. Mais son désappointement fut grand, quand il apprit quelles difficultés cette visite rencontrerait, l'Empereur ayant déclaré qu'il ne recevrait jamais les commissaires s'ils se présentaient comme envoyés par les Puissances alliées. L'amiral Malcolm, qui venait remplacer à Sainte-Hélène l'amiral Cockburn, lequel se trouvait auprès de Napoléon depuis son embarquement sur *le Northumberland,* fut admis seul à Longwood et, dans la conversation, étant venu à parler des commissaires, l'Empereur s'écria aussitôt : « Comment voulez-

vous que je voie ces gens-là ? Qui est-ce qui les envoie ?
Est-ce l'Autriche, que j'ai eue vingt fois à mes pieds ?
Est-ce l'empereur de Russie, à qui j'ai rendu tant de
services après la paix de Tilsitt ?... Ne serait-ce pas
me reconnaître le prisonnier de l'Europe que de
voir ces commissaires ? Je suis le vôtre, puisque vous
me tenez ; c'est de fait, mais non pas de droit... »

Cependant, malgré la noble irritation de l'Empereur, Hudson Lowe commit la maladresse d'insister : il s'adressa donc au général Bertrand, qui continuait à remplir, à Longwood, les fonctions de
grand-maréchal du palais et avait, à ce titre, la mission d'introduire auprès de son maître les personnes
qui avaient obtenu la faveur d'une audience. Celui-ci,
ne voulant pas reconnaître le caractère spécial de la
mission des commissaires, leur fit demander s'ils
étaient chargés de remettre à l'Empereur quelque message de leurs souverains : force leur fut de répondre
qu'ils venaient conformément aux stipulations du
traité du 2 août ; cependant, ils eurent soin de ne pas
ajouter que le véritable but de leur mission était de
constater la présence de Bonaparte à Sainte-Hélène. Napoléon leur fit alors répondre : « S'ils veulent me voir comme particuliers, qu'ils s'adressent
au grand-maréchal, rien ne s'y oppose ; s'ils veulent
me voir comme commissaires, qu'on me montre
la convention et je verrai (1)... »

(1) *Rapports du baron de Stürmer*, publiés par J. Saint-Cère et
Schlitter, p. 10.

Le texte du traité fut retrouvé, non sans peine, dans un vieux numéro du *Journal des Débats*, car aucun des commissaires n'avait pris soin de se munir d'une copie de la convention, et il fut envoyé à Longwood. La réponse de l'Empereur ne parvint qu'un mois après, sous forme de note rédigée par Montholon et adressée au gouverneur. Il protestait dans un noble langage contre le traité et faisait entendre que la violence seule donnerait accès aux envoyés des alliés; Napoléon alla même jusqu'à dire « qu'il tirerait un coup de pistolet sur la personne qui oserait franchir sa porte ».

M. de Montchenu, à qui ces paroles furent rapportées, perdant alors tout sang-froid, dit à Hudson Lowe : « Donnez-moi une compagnie de grenadiers et je saurai forcer la porte, s'il le faut! » puis se tournant vers ses collègues, il ajouta : « Messieurs, je compte sur vous, si l'on m'oblige à user de la force ». Mais ceux-ci, loin de s'associer à un pareil langage, le désavouèrent hautement et représentèrent au marquis qu'ils sortiraient de leur rôle en irritant l'Empereur. M. de Stürmer comprenait fort bien qu'il devait, avant tout, s'efforcer en ce moment d'apercevoir Bonaparte, afin de pouvoir écrire à son gouvernement que sa présence dans l'île était certaine; car il pensait, non sans raison, qu'un jour pourrait venir où les premiers froissements disparaîtraient et où il serait moins mal vu à Longwood. Quant au comte de Balmain, il fit remarquer, pour la première fois, que des instructions particulières qu'il tenait de la main même de l'empereur Alexandre l'obligeaient à observer une certaine déférence à l'égard de Napoléon, et qu'il devait surtout éviter toute démarche qui semblerait blessante.

On peut donc affirmer que les premières tentatives de M. de Montchenu contribuèrent à empêcher les commissaires d'être reçus par l'Empereur et qu'un excès de zèle mal entendu l'éloigna à tout jamais de Longwood.

III.

La première impression ressentie par les envoyés des Puissances, en apercevant les côtes de Sainte-Hélène, fut un sentiment d'indicible tristesse; ce sentiment ne fit que s'accroître lorsqu'ils abordèrent à ce rocher aride que la Compagnie des Indes avait mis à la disposition du gouvernement anglais, qui cherchait une prison pour son ennemi vaincu. « Cet endroit est le plus isolé du monde, le plus inabordable, le plus difficile à attaquer, le plus pauvre et le plus insociable, écrivait M. de Montchenu; la vue en est effrayante, et je ne vous cache pas que son premier aspect me serra le cœur... » « ... Une ceinture de rochers calcinés, sans aucune végétation, d'une hauteur de près de 2.000 pieds, borde entièrement l'île et la rend inaccessible; ces rochers saillants portent dans les nuages leurs pointes arides et, de loin, on n'aperçoit que le pic de Diane qui les domine; » tel est le spectacle qui se présente à la vue, suivant la relation d'un voyageur. Pour ajouter à ce tableau désolant, Thiers nous montre ce rocher entouré d'une brume épaisse, car « au sein de ces vastes plaines de l'Océan, Sainte-Hélène offrant aux vapeurs le seul point qui puisse les arrêter, les fixe autour d'elle et se montre constamment au sein des brouillards (1) ». Aussi n'était-ce pas sans motif que Napoléon avait surnommé sa prison « l'île des Brouillards ».

Les difficultés que le marquis rencontra, dès le premier jour, pour l'organisation de sa vie matérielle ne firent qu'accroître la véritable horreur que lui inspira Sainte-Hélène lorsqu'il eut mis le pied sur ce sol inhospitalier, et qu'il eut parcouru la rue de James-Town, la seule qui fût bordée d'habitations. Tout d'abord, il éprouva une peine extrême à trouver un logement; car, au moment de l'arrivée de l'Empereur, la petite ville ne contenait pas plus de trente maisons confortables, qui furent aussitôt occupées par les officiers des régiments venus pour renforcer la garnison. On offrit cependant à M. de Montchenu deux maisons, mais le prix fort élevé de 700 livres sterling, qu'on lui demandait, ne lui permit pas de les louer. Enfin, après bien des re-

(1) Thiers, *Consulat et Empire,* t. XX. p. 588.

cherches, il finit par trouver un logement pour 370 liv. st. (17.500 fr.), mais cette habitation était complètement démeublée; il dut encore s'estimer heureux de ne pas avoir à y faire de réparations, ce qui arriva au baron de Stürmer, qui dut dépenser plus de 300 liv. (9.250 fr.) avant de pouvoir entrer dans son logis.

Par suite de l'augmentation considérable de la garnison et de l'arrivée d'un grand nombre d'agents de la Compagnie des Indes et de fonctionnaires dont les appointements étaient relativement élevés, la cherté des subsistances était devenue exorbitante; le pain se vendait, en moyenne, 13 francs la livre; un mouton coûtait 60 francs, un canard 15 francs, et tout à l'avenant. Lorsque M. de Montchenu dut acheter un mobilier fort simple, on lui demanda 65 liv. (1.625 fr.) pour une douzaine de sièges en paille et 45 liv. (1.125 fr.) pour une table à manger. « Le blanchissage, dit-il dans une de ses lettres, est aussi un article qui étonne; on ne peut s'en faire aucune idée qu'en réfléchissant au prix énorme du combustible, à la difficulté d'avoir des ouvrières et à leur cherté; le savon est aussi hors de prix; je crois donc pouvoir compter cette dépense à 100 liv. (2.500 fr.). En ce qui concerne la nourriture des chevaux, j'ai fait un accord avec le fournisseur de Bonaparte à 4 schellings 2 pence (5 fr. 20 c.) par jour pour chaque cheval (l'île ne possède aucun grain ni fourrage, et tout le grain vient du Cap)...

Ces articles réunis font un total de 988 livres sterling (24.700 fr.), sans que j'aie encore mangé un seul morceau de pain... Quant aux denrées, les choses les plus rares ici sont le bœuf, le lait, le beurre, enfin toutes choses de première nécessité. »

En faisant un si sombre tableau de la vie à Sainte-Hélène, peinture un peu exagérée peut-être, mais qui, néanmoins, d'après le récit des voyageurs, approchait fort de la réalité, M. de Montchenu n'avait vraisemblablement d'autre but que d'obtenir du duc de Richelieu un supplément de traitement. Ses appointements, au moment de sa nomination, avaient été fixés à 2.500 livres sterling (50.000 francs), somme qui lui paraissait bien maigre en comparaison des traitements élevés alloués par le gouvernement anglais à ses fonctionnaires. Le gouverneur avait 12.000 livres sterling, il était logé et meublé; en outre, la Compagnie lui fournissait soixante esclaves, douze chevaux, des bœufs et des mulets; l'amiral ne touchait, il est vrai, que 4.600 livres sterling de traitement fixe, mais il avait tous les avantages que lui procurait son commandement. Aussi, M. de Montchenu, après avoir fait le calcul de ses dépenses, fait la récapitulation de son budget : « J'ai tous les jours six personnes à nourrir, dont deux maîtres; de temps en temps, une ou deux personnes viennent dîner. Ainsi, l'amiral et sa femme m'ont comblé de tant de soins que je n'ai cru pouvoir me dispenser de leur donner à dîner; nous étions douze, et ce dîner m'a coûté 37 livres sterling; encore j'ai dû le leur donner chez eux, car je n'ai point encore les meubles nécessaires pour recevoir tant de monde; j'attends avec impatience d'avoir de quoi en acheter... Je vous demande donc 3.000 livres sterling (75.000 francs) par an et je vous déclare qu'il m'est impossible de vivre à moins. Ma santé ne tiendrait pas longtemps au genre de vie que le manque d'argent me fait mener actuellement, ne vivant que de salaison. J'ai cependant exactement touché tout ce qui m'est dû et je dois au gouverneur 800 livres, car j'ai dû acheter des chevaux qui coûtent bien cher. »

Ces doléances sur la disproportion qui existe entre la modicité de son traitement et la cherté de la vie à Sainte-Hélène, on les retrouve presque à chaque page dans la correspondance de M. de Montchenu; les ministres des Affaires étrangères qui se succédèrent pendant les cinq années que dura sa mission, ne semblent pas les avoir prises en sérieuse considération, car ce ne fut qu'avec grand'peine qu'il obtint, à la fin de son séjour, une augmentation de traitement, alors qu'il était à bout de ressources, et cependant il ne cessait de répéter « que la pauvreté ôte, aux yeux des Anglais, toute espèce de considération » !

Aussi bien, les plaintes du commissaire français ne doivent pas paraître exagérées, car son collègue autrichien adresse la même requête au prince de Metternich : « Je suis ruiné pour toujours, lui dit-il, si l'on me refuse ce que je demande, car mon établissement m'a coûté plus de 1.300 livres sterling et je vous jure qu'il serait absolument impossible de vivre décemment, à moins de 3.000 livres par an... S'il ne s'agissait que de moi, 1.000 livres sterling partout ailleurs me paraîtraient préférables à 10.000 à Sainte-Hélène... il faut beaucoup de courage et de résignation pour supporter cet exil patiemment; il en est peu d'aussi tristes... (1). »

Malheureusement, tout cet argent fut dépensé sans grand résultat, car on verra que la mission des commissaires fut à peu près inutile; elle fut, au demeurant, mortellement triste pour eux, dispendieuse pour les cours qui les envoyèrent et n'ajouta rien à la sûreté de l'Empereur.

IV.

Cependant, les mois s'écoulaient, et l'année 1816 était déjà avancée sans qu'aucun changement se fût produit dans la situation du marquis de Montchenu à l'égard de Napoléon. La réponse de Montholon avait nettement établi les intentions de son maître et, sauf à user de violence, il était certain que la porte de Longwood était à tout jamais fermée aux commissaires. L'illustre prisonnier continuait à

______

(1) *Rapports du baron de Stürmer*, p. 64.

mener une existence monotone, qui fournissait peu
de matière à des dépêches intéressantes pour l'envoyé de Louis XVIII; aussi les moindres incidents
qui se produisent à Sainte-Hélène prennent-ils, sous
sa plume, l'importance de véritables événements.
L'arrestation du comte de Las Cases, qui avait eu
l'imprudence de vouloir faire passer des lettres en
Europe par l'intermédiaire d'un de ses serviteurs, est
racontée avec d'intéressants détails. De même, l'incident du botaniste Welle est l'occasion d'une dépêche, qui fait comprendre le grand bruit que le gouverneur mena autour de cette aventure. On sait
qu'il s'agit d'un professeur de botanique, envoyé à
Sainte-Hélène par le directeur des jardins de Schœnbrunn, avec mission d'explorer la maigre flore de
cette région désolée. Ce voyageur fut chargé par la
mère de Marchand de remettre un paquet à son
fils, et on le soupçonna d'avoir, par la même occasion, fait passer certains objets venant de France.

Cette dernière affaire, bien qu'assez insignifiante en
elle-même, devint le prétexte, pour Hudson Lowe,
d'un redoublement de rigueur et de mesures vexa-
toires visant les commissaires; c'est ainsi qu'il fit
publier l'acte du Parlement anglais portant peine de
mort contre « quiconque serait convaincu d'avoir
entretenu des intelligences avec Bonaparte ». Il n'est
pas sans importance d'ajouter que les instructions
de lord Bathurst indiquaient que cette mesure était
applicable à toute personne qui résidait dans l'île.

M. de Montchenu, voyant, dans la publication de
cet acte, une atteinte directe à ses droits et à son
caractère spécial, le prit de très haut avec le gouverneur et lui fit entendre qu'il ne se reconnaîtrait
jamais justiciable des tribunaux britanniques.

Vers cette époque, l'état de santé de l'Empereur
commença à donner quelques inquiétudes à ses
fidèles compagnons; la privation d'exercice qu'il
s'était imposée depuis que le gouverneur lui avait
interdit des promenades au delà d'un certain péri-
mètre, sauf à être accompagné d'un officier anglais,
avait eu une déplorable influence sur l'état général
du prisonnier, qui avait l'habitude d'une vie bien
différente de celle qu'il menait depuis deux ans.
D'après le récit d'un de ses valets de chambre, voici
comment se passaient les journées de l'Empereur :
« ... L'heure du lever n'était pas réglée et dépendait
beaucoup du repos dont il avait joui pendant la
nuit. En général, il dormait mal et se levait à trois
ou quatre heures; lorsqu'il était au lit, il ne pouvait
dormir à moins de l'obscurité la plus complète, et il
fallait fermer toutes les ouvertures à travers lesquelles
le moindre rayon de soleil eût pu pénétrer... Quand
il était souffrant, Marchand lui faisait la lecture jusqu'à ce qu'il pût dormir. Quelquefois, il se levait
à sept heures et dictait jusqu'à l'heure du déjeuner,
ou, si la matinée était belle, il sortait à cheval. Lorsqu'il déjeunait dans sa chambre, on le servait ordinairement sur une petite table ronde, entre neuf et

dix heures. Après le déjeuner, il avait coutume
de dicter pendant plusieurs heures à quelqu'un
de sa suite; et à trois heures, il recevait les personnes qui avaient été autorisées, par des rendez-
vous, à se présenter... (1). » Tant que le gouverneur
laissa l'Empereur aller et venir assez librement, il se
promenait à la fin de la journée et, accompagné de
Montholon ou de Bertrand, il sortait, soit à cheval,
soit dans une calèche attelée de six chevaux; mais
lorsqu'on lui imposa la surveillance d'un officier
anglais, il cessa aussitôt ses promenades et se confina dans ses appartements, lisant une partie de la
journée, ne quittant son cabinet que pour se rendre
dans la pièce voisine, où il prenait ses repas assez
rapidement, car il restait rarement plus de vingt minutes à table. Puis il se mettait à jouer aux échecs
ou au whist, à moins qu'il ne se mît à lire tout haut
quelques passages d'un auteur classique, le plus
souvent une tragédie de Corneille. A dix ou onze
heures, il se retirait dans sa chambre et se mettait
presque aussitôt au lit.

Un tel régime devait, en peu de temps, troubler
sérieusement la constitution de l'Empereur, habitué
à vivre au grand air, dans l'agitation des camps ou
dans l'activité que lui imposait la direction des
affaires. Aussi M. de Montchenu fait-il bientôt savoir à Paris que Bonaparte est malade et que son

____

(1) Santini, *Napoléon à Sainte-Hélène.*

entourage en conçoit quelque inquiétude. Cependant, il a le cynisme d'écrire que la maladie ne vient pas encore assez vite, à son gré, et il ne cache pas qu'il souhaite un événement tragique qui le délivre promptement des soucis de sa mission!

Tous les médecins s'étant accordés à dire que l'exercice était le seul remède qu'ils pussent prescrire au malade, le gouverneur, alarmé de l'état de Napoléon et effrayé de la responsabilité qui pesait sur lui, offrit à son prisonnier un nouveau parcours, d'environ 12 milles, pour ses promenades; il ajoutait qu'il pouvait sortir sans escorte, sous la seule condition qu'il serait toujours rentré au coup de canon tiré à la chute du jour; mais l'Empereur trouva cette proposition encore plus blessante que la surveillance qui lui était imposée jusque-là : il refusa net.

Peu de temps après, bien que la situation de M. de Montchenu à l'égard de Bonaparte ne se fût pas modifiée, il se produisit un fait qui équivalait, de la part de celui-ci ou du moins de son entourage, à une reconnaissance implicite de sa qualité de commissaire du gouvernement français. Mme Bertrand et le général Gourgaud lui envoyèrent des certificats de vie à légaliser, avant de les faire parvenir en Europe et, comme le fait remarquer le marquis, « Bonaparte n'aurait pas souffert cette démarche, il y a six mois ».

Au reste, si M. de Montchenu continuait à ne

pouvoir se rendre compte de la présence de l'Empereur que de fort loin, les relations devenaient néanmoins plus aisées entre les personnages de la suite de Napoléon et les commissaires étrangers. Montholon disait à cette époque : « Pourquoi ne venez-vous pas voir l'Empereur? Vous savez qu'il désire vous voir depuis longtemps et cela lui ferait grand plaisir. — Même le marquis? ajouta en riant M. de Stürmer. — Certainement; est-ce que nous ne savons pas qu'il y a un roi en France...? Venez, vous serez tous très bien reçus. » Il ressort, d'ailleurs, de la correspondance de M. de Montchenu que ses relations avec Montholon furent rapidement empreintes d'une grande courtoisie et que, même, au bout de peu de temps, une certaine intimité régna entre eux. Le général connaissait de vieille date le commissaire du roi et il donne sur lui, dans ses *Mémoires,* quelques détails assez curieux : « L'Empereur, dit-il, avait jadis beaucoup connu M. de Montchenu à Valence, où son régiment s'était trouvé longtemps en garnison avec le régiment de cavalerie dont le marquis était colonel en second; ils avaient même été rivaux dans les soins que tous deux rendaient à Mlle de Saint-Germain, qui épousa M. de Montalivet... Ces souvenirs de jeunesse dominèrent tous les rapports de M. de Montchenu avec nous, et nous eûmes, en toute occasion, à nous louer de lui (1). »

(1) Montholon, *Mémoires,* t. I, p. 310.

De son côté, le comte de Balmain, le seul des trois commissaires que l'Empereur eût peut-être admis à Longwood sans trop de difficultés, entra en relations assez suivies avec Gourgaud et prit bientôt l'habitude de faire avec lui d'assez longues promenades à cheval; quelquefois, le baron de Stürmer se joignit à eux. La position de l'envoyé français ne lui permettant pas de se montrer en public avec les familiers de l'Empereur, car il craignait que la moindre de ses actions ne fût interprétée comme une dérogation à sa primitive attitude, il dut se contenter d'envoyer parfois son aide de camp, M. de Gors, qui, sous le prétexte d'accompagner M. de Stürmer, pouvait recueillir, dans ces promenades, quelques informations dignes d'intérêt. Telle était donc la situation que M. de Montchenu s'était créée à Sainte-Hélène : contraint d'user de subterfuges pour savoir ce qui se passait à Longwood, et ne pouvant apercevoir l'Empereur que de fort loin pour pouvoir affirmer qu'il était toujours vivant. C'est ainsi qu'il dut s'estimer presque heureux le jour où, dissimulé derrière un fossé, il put, à l'aide d'une longue-vue, contempler Napoléon sur le balcon de sa maison. Aussi l'amiral Malcolm avait-il grand'raison de dire, en parlant de la singulière mission des trois commissaires : « Pourquoi ne pas avoir envoyé ici de simples officiers? Ils se seraient mis en pension avec les nôtres, et il en coûterait moins cher à leurs gouvernements... S'ils veulent savoir ce qui se passe ici, pourquoi ne pas s'adresser à nos ministres à Londres, qui sont tenus au courant de tout? »

V.

L'année 1818 vit la petite colonie de Longwood perdre encore un de ses principaux membres par suite du départ de Gourgaud ; l'Empereur en éprouva un vif chagrin. L'origine des dissentiments qui s'élevèrent entre Montholon et Gourgaud ne peut être attribuée qu'aux faveurs toutes spéciales dont l'Empereur semblait entourer le premier de ces généraux ; peut-être y eut-il quelque autre mobile : il appartiendra au lecteur de juger en prenant connaissance des documents que la correspondance de M. de Montchenu fournit sur cet incident (1). Toujours est-il que l'Empereur fut contraint d'intervenir entre ses deux compagnons, afin d'empêcher le scandale que ses ennemis n'auraient pas manqué de soulever à ce propos.

Presque à la même époque, deux personnages, dont la présence avait atténué pour Napoléon les rigueurs de l'exil, quittèrent Sainte-Hélène; ce dé-

---

(1) On a prétendu que la brouille qui se produisit entre les deux généraux n'était qu'apparente, et qu'elle ne fut qu'un prétexte au départ de Gourgaud qui aurait été chargé par l'Empereur d'une mission secrète en Europe. Cette version ne repose sur aucun fondement. (Voir Montholon, *Récits de la captivité de l'Empereur*, tome II, p. 251.)

part fut une nouvelle source de tristesse pour le prisonnier; je veux parler de l'amiral Malcolm, qui avait cherché à adoucir, dans ce qui dépendait de lui, le sort de l'Empereur, et de son médecin de confiance, le D^r O'Meara, qui ne l'avait pas quitté depuis qu'il avait mis le pied sur *le Bellérophon.* Enfin, la mort qui, suivant l'expression de M. de Montchenu, « avait paru respecter Longwood jusqu'à ce jour », vint y faire une visite et Cipriani, le maître d'hôtel de Bonaparte, fut emporté en quatre jours par une inflammation d'entrailles. « C'était, de tous ses serviteurs, celui qu'il devait regretter le plus, parce qu'il lui était très utile... »

Toutes ces amertumes, toutes ces tristesses, dont la vie de l'Empereur était maintenant abreuvée, ne pouvaient manquer d'avoir une influence sur sa santé de plus en plus délabrée; le bruit se répandit dans l'île qu'il était sérieusement malade et le gouverneur en conçut une vive inquiétude, car il ne savait plus exactement ce qui se passait à Longwood depuis le départ d'O'Meara, qui lui envoyait chaque jour des nouvelles du prisonnier. Aussi commence-t-il, à partir de ce moment, à s'effrayer de la responsabilité qu'il encourt et les craintes que lui inspire la maladie de l'Empereur sont un prétexte à un redoublement de rigueur pour faire exécuter les prescriptions de lord Bathurst.

Il est bon de faire remarquer combien Hudson Lowe se montra au-dessous du rôle que son gouvernement lui avait attribué; ce n'est pas sans raison que M. de Montchenu a pu écrire, en se raillant de lui : « Je ne serais pas étonné d'apprendre bientôt que sa *petite tête* a succombé sous le poids énorme de la garde d'un rocher inaccessible, défendu par une armée de terre et de mer... Ah! quel homme! Je suis convaincu qu'avec toutes les recherches possibles on ne retrouverait pas son pareil! » — Ce jugement ironique est confirmé par l'appréciation des autres commissaires sur le gouverneur; avec le temps, leurs rapports, loin de devenir plus faciles, ne firent que se tendre davantage; au début, il leur avait témoigné une certaine déférence, mais les années, en s'écoulant, ne firent qu'accroître, à leur égard, l'animosité d'un esprit soupçonneux et tracassier. M. de Stürmer le juge sévèrement dans une de ses dépêches : « S'il ne fallait qu'un simple geôlier, rien n'était plus aisé à trouver... Mais si l'Angleterre attache quelque prix au jugement de l'histoire, on n'aurait pu faire un plus mauvais choix... il eût été difficile de rencontrer un homme plus gauche, plus extravagant et plus désagréable. Ses ennemis le disent méchant, je ne le crois qu'astucieux, et la plupart de ses actions doivent être attribuées à la bizarrerie d'un caractère à nul autre pareil... (1). »

Au mois de juillet de cette même année, le prince de Metternich rappela son envoyé; M. de Montchenu

____

(1) *Rapports du baron de Stürmer*, dépêche n° 13, p. 181.

fut autorisé à correspondre avec la cour impériale.
Un peu plus tard, en 1820, le comte de Balmain
quitta aussi Sainte-Hélène; le commissaire français
resta donc seul pour représenter les trois Puissances.
D'ailleurs, il parut se féliciter du départ de ses collègues qui, suivant son dire, furent cause de l'insuccès
de sa mission et qui, pendant tout le temps de leur
séjour dans l'île, ne furent d'aucune utilité pour leurs
gouvernements. Du reste, bien que M. de Stürmer
prétende que les rapports du marquis soient dénués
d'intérêt, on doit reconnaître, en toute équité, qu'ils
sont très supérieurs aux siens et qu'ils contiennent
souvent des éléments d'information qu'on cher-
cherait vainement dans les dépêches de son collègue.
Il faut bien avouer, aussi, qu'il existait une secrète rivalité entre les trois envoyés et qu'ils ne
manquaient aucune occasion de se lancer les traits
les plus mordants. Le secrétaire de M. de Montchenu, M. de Gors, ne cessait, de son côté, de
critiquer la conduite de son chef, dans ses conversations avec ses collègues, et il allait jusqu'à écrire
secrètement au ministère des Affaires étrangères :
« Je suis fâché de le dire pour M. de Montchenu,
mais il est de mon devoir de déclarer que toutes les
réflexions qu'il a faites sur ses deux collègues sont
peu fidèles et sentent beaucoup trop la personnalité.
Il eût dû se montrer plus juste et plus impartial
envers le comte de Balmain, le seul qui ait vrai-
ment pris à cœur les intérêts communs du service et

qui lui ait sacrifié son repos et sa santé par excès de
zèle. M. de Montchenu n'aurait pas dû oublier que
c'est au comte que la mission est redevable de tout
ce qu'elle a fourni d'intéressant; il n'a jamais pu se
décider à faire, de concert avec lui, une simple visite
aux habitants de Longwood; il a beaucoup jasé,
toujours blâmé ce qu'il ne faisait pas, et jamais agi
quand il en était temps. Il s'est amusé à des disputes
de préséance, et le pli est donné maintenant, de
sorte que Longwood est un poste qu'on ne reprendra
qu'avec mille difficultés... (1). »

Cette sévère appréciation de la conduite de M. de
Montchenu n'est pas dénuée de fondement, mais
elle n'est pas absolument juste : en admettant même
que bien des difficultés eussent pu être aplanies, dès
le début, si M. de Montchenu avait montré une plus
grande largeur d'idées, il se serait toujours heurté,
à un moment donné, au mauvais vouloir du gouverneur, qui semblait se plaire à faire surgir des obstacles entre l'Empereur et les commissaires. Certes,
la correspondance de notre agent eût été particulièrement intéressante pour la France, s'il avait pu
obtenir d'être admis à Longwood; mais, tels qu'ils
nous sont parvenus, ses rapports offrent encore de
précieux documents, car, ainsi que je l'ai dit plus
haut, par suite des relations qui s'établirent, avec le
temps, entre certains compagnons de l'Empereur et

(1) Lettre de M. de Gors, mai 1820.

M. de Montchenu, les moindres paroles de Napoléon ne pouvaient manquer de lui être rapportées, et il devenait ainsi l'écho fidèle des conversations qui se tenaient à Longwood. C'est de la sorte que nous connaissons les projets de réorganisation de la France conçus par l'Empereur, et ses idées nouvelles sur la représentation nationale, sur la réforme de l'université et sur la direction que Louis XVIII aurait dû imprimer au mouvement révolutionnaire qui cherchait à se produire. « C'est la seule chose qui occupe la pensée de Napoléon, disait Montholon au marquis, il réfléchit depuis deux ans sur les moyens de ramener la France à l'unité. »

Prévoyant les événements qui pourraient se produire à la mort du roi, l'Empereur disait souvent : « Qu'arrivera-t-il alors? Les factions se partageront en trois, mais elles n'auront à délibérer que sur deux candidats : mon fils et le duc d'Orléans... Je crois que le parti d'Orléans serait le plus nombreux, car il se composerait de tous les mécontents actuels et de cette classe si nombreuse de personnes sans énergie qui, ayant quelque fortune, veulent en jouir paisiblement... Moi-même, si j'étais encore officier d'artillerie et qu'on fît délibérer l'armée, je serais aussi d'Orléans! (1)... »

Dix ans plus tard, les événements devaient donner raison à la clairvoyance de l'Empereur.

____

(1) Lettre de M. de Montchenu, du 23 juin 1820.

VI.

On était ainsi parvenu jusqu'à la seconde moitié
de l'année 1820, et les mois s'écoulaient monotones
et uniformes pour celui que le duc de Richelieu avait
surnommé plaisamment « mylord Sainte-Hélène ».
Le manque d'argent se faisait toujours cruellement
sentir pour lui et les privations qu'il était contraint
de s'imposer sont exposées longuement, trop longuement peut-être, dans ses lettres. « Pourquoi
faut-il que mes vieilles épaules soient chargées du
fardeau le plus lourd, le plus désagréable et le moins
apprécié, pendant que ceux qui servent en France
n'ont que les roses et les faveurs? » s'écrie-t-il dans
un mouvement d'humeur. — Enfin, ses plaintes
se renouvellent si souvent, il fait un si noir tableau
du climat intolérable de l'île et il supplie si instam-
ment qu'on ne le laisse pas mourir sur « cet infernal
rocher », qu'il est vraisemblable que le baron de
Rayneval, alors ministre des Affaires étrangères,
eût fait droit à ses instances en lui envoyant un rem-
plaçant, si les complications survenues assez brus-
quement dans l'état de santé de l'Empereur n'étaient
venues modifier sa primitive détermination.

Il n'était que trop manifeste que ce moment si
impatiemment attendu par M. de Montchenu n'é-

tait plus éloigné; la mort se tenait à la porte de Longwood, prête à saisir sa victime, et avant peu les Anglais n'auraient plus à garder qu'un cadavre.

Dès la fin de 1820, Napoléon déclina sensiblement; il ne pouvait presque plus se mouvoir, par suite de l'enflure qui avait progressivement gagné ses jambes; le sang circulait difficilement, et il était parfois plongé dans une torpeur qui effrayait chez un homme doué, jusque-là, d'une si prodigieuse énergie. Enfin, la nouvelle année, qui devait être pour l'Empereur la dernière, s'ouvrit par un redoublement de souffrances; son estomac ne tolérait plus les aliments, et on n'arrivait à le soutenir que par des gelées de viande et des infusions de café : il était devenu livide et ressentait presque continuellement un refroidissement mortel, signe caractéristique d'un défaut de circulation. A partir de ce moment, les lettres de M. de Montchenu ne sont plus que le résumé des bulletins de santé communiqués par les médecins.

Représentant à lui seul trois cours étrangères, il sent l'importance de son rôle et tous ses efforts tendent à ne donner que des informations exactes. Cependant, pas plus que le gouverneur, il ne put pénétrer à Longwood : les rapports des docteurs permettaient seuls de suivre les dernières scènes du tragique drame qui s'y terminait.

Le 5 mai, le glorieux captif s'éteignait, entouré des

fidèles serviteurs qui ne l'avaient pas quitté un seul instant, durant sa longue agonie. Le marquis de Montchenu se tint, pendant ces dernières heures de la vie de l'Empereur, dans une petite cabane, qui se trouvait non loin de Longwood, au milieu de la campagne. Le gouverneur s'était établi dans la maison neuve qui devait servir d'habitation à Bonaparte et y recevait, à tout instant, les nouvelles que les officiers anglais recueillaient de la bouche des domestiques de Longwood. Vers 5 h. 1/2, un bulletin au crayon, de la main du docteur Arnott, lui apprenait « que Napoléon Bonaparte venait d'expirer ». Il en avertit aussitôt le commissaire français, qui se trouvait à ce moment avec l'amiral; ils se présentèrent ensemble pour constater le décès; mais, devant le refus formel de Montholon de les laisser pénétrer dans l'appartement de l'Empereur, ils durent remettre leur visite de constatation au lendemain.

Ce fut le 6 mai 1821 que le marquis de Montchenu fut admis à contempler pour la première fois, à Sainte-Hélène, les traits de celui qu'il aurait dû voir chaque jour depuis près de cinq années! Il est donc permis de se demander quel rôle la France fit jouer à son agent pendant un si long espace de temps et à quel secret mobile obéissait le gouvernement de Louis XVIII en maintenant à Sainte-Hélène un commissaire qui aurait aussi bien pu se trouver sur tout autre point du globe. Bien singulière fut donc la mission de M. de Montchenu, et il semble

assez étrange que le duc de Richelieu n'ait pas cru
devoir rappeler son agent dès qu'il eut connaissance
du peu de succès de ses premières démarches. La
surveillance exercée par le gouvernement anglais sur
Napoléon était assez active et jalouse, pour qu'il fût
inutile de la contrôler; d'ailleurs, si l'Empereur avait
voulu tenter une évasion, ce n'était pas la présence
d'un ou de plusieurs commissaires qui aurait pu
l'en empêcher.

L'Autriche et la Russie comprirent qu'il était
inutile de prolonger une situation devenue odieuse à
leurs agents, et que le mauvais vouloir d'Hudson
Lowe rendait chaque jour plus pénible; aussi leur
séjour ne fut-il que d'une courte durée.

La mission de M. de Montchenu prenait naturellement fin avec la mort de l'Empereur; sa santé,
fort ébranlée par un long exil sous un ciel peu clément,
lui faisait souhaiter de rentrer le plus tôt possible
au milieu des siens : il s'embarqua pour la France
le 28 juillet 1821, sur le vaisseau qui ramenait en
Europe les fidèles compagnons de Napoléon.

On trouvera, à la suite de la correspondance de
M. de Monchenu, les rapports adressés à M. Thiers,
en 1840, par le comte de Rohan-Chabot, qui fut
chargé d'accompagner le prince de Joinville, en
qualité de commissaire royal, lors de la translation
des restes de l'Empereur. Ces dépêches inédites,

émanant d'un témoin oculaire, contiennent de précieux détails sur les circonstances qui marquèrent
l'ouverture du tombeau de Napoléon ; je crois donc
que l'on trouvera quelque intérêt en lisant ce dernier
chapitre, qui m'a paru être le complément naturel
des précédents.

G. F.-D.

CHAPITRE PREMIER.

Les trois commissaires désignés par les cours de
France, d'Autriche et de Russie, conformément au
traité du 2 août 1815, pour les tenir exactement
informées de ce qui avait rapport au séjour de l'Empereur à Sainte-Hélène, furent nommés par leurs
souverains respectifs à la fin de l'année 1815. Mais,
par suite du retard que le gouvernement britannique apporta à faire partir le navire qu'il avait mis
à leur disposition, les envoyés des Puissances ne
purent s'embarquer sur *le Newcastle*, dans la rade
de Spithead, que le 21 avril 1816. La mission se
composait du marquis de Montchenu, représentant

la France, du baron de Stürmer, désigné par l'empereur d'Autriche, et du comte de Balmain, commissaire de la Russie ; un secrétaire, M. de Gors, accompagnait le marquis.

La première dépêche adressée par M. de Montchenu au duc de Richelieu est datée du 1ᵉʳ mai, en vue de l'île de Ténériffe :

« Nous en repartirons dimanche prochain, écrit-il, pour continuer notre promenade jusqu'à Sainte-Hélène. La neige dont le pic est couvert contraste d'une manière bien frappante avec la chaleur que nous éprouvons et qui est déjà de 23° (Réaumur) et au delà.

« Il paraît que l'amiral est décidé à tenter une nouvelle route en longeant la côte de Guinée ; elle sera plus courte, si nous sommes heureux, mais beaucoup plus longue si, comme on le craint, nous donnons dans les calmes... L'amiral m'a montré les deux *bills* rendus sur la captivité de Napoléon Bonaparte ; d'après la teneur du second, le gouvernement anglais déclare qu'il pourra transférer son prisonnier partout où il plaira au Roi. Si, contre toute attente, cette translation avait lieu avant que j'eusse reçu des instructions, j'ai l'honneur de vous prévenir que je suis très décidé à ne pas me séparer de mon prisonnier tant qu'il vivra. »

18 *juin* 1816. — « Nous sommes arrivés hier dans la rade de Sainte-Hélène, trop tard pour pouvoir

débarquer, la lame étant toujours très forte dans cette rade et rendant le débarquement dangereux.

« Nous nous sommes réunis ce matin à bord du *Newcastle* et, de là, nous sommes rendus chez l'amiral Cockburn, où se trouvait le gouverneur, sir Hudson Lowe. Nous avons reçu les honneurs de treize coups de canon, à la sortie du *Newcastle,* et autant à notre entrée dans la ville.

« L'amiral étant très décidé à partir demain matin, il nous a été impossible de voir aujourd'hui Bonaparte : il est logé à 5 milles d'ici, à Longwood. Comme nous avons été aperçus en mer, dès le 16, à 64 milles au large (1) et que Bonaparte connaissait bien l'intention de l'amiral de partir tout de suite, il a donné hier un déjeuner aux officiers du *Northumberland,* qu'il a fort caressés. Du reste, il se porte bien.

« Nous allons tous dîner chez le gouverneur, qui loge à 4 milles du côté opposé à Longwood; là, nous nous concerterons sur notre visite, dont j'aurai l'honneur de vous envoyer le procès-verbal sur la fin de la semaine par un vaisseau de la Compagnie qui doit partir. J'y joindrai tous les détails que j'aurai pu me procurer. »

---

(1) « On découvre fréquemment de la côte, et jusqu'à 24 lieues de distance, les bâtiments qui s'approchent de Sainte-Hélène et on les voit toujours longtemps avant qu'ils ne soient près du rivage. »
(Walter Scott, *Vie de Napoléon Buonaparte,* t. XVII.)

28 *juin* 1816. — « Le brick de S. M. B. *le Hécat* arrivant des mers de la Chine et repartant demain pour l'Europe, après une croisière de quatre ans, j'en profite pour vous donner un aperçu de notre bonne, belle et surtout agréable Sainte-Hélène.

« Je commencerai par le gouverneur, sir H. Lowe, qui loge à Plantation-House, à cinq grands milles de la ville. Il a été jusqu'à présent excellent pour nous et surtout pour moi en particulier. C'est un homme franc, loyal, très soupçonneux ; mais qui, heureusement, ne ressemble pas au portrait qu'on m'en avait fait à Paris et à Londres. Il m'a montré avec la plus grande confiance tous ses ordres et règlements, et je crois pouvoir vous assurer que vous devez compter sur lui comme sur moi, tant que son gouvernement ne lui donnera pas d'ordre contraire. Il est, comme de raison, brouillé avec son prisonnier, autant que l'était l'amiral Cockburn, qui est parti sans le voir.

« Quoique débarqué depuis dix jours, ne vous attendez pas à avoir, cette fois, des détails bien considérables, car, ne parlant pas la langue, je ne sais que ce que j'apprends par le gouverneur et par quelques officiers parlant français qui, grâce à mon grade de général, se croient obligés de me rendre beaucoup d'égards, et j'en profiterai dans toutes les occasions.

« Toutes les descriptions de Sainte-Hélène que j'avais lues avant d'arriver ne m'avaient donné qu'une

idée bien imparfaite de cette île et, de là, je conclus
qu'il n'est pas possible d'écrire sans embellir. C'est
l'endroit du monde le plus isolé, le plus inabordable,
le plus difficile à attaquer, le plus pauvre, le plus
insociable et le plus cher. L'aspect en est effrayant
et je ne vous cache pas que lorsque, le 17 au matin,
on vint dans ma cabine me réveiller pour m'annoncer
que nous touchions presque à l'île de Sainte-Hélène,
le premier aspect me serra le cœur, quoique, pendant toute la traversée, j'eusse toujours relevé le courage de mes compagnons. Je désirerais que les pein-
tres de l'Opéra vinssent prendre une vue exacte de
Sainte-Hélène quand ils voudront nous donner une
représentation de l'Averne. Une ceinture de roches
calcinées, sans aucune espèce de végétation, variant
entre 12, 13, 100 et 2.000 pieds de hauteur, borde
entièrement l'île, qui n'est abordable que d'un seul
côté, par un seul vent et qu'il faut prendre en lou-
voyant, car les courants sont si forts que l'on serait
immanquablement brisé. Nous étions à 7 heures du
matin à environ 12 milles de l'île, et ce n'est que le
soir, à 4 heures, que nous avons pu jeter l'ancre.
Les petits rochers qui s'avancent dans la mer tout
autour du port ressemblent à un grand V et il n'y a,
au bout de ce V, qu'un seul endroit où les chaloupes
puissent aborder et vous jeter sur un petit escalier
pratiqué dans le roc. Cela est non sans danger de
tomber, car il faut profiter du moment où la lame
vous en approche pour sauter à terre, et elle se retire

de suite avec tant de violence, qu'il est impossible aux matelots d'y résister. L'amiral trouva le pas si dangereux qu'il ne voulut pas consentir à dîner à terre le premier jour, parce que nous nous serions rembarqués la nuit. Il y a une grue pour débarquer les femmes et les bagages, ce qui n'empêche pas qu'il est tombé des effets dans la mer, qui est très profonde.

« Cette côte est hérissée de batteries, dont la plupart sont presque inutiles, vu leur élévation. On a bien profité de toutes les excavations que la nature fournit pour en établir de plus pesantes, et il y en a quatre de cette espèce qui défendent l'entrée du port; de plus, une soixantaine de pièces sont établies à fleur d'eau, tout le long du seul chemin qui conduit du débarquement à l'entrée de la ville, et qui en est séparé par une espèce de chemin couvert et revêtu en pierres. L'aspect en est assez agréable; ce chemin est dominé par la maison du gouverneur, qui a une terrasse d'environ cent toises de longueur, sur environ 4 ou 5 de large, et qui est encore couverte de canons. On entre dans la ville par une porte très sombre, par laquelle on arrive sur la place d'armes, d'où vous voyez toute la ville, qui consiste dans une seule rue qui va en montant, mais qui est agréablement bâtie.

« Il est bon d'observer qu'à partir de la porte il faut toujours monter, sans autre différence que du plus au moins, dans quelque endroit de l'île que l'on

veuille aller. Presque au bout de la ville, est une
maison en forme d'amphithéâtre, qui a l'air de fermer
la rue et qui laisse deux passages, dont l'un, à droite,
mène par un très beau chemin taillé dans le roc au
grand fort et de là à la maison du gouverneur. Il y
a encore de ce côté quelques maisons, entre autres
une très belle caserne. Derrière cette maison, commence une gorge profonde, dans le fond de laquelle
coule un ruisseau, formé par les deux cascades, dont
vous avez lu la description, mais qui, dans le fait, ne
donne pas plus de trois pouces cubes d'eau. A gauche est le chemin, le même que l'autre qui conduit,
après avoir monté à peu près quatre milles, à la
seule plaine de l'île, d'environ deux milles, appelée
Longwood. C'est là que loge Bonaparte, dans la
maison du lieutenant-gouverneur; on y a ajouté une
petite aile et l'on en construit une seconde pour que
tout son monde y soit logé. Jusqu'ici M. et Mme Bertrand habitent une chaumière, à plus d'un mille de
là. Cette fameuse maison de bois, dont on a tant
parlé et que l'on montrait à Londres en relief et
toute meublée, n'existe ici que pour encombrer le
passage qui conduit du port à la ville (1). Les bois
sont dégrossis, mais nullement travaillés. On lui
a cependant proposé de la faire construire, mais il
n'a rien répondu, parce qu'il savait qu'on ne la pla-

(1) Cette maison en bois, qu'on appelait à Londres la *maison
parapluie*, fut construite en Angleterre et transportée à Sainte-Hélène, avec son ameublement, en mai 1816.

cerait pas où il est (actuellement) et on ne lui en a
plus reparlé, car ce serait un bien grand embarras.

« Cette plaine est bordée par des gorges, que l'on
appelle ici vallées. Le rocher, toujours à pic, a une
hauteur, dans la moindre dimension, de 1.100
à 1.200 pieds; il est occupé par le 53e régiment qui
y campe, et il y a de plus un parc d'artillerie.
Elle est divisée en deux enceintes : la première,
tout au plus d'un demi-mille de circonférence,
est entourée de piquets de troupes, qui se touchent
tellement que les sentinelles sont à peine à 25 pas
les unes des autres. Dans cette enceinte, Bonaparte
peut se promener seul. Dans la seconde, où les
précautions sont encore plus considérables, il ne
peut aller qu'avec un officier en uniforme et désigné
par le gouverneur. Ce dernier m'a confirmé ce que
nous avions entendu dire en Europe. Bonaparte, ne
voulant pas avoir l'air d'un prisonnier, avait prié le
lieutenant-colonel Vignat, qui est chargé de l'accompagner, de ne pas être en uniforme et surtout de ne
pas rester auprès de lui. Celui-ci, voulant lui faire
plaisir, accorda ce qu'on lui demandait. Bonaparte,
mieux monté que lui (il a une vingtaine de chevaux),
l'eut bientôt laissé derrière, enfin le lieutenant-colonel le perdit tout à fait. Depuis lors, on lui a signi-
fié que l'officier en uniforme l'accompagnerait toujours et à côté de lui, et il n'est plus sorti. Au reste,
il n'y a qu'un seul chemin pour arriver comme pour
sortir, et l'escarpement est tel que les chèvres ne peu-

vent pas y descendre. Au coucher du soleil, la garde
de la première enceinte entoure la maison.

« Le service se fait à Longwood par ses officiers
et ses gens, comme aux Tuileries, en y ajoutant
presque toujours des honneurs. Il y a tous les jours
cinquante-deux personnes à nourrir.

« Bonaparte porte presque habituellement son
uniforme de chasse, avec la plaque à l'aigle. Il dîne à
8 heures du soir, reste une demi-heure à table, se
couche quelquefois de bonne heure, quelquefois
tard et se relève toujours plusieurs fois dans la nuit.
Il a constamment deux personnes éveillées dans la
pièce qui précède sa chambre pour lui donner de la
lumière quand il se réveille et, pour l'ordinaire, il fait
appeler Gourgaud ou Las Cases, à qui il dicte, car
il n'écrit jamais. Il travaille à l'histoire de sa vie et
en est, dit-on, à Marengo. Comme il craint que sa
mémoire ne soit pas fidèle, il met à contribution les
Gazettes, les *Bulletins* et le *Moniteur*, qu'il a apportés ; ainsi, vous voyez que son histoire sera *fidèlement* brillante. Nous lui avons apporté environ
3.000 volumes ; il ne les a que depuis quatre jours
et en est dans une si grande joie, qu'il ne s'est pas
encore occupé d'autre chose. Il s'est jusqu'à présent
refusé à nous voir, en disant que nous n'étions que
des espions.

« Le gouverneur, qui a l'ordre d'avoir pour lui les
plus grands égards, ne lui parle, nous a-t-il dit, que
comme au Prince Régent, au mot près de *Monsieur*.

Il ne l'a encore vu que trois fois. Il l'a prié à dîner, mais Bonaparte a refusé en prétextant une incommodité. Lady Lowe m'a dit très plaisamment : « Je ne l'ai pas encore vu, il n'a pas voulu venir chez moi et je l'ai fort applaudi. » Le gouverneur, qui est extrêmement exact et précautionneux, ne voudrait pas en venir à forcer sa porte militairement ; il nous a priés d'attendre encore quelques jours. Si Bonaparte ne se décide pas, je suis convenu avec lui de lui écrire séparément et de lui dire, qu'envoyé ici en vertu du traité du 2 août et expressément chargé de le voir, d'en dresser un procès-verbal et de l'envoyer à ma cour, non seulement cette première fois, mais au moins une fois par mois, je le priais de me mettre à même d'exécuter l'ordre formel que j'avais reçu. Comme les instructions du baron de Stürmer lui enjoignent aussi *de le voir* et le voir *de ses yeux*, il fera la même démarche. Celles du comte de Balmain ne lui en disant rien et une *apostille de la main de l'Empereur lui recommandant d'avoir pour lui les plus grands égards*, il n'a pas cru devoir se joindre à nous, ce qui fait que nous écrivons séparément.

« Comme le gouverneur est brouillé avec Bonaparte, il s'est adressé à Bertrand, avec qui il est raccommodé, pour avoir notre entrevue, que M. le grand-maréchal voulait décorer du nom d'audience et qui, en conséquence, lui a demandé si nous étions porteurs de lettres de nos souverains. Le général Lowe lui a répondu en riant que, conformément au traité du 2 août qui le constitue prisonnier à Sainte-Hélène, nous étions venus..., etc., et il l'a chargé d'en parler. Bertrand a répondu que l'Empereur ne connaissait pas ce traité et qu'il ne se regardait pas comme prisonnier; depuis lors, il n'y a eu aucune réponse.

« L'amiral, qui n'a aucune fonction dans l'intérieur de l'île, a voulu le voir et, en conséquence, s'est soumis aux mêmes formalités que les autres étrangers que la curiosité conduit chez lui. Il a reçu une lettre de M. le grand-maréchal (avec le cachet aux armes impériales et la légende « *grand-maréchal du Palais* ») qui lui annonçait que S. M. l'Empereur le recevrait tel jour et Elle l'a reçu très poliment. Lady Malcolm, ayant eu le même désir, a été chez Mme Bertrand pour lui en faire la demande et a été reçue le surlendemain. Il a envoyé sa calèche avec six chevaux la prendre chez Mme Bertrand, et cette politesse a pensé lui coûter cher, car, en passant un tournant qui n'avait pas été fait pour six chevaux, elle a failli être culbutée dans un abîme que l'on appelle le « Trou au punch du Diable ». Heureusement que deux hommes qui escortaient, par précaution, la voiture, ont eu le temps d'arrêter les chevaux de devant et de les dételer. Bonaparte l'a très bien reçue, lui a beaucoup parlé de lord Keith, son oncle, qui est celui qui a été chargé de lui signifier son arrêt de détention et de le transférer à bord du *Northumberland.* Il l'a fait entrer dans son salon (car, ordinairement, il donne audience aux

étrangers dans son jardin), où étaient Mme Bertrand,
son mari, Las Cases et Gourgaud, et l'a fait asseoir
sur un canapé à côté de lui, laissant tous les autres
debout. L'amiral, voyant cette disposition, a ap-
proché deux chaises dont une pour lui et une qu'il a
présentée à Mme Bertrand qui, debout et regardant
Bonaparte, n'osait pas s'en servir. Il a compris ce
que cette démarche signifiait, lui a fait signe de s'asseoir et en a fait autant avec trois autres personnes;
ceci se passait avant-hier. En sortant, l'amiral a parlé
à Bertrand et lui a dit : « Je ne suis rien et je n'ai rien
à faire dans l'intérieur de l'île; je me suis conformé
aux usages des autres particuliers et tout ce qui tien-
dra à la politesse, vous pouvez y compter de ma
part; on vous a fait une demande à laquelle vous
n'avez pas répondu. » — « C'est bien délicat, » a repris Bertrand. — « Prenez-y garde, a ajouté l'a-
miral, tout a un terme, même la patience. Vous
pourriez éprouver des désagréments; croyez-moi, ne
vous y exposez pas. » — Sur cela, il a promis d'en
parler.

« Voilà où nous en sommes, et j'espère que vous
ne me blâmerez pas de ne pas avoir précipité une
démarche à laquelle le gouverneur ne s'est pas refusé, mais qui me répugnait infiniment. Au reste,
les télégraphes sont tellement en activité que nous
avons des bulletins quatre fois par jour; ils sont si
insignifiants depuis quelque temps qu'ils ne méritent
pas le temps de les lire.

SAINTE-HÉLÈNE. — VUE DE JAMES-TOWN.

« Si Bonaparte affecte de traiter très mal les chefs suprêmes pour les éloigner de lui, il n'en use pas de même avec les subalternes qu'il *caresse* beaucoup; dans le déjeuner qu'il a donné aux officiers du *Northumberland,* il a laissé à tous des souvenirs : à plusieurs, de ses cheveux; au chirurgien, un jeu d'échecs et ses boucles de jarretières. Tout l'équipage le regrette et un officier qui parle un peu français disait à M. de Gors : « C'est un brave homme, un honnête homme, et qui ne mérite pas son sort. » Cette opinion était aussi répandue sur notre vaisseau, car mon laquais, qui parle un peu anglais, l'a souvent entendu répéter aux matelots; mais notre amiral et sa femme le détestent aussi cordialement que moi.

« Le gouverneur m'a dit que quand Bonaparte avait appris la mort de Murat, il avait dit : « C'est un... j'ai toujours dit que c'était un sot. »

« La garnison de l'île est composée du 53e régiment, de 600 hommes; du 66e, de 700; du régiment de l'île, de 600; de quatre compagnies d'artillerie de l'île, d'environ 360 hommes, et d'une compagnie d'artillerie royale, de 60 hommes. Personne ne peut se promener dans la partie gauche de l'île qu'avec une permission expresse et nominale du gouverneur, même ceux qui y ont des habitations. Personne ne peut, après le coup de canon de retraite, circuler dans l'île sans avoir le *mot,* qui ne se donne pas facilement. On trouve des sentinelles partout. Il y a, en outre, un état-major pour une armée de 3o.ooo hommes. Les étrangers qui veulent être présentés s'adressent d'abord à Bertrand, qui envoie les noms au gouverneur et, sur son approbation, le grand-maréchal écrit et sa lettre sert de passe. Il en est de même pour ceux des habitants que Bonaparte invite à dîner, ce qui est très rare. Malgré la rigueur de ces précautions, le gouverneur trouve que l'amiral Cockburn s'était trop relâché, mais il n'a encore rien changé par égard pour lui. Le service sur mer est encore plus sévère; le port est gardé par *le Newcastle;* la frégate est stationnée à l'autre extrémité de l'île. Il y a deux bricks, qui croisent constamment en vue et tournent continuellement sans jamais entrer dans le port. Au soleil couchant, toutes les chaloupes doivent être rentrées; elles sont soumises à un appel, et rien ne peut sortir après 5 heures, ni avant le lever du soleil, pas même la chaloupe de notre capitaine, qui ne peut retourner coucher à bord quand il est à terre, parce que l'usage ici est de dîner à la nuit, c'est-à-dire à 4 heures. Les pêcheurs sont assujettis à la même règle, ce qui rend le poisson aussi rare et aussi cher que la viande fraîche et contrarie beaucoup les habitants, qui en faisaient leur nourriture la plus habituelle.

« J'ai fait connaissance avec la maison Balcomb (1).

______

(1) La famille Balcomb possédait un petit cottage nommé *The Briars,* que l'Empereur habita pendant les deux premiers mois

Les deux filles parlent français; la cadette, appelée
Betzi, est une fille peu commune et qui se permet
tout ce qui lui passe par la tête (1). C'est à elle, à
qui Bonaparte fait la cour, suivant ce qui nous a
été dit en Europe. Je lui ai dit : « Je ne suis pas
étonné, Mademoiselle, que vous parliez aussi bien
français : Bonaparte vous a donné des leçons. » —
« Ah bien! oui, il n'est pas assez galant pour cela. »
— « Je croyais que vos jolis yeux avaient su l'ap-
privoiser. » — « Vous ne le connaissez donc pas, je
le déteste. » — « Sans doute, il vous aura fait peur. »
— « Ah! ma foi, non; moi, peur! c'est moi qui lui
ai fait peur! » — « Et comment cela? » — « J'ai
trouvé une épée dans sa chambre, je l'ai tirée et j'ai
fondu sur lui; il s'est retiré dans un coin et a crié
en appelant au secours. Las Cases est venu par derrière, qui m'a arraché mon épée. » — « Vous vouliez
donc le tuer? » — « Non, mais le percer un peu
pour m'amuser. » — Elle en est capable, car un de
ses plaisirs est d'enfoncer des épingles dans les mol-
lets ou de mordre jusqu'au sang. — « Y a-t-il longtemps que vous l'avez vu? » — « Il y a déjà quelque

qui suivirent son arrivée dans l'île. Il continua à voir les Balcomb,
après son installation à Longwood.

(1) « Ces jeunes filles sont devenues très familières avec lui et
leur naïveté paraît enchanter le général, surtout celle de la plus
jeune fille... qui semblait être sa favorite, lui disait tout ce qui
passait par sa tête folle et lui faisait toutes les questions imagi-
nables, auxquelles il répondait sans la moindre réserve apparente... » (Le Voyage à Sainte-Hélène, écrit par le secrétaire de
l'amiral, publié par le *Journal des Débats,* 4 nov. 1893.)

temps. » — Sa sœur racontait devant elle que la dernière fois qu'elles le virent, il la prit par l'oreille et, en la pinçant très fort, il lui dit : « Eh bien, petite fille, êtes-vous plus sage? » — « C'est vrai, m'at-elle répondu, il serait très fort. » — « Et cette jolie main, ne pouvait-elle pas vous servir? » — « Oh! je vous en réponds, je lui ai donné un fameux soufflet; il en a été si piqué qu'il m'a serré tellement le nez que je l'ai eu rouge toute la journée. »

« Comme je n'ai pas encore de cheval, ce qui est indispensable, je n'ai pu, jusqu'à présent, faire la connaissance de l'île. Il est très difficile de s'en procurer et, chaque fois que l'on monte à cheval, il en coûte 15 schellings J'ai cependant été obligé d'en prendre pour aller dîner chez le gouverneur, sans cela je ne le verrais pas.

« Je vous prie d'excuser mon mauvais papier; mais, malgré tous les soins que me donne sir Lowe, je suis encore dans mon cabaret et dans une chambre si petite qu'il m'a été impossible d'ouvrir une caisse. Le gouverneur a cependant trouvé à placer M. de Stürmer qui, ayant sa femme, ne pouvait tenir ici; de plus, il était ruiné, quoique manquant de tout : il lui en coûtait 9 louis et demi par jour. Il a une chaumière, à un demi-mille plus loin que Plantation-House, toute nue et presque découverte. Étant obligé de la prendre telle qu'elle est, toutes les réparations sont à sa charge. Il la loue 210 livres st. (3,150 fr.) et il a fait un marché pour les répa-

rations et les meubles urgents tels que chaises, tables
et papiers, pour 600 livres st. (15,000 fr.). Il a ses lits.
Le gouverneur s'est chargé de fournir les ouvriers et
de faire les transports, sans cela il aurait été ruiné.
Les ouvriers sont ici extrêmement rares et la journée
d'un homme est de 9 schellings, c'est ce qui empêche les habitants de bâtir, car il y a des gens très
riches. Il est vrai que Stürmer aura, de plus, dans
son mobilier, une truie pleine, trois ou quatre brebis,
des poules et un coq. Il a un jardin et des arbres
fruitiers, chose très rare. Heureusement qu'il a apporté un crédit de 72.000 francs, sauf à compter
avant de fixer son traitement définitif, ce qu'il fera
dans deux ou trois mois. Il lui faut, ainsi qu'à nous
tous, des chevaux, car les distances sont trop grandes
et la chaleur trop forte pour pouvoir aller à pied.
Quoique en hiver, nous sommes constamment à
20° et 21° Réaumur et la nuit à 18°. Si nous n'avions
pas tous les soirs un vent de mer assez fort, il serait
impossible de dormir. Il pleut très souvent, mais
par ondées. Personne ne marche dans le jour ; on ne
rencontre que des nègres et des Chinois, qui font le
service des habitants. Je ne sais comment nous au-
rons des chevaux ; une haridelle coûte 100 louis. »

23 *juillet* 1816. — « Tout est dans le même état,
depuis ma dernière lettre ; nous n'avons pas encore
vu Bonaparte, et il y a grande apparence que nous
ne le verrons pas jusqu'à ce qu'il vienne un ordre du

gouvernement anglais de nous le faire voir. Nous avons écrit officiellement au gouverneur, le baron de Stürmer et moi, pour lui demander à voir son prisonnier et pouvoir en dresser un procès-verbal, conformément à nos instructions. Il a envoyé notre demande à Bonaparte, qui a fait dire qu'il répondrait, et la réponse n'est pas venue et ne viendra pas. Vous verrez plus loin ses raisons. Le gouverneur ne nous a pas encore répondu, mais il nous a avoué qu'il n'avait point d'ordres pour forcer la porte et qu'il ferait tout ce qui dépendrait de lui, sans en venir là, jusqu'à ce qu'il ait reçu de nouvelles instructions.

« Quoique je n'aie pas vu Bonaparte, je puis cependant vous certifier son existence au moment où j'écris.

« Je vous ai déjà parlé de l'ascendant qu'il a pris sur tout le monde ; les subalternes, qu'il *caresse* beaucoup, l'adorent, mais il est brouillé-né avec le chef qui le craint, mais qui n'en fait pas moins bien son devoir, et qui le gêne en proportion de l'éloignement qu'on lui montre. Sa nouvelle manière d'être tient à celle que l'amiral Cockburn avait avec lui : doué d'un esprit ferme et hautain, il le traitait peut-être un peu trop cavalièrement ; il s'asseyait devant lui, quoiqu'il fût debout, et les choses avaient été poussées si loin que Napoléon dit un jour : « Qu'on m'enchaîne si l'on veut, mais qu'on ait pour moi les égards qui me sont dus. » Enfin, sir Cockburn

voulut lui présenter un étranger ; après avoir beaucoup hésité, il le reçut, mais ne voulut pas recevoir
l'amiral. Depuis lors, la glace fut tout à fait rom-
pue et ils ne se sont plus revus, pas même au départ.

« Il causait dernièrement avec un officier et lui
dit : « Quand même je sortirais d'ici, je n'irais plus
en France ; ma carrière est finie, mais j'ai l'espoir
que, quelque jour, on y rendra à mon fils la justice
qu'il mérite. »

« Le feu a pris à Longwood, vendredi dernier
pendant la nuit, dans une cheminée ; on l'a éteint
avec bien de la peine, grâce à 600 hommes du camp,
qui sont arrivés assez à temps, car tout le monde
convient que, dix minutes plus tard, tout était brûlé :
la maison est en partie en bois, et il n'y a point d'eau,
dans cette plaine. Il en a été quitte pour quelques
meubles et une très belle glace brisée, c'était la
plus belle de l'île. Quoique je n'aie pas encore été
à Longwood, on disait tout bas que ce feu pouvait
bien avoir été mis par mon ordre. Voyez à quoi le
plus honnête homme du monde peut être exposé,
quoique tout le monde soit bien convaincu qu'après
le roi, Bonaparte est la personne que j'aime le plus !

« Sa vie est si uniforme qu'il ne se passe jamais
rien de bien intéressant chez lui. Voilà cependant
une petite historiette. J'ai déjà eu l'occasion de vous
parler de Betzi Balcomb ; dimanche dernier, plusieurs personnes furent invitées aux relevailles

de Mme de Montholon (il faut une permission expresse et par écrit pour y arriver). Quand elles furent réunies chez elle, Bonaparte, qui le savait, se mit à sa fenêtre qui plonge sur cette chambre et il salua tout le monde; il parla même un moment et puis descendit dans son jardin, où tout le monde se rendit. Il demanda à la petite Betzi, qu'il n'avait pas vue depuis longtemps et qu'il n'aime plus, à cause de sa grande familiarité, si elle était toujours aussi méchante. Il observa qu'elle avait beaucoup grandi et il ajouta sur-le-champ : « Au reste, mauvaise herbe grandit toujours. » La petite, piquée, repartit qu'il n'avait pas fait sa barbe ce jour-là et lui répondit « qu'il fallait être bien grossier pour recevoir des femmes avec une barbe aussi longue ». Je crois vous avoir dit aussi que, depuis que Bonaparte a quitté la maison Balcomb pour habiter Longwood, il a fait connaissance avec une Miss Robertson, à qui il a fait une déclaration. Il en parle beaucoup et demanda à une jeune personne très jolie si elle connaissait sa nymphe et si elle la trouvait jolie. La réponse fut affirmative. « Oh! ce n'est pas vrai, dit la petite Betzi, d'un ton en colère, elle est bien laide. »

« Je vais vous faire part aussi d'un sénatus-consulte, rendu par le fermier de la Compagnie. Il est heureux qu'il n'ait pas servi de modèle à notre sénat, car nous n'aurions jamais eu le bonheur de revoir le roi. Il est laconique, et je le transcris mot

pour mot : « C'est avec le plus grand regret, mon-
« sieur le Gouverneur, que je vous annonce que
« M. le général Montholon a déjà trouvé plusieurs
« fois, et notamment hier, la viande que je livre
« mauvaise. N'aimant pas les disputes et ne voulant
« pas m'y exposer davantage, je déclare à V. E.
« que je ne tuerai plus pour le service de Longwood.
« Ils ont encore de la viande pour aujourd'hui et
« demain. — Ce 20 juillet 1816. » Cet individu a
tenu parole, mais on a trouvé un autre fournisseur.

« Bonaparte a 40 domestiques, tant Français
qu'esclaves, et il leur faut, par jour, 54 rations (1).

(1) Liste des articles fournis à Longwood pendant le mois de
juin 1816.

Vin de Bordeaux.................	240	bouteilles.
— de Graves..................	60	—
— de Madère................	30	—
— de Ténériffe..............	150	—
— de Champagne.............	15	—
— de Constance.............	15	—
— du Cap..................	630	—
Bière et cidre	180	—
Farine superfine..............	100	livres.
Riz	150	—
Beurre.......................	300	—
Fromage.....................	60	—
Sel..........................	80	—
Bois à brûler.................	20.160	livres.
Chandelles...................	240	—
Pommes de terre..............	15	boisseaux.
Bœuf et veau.................	1.200	livres.
Mouton	1,500	—
Pain	1,800	—

Il a, de plus, 12 chevaux et deux voitures. Il y a quelques jours qu'il donna une place à côté de lui à lady Malcolm, qui avait été le voir, et qui arriva au moment où il allait monter en voiture pour se promener dans son enceinte ; elle en a la tête tournée, bien qu'elle le détestât cordialement à son arrivée, et je doute qu'une promenade avec la princesse Charlotte ou le prince Régent l'eût autant flattée. Quand il sort en voiture, il est accompagné par Gourgaud et par l'officier polonais, à cheval et en uniforme, aux deux portières, et il a toujours six chevaux.

« Quoique je n'aie pas encore de chevaux, vu l'impossibilité d'en acheter ici, je connais déjà l'île. J'en ai même visité plusieurs parties avec le gouverneur, qui m'en prête quelquefois. Il y a vingt-trois endroits par où les eaux s'écoulent dans la mer ; mais il n'y en a cependant que quatre où l'on pourrait débarquer, à la rigueur, quelques hommes en chaloupe et encore bien rarement, parce que les brisants sont trop forts. Ces points n'en sont pas moins tous gardés et défendus par des batteries ; quand on parviendrait à mettre quelques hommes à terre dans une de ces gorges, il faudrait en sortir, ce qui est

Pigeons	3o
Oies	8
Volailles	240
Thé	15 livres

(*Carnet d'un voyageur.* — Bibl. nat. L[h 48] 1,943.)

physiquement impossible, le rocher étant presque partout à pic et sans végétation.

« Quand on a vu passer un chien quelque part, on y met au moins une sentinelle; elles sont tellement multipliées que, la semaine dernière, un malheureux soldat, placé dans un endroit trop étroit, n'a pu résister à un coup de vent. Il est tombé et a roulé pendant plus de 600 toises : il en a été tellement moulu que ses os étaient comme pilés.

« Nous avons remarqué une petite anse nommée *le Ruppert* où un vaisseau pourrait aborder et jeter l'ancre. La vallée a un chemin et on pourrait rigoureusement en sortir, quoique bien difficilement. Il y a un fort en face, bien gardé, et un sur chacun des flancs, avec une nombreuse artillerie. Les batteries de flanc sont un peu élevées, surtout celle de la gauche. J'en fis l'observation au gouverneur et mis pied à terre pour examiner le terrain avec plus de soin. Je reconnus alors un petit coin où le rocher, plus rocailleux, permettait d'établir une petite batterie de 4 pièces presque rasantes : on y a fait travailler tout de suite. Je dois, cependant, observer qu'un débarquement ne peut s'y faire qu'en chaloupe et ayant de l'eau jusqu'aux aisselles, parce que l'anse est semée de rochers, et un vaisseau ne pourrait jeter l'ancre qu'à un demi-mille des batteries, la mer, partout ailleurs, n'ayant pas de fond.

« Il y a un autre endroit appelé *Lemon-Vallée*, où le

débarquement serait peut-être plus facile, mais il ne pourrait également se faire qu'en chaloupe, et il faudrait arriver à terre par un sentier dans le roc où il ne peut passer qu'un homme. Il y a également un fort et quand on s'en emparerait, il serait presque impossible d'en sortir, car il y a toujours une frégate de 36 canons mouillée en cet endroit.

« La plaine de Longwood est la seule de l'île; elle est très spacieuse (1) et peut avoir 4 milles de tour. Elle est séparée du reste de l'île par une gorge effroyable, qui en fait entièrement le tour, et elle n'y tient que par une langue de terre si étroite que le chemin n'a pas vingt pieds de large. Le rocher est à pic partout et n'a jamais moins de 300 toises de hauteur. On ne peut donc y arriver que par ce seul chemin et, malgré cette difficulté, il y a un camp, occupé par le 53e régiment, un parc d'artillerie et, de plus, une compagnie du 66e, campée auprès du mur où il y a une porte. A 300 toises environ de cette porte, du côté de la ville, il y a encore un poste de vingt hommes, et cette enceinte est, jour et nuit, bordée de petits postes à vue les uns des autres.

« C'est dans cette enceinte que Bonaparte, et sa famille, comme on dit ici, peut se promener sans être accompagné, mais seulement pendant que le

---

(1) Tel n'était pas l'avis de l'Empereur : « C'est à peine s'il y a de quoi faire un temps de galop ! » (Thiers, *Consulat et Empire*, t. XX.)

soleil est sur l'horizon; car, du moment où il se couche, la garde de nuit est établie et le cordon, à quinze pas de sa maison, est si serré que les sentinelles se touchent presque. Le chemin qui y conduit de la ville est si montueux que, quand 10.000 hommes seraient maîtres de l'île, 50 suffiraient pour empêcher d'y arriver, même s'ils n'avaient pas d'armes, en faisant rouler des quartiers de rochers, ce qui est d'autant plus aisé qu'il n'y a point ici de roc vif. Ajoutez à cela un télégraphe, établi sur toutes les pointes de montagnes, de sorte que le gouverneur a, ordinairement, en une minute, des nouvelles de son prisonnier quatre fois par jour, et en deux minutes dans quelque endroit qu'il se trouve.

« Il faut donc regarder toute évasion comme impossible, car, quand le gouverneur le permettrait, la mer, qui est bien autrement gardée, la rendrait impraticable. Tous les points de signaux sont occupés jour et nuit; dès que l'on aperçoit un bâtiment, ce qui est ordinairement à 60 milles, on tire le canon et l'on donne sur-le-champ une piastre à celui qui l'a aperçu le premier. Il y a deux bricks qui croisent jour et nuit autour de l'île, et une frégate stationnée dans les deux endroits où le débarquement est possible, car pour arriver au « Ruppert », il faut passer sous le feu des forts de la ville et du *Newcastle*. A la nuit, rien ne peut aborder ni sortir, et les chaloupes armées font une patrouille exacte jusqu'au jour. Si la mer laissait aborder, en deux minutes toute l'île serait sous les armes.

« Il y a quelques jours, un vaisseau américain, que le mauvais temps avait empêché d'aborder au Cap, se présenta pour entrer; la croisière le pria très poliment de passer outre. Le capitaine, furieux, prétendit avoir besoin de se rafraîchir et voulut insister; on lui proposa poliment des coups de canon et il finit par prendre son poste, tout en grognant et de très mauvaise humeur. Un bâtiment de guerre portugais fut plus heureux, le lendemain. Il manquait absolument d'eau; l'amiral, sans le laisser entrer, lui en envoya. »

Revenant, un peu plus loin, sur la rigueur des mesures prises pour éviter toute tentative d'évasion, M. de Montchenu ajoute :

« ... On est d'une rigidité extrême. Il n'y a pas longtemps qu'on a tué deux hommes sur une barque de l'île, qui est rentrée quelques minutes après le coup de canon et, si elle ne se fût jetée sous le pavillon du *Newcastle,* tout aurait péri; on la reconnut et on lui laissa passer la nuit, amarrée à la frégate. Après la retraite, personne ne peut circuler, même dans l'intérieur, sans avoir le *mot,* qui se donne bien rarement. On commence par tirer et, si l'on est manqué, on est sûr d'être arrêté et puni bien sévèrement. J'ai ce *mot* toutes les fois que je veux, en allant le prendre moi-même ou en envoyant M. de Gors. Mes deux confrères sont obligés de le prendre en personne; mais je n'en ai besoin que pour rentrer, quand j'ai été dîner chez le gouverneur ou chez l'amiral.

« L'amiral va souvent voir Bonaparte, et il a causé avec lui pendant près de trois heures, la semaine dernière (1). Il lui a parlé de l'Égypte, de Waterloo et de plusieurs officiers anglais. Il lui a aussi parlé de nous et, sur cela, il lui dit : « Je ne me regarde « point comme prisonnier; vous ne m'avez point « pris, je me suis confié à la loyauté anglaise : vous « me tenez, à la bonne heure, mais je ne me regarde « point comme prisonnier. Si je recevais ces mes- « sieurs comme commissaires, ce serait m'avouer le « prisonnier des puissances, et je ne les recevrai point. « S'ils veulent me voir, j'en serai fort aise, ils n'ont « qu'à s'adresser à Bertrand... Et puis, que vient « faire ici cet Autrichien? Il n'est seulement pas « chargé de m'apporter des nouvelles de ma femme « et de mon fils... il est bien à moi mon fils! J'ai vu « vingt fois son maître à mes pieds!... Et ce Russe! « J'ai plus de trente lettres de son empereur, dans « lesquelles il me remercie de ce que j'ai fait pour lui.

(1) Il s'agit de l'amiral Malcolm; la mission de l'amiral Cokburn n'était que temporaire; il resta à Sainte-Hélène jusqu'au mois de juin 1816, après l'arrivée de sir H. Lowe. L'Empereur avait pour lui quelque affection et le recevait volontiers. « Nous regretterons *notre requin*, disait-il souvent. » Après le départ de Cockburn, Napoléon entretint, néanmoins, des relations suivies avec l'amiral Malcolm, qui lui témoigna toujours une grande déférence.

« Pense-t-il actuellement à s'intéresser à moi et à me
« soulager dans ma malheureuse position?... Je vous
« montrerai toutes les lettres que m'écrivaient les
« souverains... Quant à Louis XVIII, c'est diffé-
« rent, je n'ai pas à m'en plaindre, je n'ai jamais eu
« aucune relation avec lui. » Il parle toujours du
roi avec beaucoup de respect, ainsi que M. et
Mme Bertrand; ces derniers parlent souvent de clé-
mence royale et ils ne paraissent pas y avoir renoncé.
Bonaparte s'est beaucoup plaint du gouverneur.
« L'Angleterre n'a-t-elle pas d'autres colonies où
l'on pourrait m'envoyer? » L'amiral lui a donné
des raisons pour lui prouver qu'on ne pouvait pas
le changer. « Je dois donc mourir ici? » L'amiral lui
a répondu en souriant : « Je crois que oui. » Tout
en parlant, il a jeté les yeux sur la pointe d'une mon-
tagne, très élevée, où il a vu un poste. « Eh bien,
« ne voilà-t-il pas encore une bêtise! A quoi sert ce
« poste? A-t-on peur que je puisse me sauver? Suis-
« je un oiseau pour m'envoler d'ici? Pourquoi cette
« prison? Ne peut-on pas me laisser aller dans toute
« l'île? — Vous en êtes le maître. — Oui, avec un
« officier! je sens bien que l'on ne peut me laisser
« aller seul en ville, cela n'est pas possible, mais dans
« tout le reste de l'île! A quoi bon cet officier? j'ai
« toujours l'air d'un prisonnier! » — Il a parlé alors
de Cockburn. « Celui-là, c'est un homme d'esprit, il
« a du caractère, une bonne tête; il est fier, hautain;
« il a voulu me traiter en égal et a même souvent

« manqué aux égards qui me sont dus, mais je n'ai
« jamais eu à m'en plaindre que dans les petits détails
« et jamais dans les grandes choses. »

« ... Le climat de ce pays est beaucoup trop
vanté en Europe : il n'est pas malsain, mais il ne
vaut pas ce que nous avons cru. Je ne suis pas
strictement malade, mais je ne m'y porte pas bien
et je n'y ai point d'appétit. La chaleur y est très
forte, car, quoique en plein hiver, le thermomètre n'a
pas encore été au-dessous de 20° (Réaumur), même
la nuit. La nourriture que l'on peut se procurer, à
force d'argent, est malsaine pour nous. Je ne vous
parle pas encore de mon établissement; je suis
entre quatre planches faute de moyens, et quand
j'en aurais, ce ne sera qu'avec la plus grande peine
que je viendrai à bout d'avoir ce dont je ne peux
me passer. On me demande 65 guinées pour dix
chaises de cuir et deux fauteuils; 46 guinées pour
douze chaises de paille, etc. Venez vite à mon secours par un crédit provisoire et, d'ici à un mois, je
vous mettrai à même de fixer mon traitement en
vous envoyant un état détaillé.

« J'ai oublié de vous dire que Bonaparte, en parlant de la Russie, a dit à l'amiral : « J'aurais dû
mourir à Moscou ! C'est là où ma carrière se serait
terminée avec gloire. » Et puis, quand il parlait
des égards qui lui sont dus, l'amiral lui a demandé
comment il voulait être appelé : « Est-ce général ?
— Non, je ne le suis plus depuis mon départ

d'Égypte. — Empereur? — Oh! non. Je sens que cela n'est pas possible; d'ailleurs j'ai abdiqué. — Comment donc? — J'ai voulu me faire appeler capitaine, j'en ai oublié le nom, mais Napoléon Bonaparte. »

CHAPITRE II.

Le gouverneur annonce officiellement à Napoléon l'arrivée des commissaires. — Le comte de Balmain fait connaître les instructions qui lui ont été données par Alexandre. — L'Empereur déclare qu'il emploiera la force si l'on tente de s'introduire à Longwood. — Réponse du comte de Montholon à la première note remise par les commissaires. — M. de Montchenu se range à l'avis de ses collègues. — Mémoire du 23 août dans lequel l'Empereur proteste contre sa transportation à Sainte-Hélène. — Vente d'une partie de l'argenterie impériale. — Réformes à Longwood. — Célébration de la Saint-Louis à James-Town. — Conversation entre Napoléon et l'amiral Malcolm. — Waterloo. — Le duc d'Enghien. — Ney. — Départ de Las Cases. — Incident du botaniste Welle.

Plusieurs mois s'étaient déjà écoulés depuis l'arrivée dans l'île des commissaires, et l'illustre prisonnier avait toujours été invisible pour eux, bien que M. de Montchenu écrive au duc de Richelieu qu'il pourrait, cependant, voir Bonaparte toutes les fois qu'il le voudrait, en allant à Longwood au moment de sa promenade. Néanmoins, comme il pense que sa mission consiste, non à surveiller de loin l'Empereur, mais à être reçu par lui d'une manière officielle, en un mot à se faire reconnaître comme envoyé du roi, il ne cesse de presser Hudson Lowe de le conduire chez Napoléon.

Enfin, après de longs jours d'attente pour les commissaires, le gouverneur se décida à écrire au général Bertrand pour lui annoncer officiellement l'arrivée des trois délégués des puissances et il remit lui-même sa lettre. Le grand-maréchal répondit verbalement : « Ces messieurs sont-ils chargés, de la « part de leurs souverains, de lettres pour l'Empe- « reur? Où est cette convention du 2 août sur la- « quelle on se base? J'en parlerai à l'Empereur. » Ensuite, il demanda qu'on lui produisît le traité. Or, personne n'en possédait une copie, pas même le gouverneur, et trois semaines se passèrent à le rechercher partout. Enfin, le baron de Stürmer, qui avait apporté un grand nombre de numéros anciens du *Journal des Débats,* finit par retrouver le texte de cette convention dans un vieil exemplaire. Le gouverneur en fut aussitôt avisé, et une conférence fort longue et assez animée s'ouvrit; le baron de Stürmer se laissa sans doute aller à reprocher à H. Lowe certains manques d'égards vis-à-vis de Bonaparte, car celui-ci s'écria : « Vous avez l'air, Monsieur, de me reprocher de ne pas être assez bien avec lui? »

Cependant, dans cette conférence, il fut décidé que les commissaires feraient officiellement la demande au gouverneur d'être conduits à Longwood. La rédaction de cette note fit naître quelques difficultés, car H. Lowe faisait, à chaque phrase, des objections, et tous les termes en durent être pesés de

manière à ne pas froisser son amour-propre, tout
en sauvegardant la dignité des gouvernements étrangers. Après de longs pourparlers, cette formule fut
acceptée :

« Le soussigné, désirant remplir le principal
objet de sa mission, a l'honneur de prier Votre
Excellence de lui procurer l'occasion la plus pro-
chaine de voir Napoléon Bonaparte. Il se fait un
devoir de mettre sous les yeux de Votre Excellence
la convention du 2 août 1815. »

A ce moment, le comte de Balmain dit que
puisque cette entrevue avec Napoléon paraissait si
difficile, il ne voulait point être nommé dans la démarche que l'on ferait, ses instructions ne lui pres-
crivant point d'adresser un procès-verbal à son
gouvernement et que, d'ailleurs, un article ajouté
de la main même de son souverain, lui recommandait d'avoir pour l'Empereur tous les égards que
méritait le rang qu'il avait occupé; or, cette visite
paraissant lui déplaire, il ne croyait pas pouvoir
s'en mêler. Cependant, pour ne pas avoir l'air de
se séparer de ses collègues, il écrivit une lettre particulière au gouverneur.

La réponse n'arrivant pas, l'amiral Malcolm,
qui avait pris l'habitude d'aller assez fréquemment
à Longwood, fut envoyé auprès de Bonaparte. Ils
eurent plusieurs conversations, dans lesquelles l'Empereur répéta toujours : « Je ne suis point un prisonnier; vous me tenez, à la bonne heure, mais je

ne suis pas légalement votre prisonnier, et encore
moins celui de l'Europe. »

Le gouverneur se décida enfin à aller le voir en
compagnie de l'amiral, et l'entretien fut long. Bonaparte, après avoir toujours tenu les mêmes propos,
finit par dire : « Si je recevais ces messieurs, ce
serait me reconnaître prisonnier ; ainsi je ne les recevrai point. Je sais qu'on peut entrer chez moi de
force, mais je déclare que je tire des coups de pistolet sur le premier qui touchera à ma porte. » —
A la violence, on ne pouvait opposer que la force et,
en rendant compte de cette conversation aux commissaires, H. Lowe leur dit : « Si vous persistez,
adressez-moi une nouvelle note ; je vous donnerai
alors une compagnie de grenadiers pour entrer à
Longwood, mais vous prendrez sur vous la responsabilité de tout ce qui pourra arriver. » — Inutile
d'ajouter que l'on ne s'arrêta pas un instant à cette
mesure.

C'est à ce moment que le baron de Stürmer
avoua à son collègue que, bien que les instructions
du prince de Metternich fussent de se rallier à l'opinion de son collègue de France, toutes les fois qu'il
pourrait y avoir divergence de vues, il lui répugnait,
néanmoins, d'user de violence envers le gendre de
son souverain, « car il savait fort bien que tout
sentiment de parenté n'était pas effacé ».

Le marquis se rangea d'autant plus volontiers à
cet avis qu'il ne voyait pas la nécessité de faire un

pareil éclat, car il avait acquis la certitude que Bonaparte était réellement dans l'île et « il en était aussi sûr que s'il l'avait vu de ses yeux ». Il annonça donc au gouverneur qu'il attendrait de nouveaux ordres : cette réponse lui fit un tel plaisir que le marquis prétend que « si un Anglais embrassait un homme, il lui aurait sauté au cou ».

Cependant, l'impression produite par la note des commissaires devait être ineffaçable chez le prisonnier de Longwood, car il faisait parvenir, peu après, un document important, où Montholon exposa, pour la première fois, tous les arguments qu'il pouvait faire valoir sur l'interprétation du traité du 2 août.

Voici ce mémoire en entier, tel qu'il fut remis au gouverneur :

23 *août* 1816. — « L'empereur Napoléon proteste contre le contenu du traité du 2 août 1815 ; il n'est point prisonnier de l'Angleterre. Après avoir abdiqué entre les mains des représentants de la Nation, au profit de la constitution adoptée par le peuple français et en faveur de son fils, il s'est rendu volontairement et librement en Angleterre pour y vivre *en particulier*, dans la retraite, sous la protection des lois britanniques. La violation de toutes les lois ne peut constituer un droit. De fait, la personne de l'empereur Napoléon se trouve au pouvoir de l'Angleterre, mais, de fait ni de droit, il n'a été au pouvoir de l'Autriche, de la Russie, de la Prusse,

même selon les lois de l'Angleterre, qui n'a jamais fait entrer dans la balance des prisonniers les Russes, les Autrichiens, les Prussiens, les Espagnols, les Portugais, quoique unie à ces puissances par des traités d'alliance et faisant la guerre conjointement avec elles.

« La convention du 2 août, faite quinze jours après que l'empereur Napoléon était en Angleterre, ne peut avoir, en droit, aucun effet ; elle n'offre que le spectacle de la coalition des quatre plus grandes puissances de l'Europe pour l'oppression d'un seul homme, coalition que désavoue l'opinion de tous les peuples comme tous les principes de la raison et de la saine morale. Les empereurs d'Autriche, de Russie, le roi de Prusse n'ayant, de fait ni de droit, aucune action sur la personne de l'empereur Napoléon, ils n'ont pu rien statuer relativement à lui. Si l'empereur Napoléon eût été au pouvoir de l'empereur d'Autriche, ce prince se serait souvenu des rapports que la religion et la nature ont mis entre un père et un fils, rapports qu'on ne viole jamais impunément. Il se fût ressouvenu que, quatre fois, Napoléon lui a restitué son trône : à Léoben en 1797, à Lunéville en 1801, lorsque nos armées étaient sous les murs de Vienne; à Presbourg en 1806 et à Vienne en 1809, lorsque ses armées étaient maîtresses de la capitale et des trois quarts de la monarchie. Ce prince se fût ressouvenu des protestations qu'il lui fit au bivouac de Moravie, en 1806, et à l'entrevue de Dresde, en 1812.

« Si la personne de l'empereur Napoléon eût été au pouvoir de l'empereur Alexandre, il se fût ressouvenu des liens d'amitié contractés à Tilsitt et à Erfurth et pendant douze ans d'un commerce journalier ; il se fût ressouvenu de la conduite de l'empereur Napoléon le lendemain de la bataille d'Austerlitz où, pouvant le faire prisonnier avec les débris de son armée, il se contenta de sa parole et lui laissa opérer sa retraite ; il se fût ressouvenu des dangers que, personnellement, l'empereur Napoléon a bravés pour éteindre l'incendie de Moscou et lui conserver cette capitale. Certes, ce prince n'eût pas violé les devoirs de l'amitié et de la reconnaissance envers un ami dans le malheur.

« Si la personne de l'empereur Napoléon eût été même au pouvoir du roi de Prusse, ce souverain n'eût pas oublié qu'il a dépendu de lui, après Friedland, de placer un autre prince sur le trône de Berlin ; il n'eût point oublié, devant un ennemi désarmé, les protestations de dévouement et les sentiments qu'il lui témoigna, en 1812, aux entrevues de Dresde. Aussi voit-on par les articles 2 et 5 dudit traité du 2 août que, ne pouvant influer en rien sur le sort de la personne de l'empereur Napoléon qui n'est pas en leur pouvoir, ces princes s'en rapportent là-dessus à S. M. Britannique, qui sera chargée de remplir toutes les obligations.

« Ces princes ont reproché à l'empereur Napoléon d'avoir préféré la protection des lois britanniques à la leur. Les fausses idées que l'empereur Napoléon avait de la libéralité des lois anglaises et de l'influence d'un peuple grand, généreux et libre sur son gouvernement l'ont décidé à préférer la protection de ses lois à celle de son beau-père ou de son ancien ami l'empereur de Russie. L'empereur Napoléon a toujours été le maître de faire assurer ce qui lui était personnel par un traité diplomatique, soit en se remettant à la tête de l'armée de la Loire, soit en se mettant à la tête de l'armée de la Gironde, que commandait le général Clausel. Mais, ne cherchant désormais que la retraite et la protection des lois d'une nation libre, soit anglaise, soit américaine, toute stipulation lui eût paru inutile. Il a cru le peuple anglais plus lié par sa démarche franche, noble et pleine de confiance qu'il ne l'eût été par les traités les plus solennels. Il s'est trompé ! Cette erreur fera à jamais rougir les vrais Bretons et la génération actuelle, comme, dans la génération future, elle sera une preuve de la déloyauté de l'administration anglaise.

« Des commissaires autrichiens et russes sont arrivés à Sainte-Hélène ; si leur mission a pour but de remplir une partie des devoirs que les Empereurs d'Autriche et de Russie ont contractés par le traité du 2 août et de veiller à ce que les agents anglais, dans une petite colonie au milieu de l'Océan, ne manquent pas aux égards dus à ce prince lié avec eux par des liens de parenté et par tant d'autres rapports, on reconnaît dans cette démarche des marques du caractère de ces deux souverains; mais vous avez assuré que ces commissaires n'avaient ni le droit ni le pouvoir d'avoir aucune opinion sur tout ce qui peut se passer à Sainte-Hélène.

« Le ministère anglais a fait transporter l'empereur Napoléon à Sainte-Hélène, à 2.000 lieues de l'Europe; ce rocher, situé sous le tropique et à 500 lieues de tout continent, est soumis à la chaleur dévorante de cette latitude. Il est couvert de nuages et de brouillards les trois quarts de l'année; c'est à la fois le pays le plus sec et le plus humide du monde. Ce climat est le plus contraire à la santé de l'Empereur, et c'est la haine qui a présidé au choix de ce séjour, comme aux instructions données par le ministère anglais aux officiers anglais commandant dans ce pays. On leur a ordonné d'appeler l'empereur Napoléon « général », voulant l'obliger à reconnaître qu'il n'a jamais régné en France; ce qui l'a décidé à ne pas prendre un nom d'*incognito,* comme il se l'était proposé et qu'il y était résolu en sortant de France. Premier magistrat à vie de la République, sous le titre de Premier Consul, il a conclu les préliminaires de Londres et le traité d'Amiens avec le roi de la Grande-Bretagne, il a reçu pour ambassadeurs lord Cornwallis, Merry,

Whitworth, qui ont séjourné en cette qualité à sa
cour. Il a accrédité à la cour de Windsor le comte
Otto et le général Andréossi, qui ont résidé comme
ambassadeurs auprès du roi d'Angleterre. Lorsque,
après un échange de lettres entre les ministres des
affaires étrangères des deux monarchies, lord Lau-
derdale vint à Paris, muni des pleins pouvoirs du
roi d'Angleterre, il traita avec les plénipotentiaires
munis des pleins pouvoirs de l'empereur Napoléon
et séjourna plusieurs mois à la cour des Tuileries.
Lorsque, depuis, à Châtillon, lord Castlereagh signa
l'ultimatum que les Puissances alliées présentèrent
aux plénipotentiaires de l'empereur Napoléon, il
reconnut par là la quatrième dynastie. Cet ultimatum était plus avantageux que le traité de Paris,
mais on exigeait que la France renonçât à la Bel-
gique et à la rive gauche du Rhin, ce qui était contraire aux propositions de Francfort et aux proclamations des Puissances alliées; ce qui était contraire
aussi au serment par lequel, à son sacre, l'Empereur avait juré l'intégrité de l'Empire. L'Empereur
pensait alors que les limites naturelles étaient nécessaires à la garantie de la France comme à l'équi-
libre de l'Europe. Il pensait que la nation française,
dans les circonstances où elle se trouvait, devait
plutôt courir toutes les chances de la guerre que de
s'en départir. La France eût obtenu cette intégrité
et, avec elle, eût conservé son honneur, si la trahison ne fût venue au secours des alliés. Le traité

du 2 août, le bill du Parlement britannique, appellent l'Empereur « Napoléon Bonaparte » et ne lui donnent pas le titre de « général » (1). Le titre de général Bonaparte est sans doute éminemment glorieux; l'Empereur le portait à Lodi, à Castiglione, à Rivoli, à Arcole, à Léoben, aux Pyramides, à Aboukir, mais, depuis dix-sept ans, il a porté celui de Premier Consul et d'Empereur. Ce serait convenir qu'il n'a jamais été ni premier magistrat de la République, ni souverain de la quatrième dynastie.

« Ceux qui pensent que les nations sont des troupeaux qui, de droit divin, appartiennent à quelques familles, ne sont ni du siècle, ni dans l'esprit de la législature anglaise, qui changea plusieurs fois l'ordre de sa dynastie, parce que de grands changements, survenus dans les opinions auxquelles n'avaient pas participé les princes régnants, les avaient rendus ennemis du bonheur de la grande majorité du reste de la nation. Car les rois ne sont que des magistrats héréditaires, qui n'existent que pour le bonheur des nations, et non les nations pour la satisfaction des rois.

« C'est le même esprit de haine qui a ordonné que l'empereur Napoléon ne puisse écrire ni recevoir des lettres sans qu'elles soient ouvertes et

______

(1) « Ce titre de *général* est un des grands griefs allégués contre le gouverneur, qui ne le nomme jamais autrement. » (Note de M. de Montchenu.)

lues par le ministère anglais et des officiers de Sainte-Hélène. On lui a, par là, interdit de recevoir des nouvelles de sa mère, de sa femme, de son fils et de ses frères ; et lorsque, voulant se soustraire aux inconvénients de voir ses lettres lues par les officiers subalternes, il a voulu envoyer des lettres cachetées au prince régent, on a répondu que l'on ne pouvait se charger que de laisser passer des lettres ouvertes ; que telles étaient les instructions du ministère. Cette mesure n'a pas besoin de réflexion, elle donne d'étranges idées de l'esprit de l'administration qui l'a dictée ; elle serait désavouée même à Alger. Des lettres sont arrivées pour des officiers de la suite de l'Empereur ; elles étaient décachetées et vous furent remises ; vous ne les avez pas communiquées, monsieur le Gouverneur, parce qu'elles n'étaient pas passées par le canal du ministère anglais. Il fallut leur faire refaire 4.000 lieues, et les officiers eurent la douleur de savoir qu'il existait sur ce rocher des nouvelles de leurs femmes, de leurs mères, de leurs enfants et qu'ils ne pourraient les connaître que dans six mois ! Le cœur se soulève (1). On n'a pu obtenir d'être abonné au *Morning-Chronicle*, au *Morning-Post*, à quelques journaux français ! De temps à autre, on fait passer à Longwood quelques numéros dépareillés du *Times*. — Sur la demande faite à bord du

---

(1) « J'ai apporté quelques lettres et le gouverneur les a remises le lendemain. » (Note de M. de Montchenu.)

Northumberland, on a envoyé quelques livres (1), mais tous ceux relatifs aux affaires des dernières années ont été soigneusement écartés. Depuis, on a voulu correspondre avec un libraire à Londres, pour avoir directement les livres dont on pouvait avoir besoin et ceux relatifs aux événements du jour; on l'a empêché. Un auteur anglais, ayant fait un voyage en France et l'ayant imprimé à Londres, a pris la peine de vouloir l'envoyer pour l'offrir à l'Empereur, mais vous n'avez pas cru pouvoir le lui remettre, parce qu'il n'était pas parvenu par la filière de votre gouvernement. — On dit aussi que d'autres livres envoyés par leurs auteurs n'ont pu être remis, parce qu'il y avait sur l'inscription de quelques-uns : « A l'Empereur Napoléon » et sur d'autres : « A Napoléon le Grand »!

« Le ministère anglais n'est autorisé à ordonner aucune de ces vexations; la loi, quoique inique, du Parlement britannique, considère l'Empereur comme prisonnier de guerre. Or, on n'a jamais défendu aux prisonniers de guerre de s'abonner aux journaux, de recevoir des livres; une telle défense n'est faite que dans les cachots de l'Inquisition, au Temple, ou à Vincennes.

« L'île de Sainte-Hélène a 10 lieues de tour; elle est inabordable de toutes parts : des bricks enveloppent la côte, dix-huit postes placés sur le

(1) « Nous en avons apporté environ 2.000. » (Note de M. de Montchenu)

rivage peuvent se voir de l'un à l'autre et rendent impraticables les communications avec la mer. Il n'y a qu'un seul petit bourg, James-Town, où mouillent et d'où s'expédient les bâtiments. Pour empêcher un individu de s'échapper de l'île, il suffit d'examiner la côte par terre et par mer. En interdisant l'intérieur de l'île, on ne peut donc avoir qu'un but : celui de priver d'une promenade de 8 à 10 milles qu'il serait possible de faire à cheval et dont, d'après les consultations des hommes de l'art, la privation abrège les jours de l'Empereur (1).

« On a établi l'Empereur dans la position de Longwood, exposée à tous les vents; terrain stérile, inhabité, sans eau, et n'étant susceptible d'aucune culture, car il y a une enceinte d'environ 1.200 toises de terres incultes (2). A 1.100 ou 1.200 toises, sur un mamelon, on a établi un camp; on vient d'en placer un autre, à peu près à la même distance, dans une direction opposée, de sorte que, au milieu de la chaleur des tropiques, de quelque côté que l'on se tourne, on ne voit que des camps.

« L'amiral Malcolm, ayant compris l'utilité d'une

(1) « Il peut aller partout, accompagné d'un seul officier anglais en uniforme. » (Note de M. de Montchenu.)

(2) « Longwood est la seule plaine de l'île et le seul endroit où l'on trouve des arbres en assez grand nombre, et où Bonaparte puisse se promener en voiture, ce qu'il fait souvent. » (Note de M. de Montchenu.)

tente pour l'Empereur, dans cette position, en a fait établir une par ses matelots, à 20 pas en avant de la maison; c'est le seul endroit où l'on puisse trouver de l'ombre. Au reste, l'Empereur n'a lieu que d'être satisfait de l'esprit qui anime les officiers et les soldats du brave 53ᵉ, comme il l'avait été de l'équipage du *Northumberland*.

« La maison de Longwood a été construite pour servir de grange à la ferme de la Compagnie; depuis lors, le gouverneur y a fait établir quelques chambres; elle lui servait de maison de campagne, mais elle n'était en rien convenable pour une habitation.

« Depuis un an qu'on y est, on y a toujours travaillé (1), et l'Empereur a constamment eu l'incommodité d'habiter une maison en construction : la chambre dans laquelle il couche est trop petite pour contenir un lit d'une dimension ordinaire, mais toute bâtisse à Longwood prolongerait l'incommodité résultant des ouvriers. Cependant, il existe dans cette misérable île de belles positions, offrant de beaux arbres, des jardins et d'assez belles maisons, entre autres « Plantation-House (2) ». Mais les instruc-

----

(1) « On s'est prêté à toutes les fantaisies. » Note de M. de Montchenu.)

(2) « C'est la maison du gouverneur. Il est vrai que la maison et surtout les jardins seraient beaux partout, aussi y a-t-on enterré plusieurs millions. Il faut observer, en outre, que la garde de ce lieu serait très difficile et qu'il serait impossible de leur donner autant de liberté qu'ils en ont. » (Note de M. de Montchenu.)

tions du ministère vous interdisent de donner cette maison, ce qui eût épargné beaucoup de dépenses à votre Trésor, dépenses employées à bâtir à Longwood des cahutes, couvertes en papier goudronné (1) et qui déjà sont hors de service. Vous avez interdit toute communication entre nous et les habitants de l'île, vous avez mis la maison de Longwood au secret, vous avez même entravé les communications avec les officiers de la garnison.

« On semble donc s'être étudié à nous priver du peu de ressources qu'offre ce misérable pays, et nous y sommes comme nous serions sur le rocher inculte de l'Ascension. Depuis quatre mois que vous êtes à Sainte-Hélène, vous avez, Monsieur, empiré la position de l'Empereur. Le comte Bertrand vous a observé que vous violiez même la loi de votre législature, que vous fouliez aux pieds les droits des officiers prisonniers de guerre; vous avez répondu que vous ne reconnaissiez que la lettre de vos instructions, qu'elles étaient pires encore que nous paraissait votre conduite.

Signé : « MONTHOLON. »

« *P. S.* — J'avais signé cette lettre, Monsieur, lorsque j'ai reçu la vôtre du 17. Vous y joignez le compte, par aperçu, d'une somme annuelle de 20.000 livres

____

(1) « Baraques pour les soldats, où ils sont beaucoup mieux qu'en ville. » (Note de M. de Montchenu.)

sterling que vous jugez indispensable pour subvenir aux dépenses de l'établissement de Longwood, après avoir fait toutes les réductions que vous avez cru possibles (1). La discussion de cet aperçu ne peut nous regarder en aucune manière; la table de l'Empereur est à peine le strict nécessaire, tous les approvisionnements sont de mauvaise qualité et quatre fois plus chers qu'à Paris. Vous demandez à l'Empereur un fonds de 12.000 livres sterling, votre gouvernement ne vous en allouant que 8.000 pour toutes ces dépenses. J'ai eu l'honneur de vous dire que l'Empereur n'avait pas de fonds (2), que depuis un an il n'avait reçu ni écrit aucune lettre et qu'il ignorait complètement ce qui se passe ou a pu se passer en Europe. Transporté violemment sur ce rocher, à 2.000 lieues, sans pouvoir recevoir ou écrire aucune lettre, il se trouve aujourd'hui entièrement à la disposition des agents anglais. L'Empereur a toujours désiré et désire pourvoir lui-même à toutes ses dépenses, et il le fera aussitôt que vous le lui rendrez possible, en levant l'interdiction faite aux négociants de l'île de servir à sa correspondance, et qu'elle ne sera soumise à aucune inquisition de votre part ou d'aucun de vos agents. Dès que l'on connaîtra en Europe

(1) M. Thiers assure que les ordres donnés à H. Lowe lui prescrivaient de réduire les dépenses de Longwood à une somme de 8.000 livres sterling (200.000 francs).

(2) Napoléon avait apporté avec lui 3.500.000 fr. en or environ et ses compagnons d'exil en avaient 100.000 à peu près. (Thiers, *Consulat et Empire*, t. XVII.)

les besoins de l'Empereur, les personnes qui s'inté-
ressent à lui lui enverront les fonds nécessaires
pour y pourvoir (1).

« Vos ministres ignorent-ils que le spectacle d'un
grand homme aux prises avec l'adversité est le spectacle le plus sublime? Ignoreraient-ils que Napoléon
à Sainte-Hélène, au milieu des persécutions de toute
espèce, auxquelles il n'oppose que la sérénité, est
plus grand, plus sacré, plus révéré que sur le premier trône du monde, où si longtemps il fut l'arbitre
des rois? Ceux qui, dans cette position, manquent
à Napoléon, n'avilissent que leur propre caractère
et la nation qu'ils représentent.

Signé : « MONTHOLON. »

M. de Montchenu fait suivre l'envoi de la note de
Montholon de ces réflexions :

« En suite de cette lettre, Bonaparte a voulu
mettre en vente la moitié de son argenterie, que l'on
a évaluée à 19.000 livres sterling; mais l'on s'y est
opposé, ne voulant pas qu'il eût à sa disposition une
somme aussi forte (2). Cette mesure est d'autant plus

(1) L'Empereur avait un dépôt important dans la banque La-
fitte, à Paris, mais il ne voulait pas en dévoiler l'existence dans
la crainte qu'il fût séquestré.

(2) Cette assertion n'est pas absolument exacte, car Marchand
porta à James-Town une certaine quantité de pièces d'argenterie,
qui furent brisées et servirent à payer quelques fournisseurs. Cet
incident fit grand bruit et décida, en partie, le gouverneur à
prendre sur lui de maintenir le chiffre primitivement accordé pour
les dépenses de l'Empereur.

sage que, causant il y a quelque temps avec l'amiral qui demandait si Bonaparte devait mourir ici, sur ma réponse affirmative il se mit à rire, en disant : « On s'est tiré d'endroits plus difficiles! »

« ... Il se plaint d'être au secret. Voilà ce qui est arrivé : il a voulu faire un petit essai d'autorité et a écrit au gouverneur qu'il le priait de ne plus lui envoyer personne, de ne plus donner de passe pour arriver chez lui, ni aux gens de l'île ni aux étrangers, parce qu'il ne recevrait plus les personnes qui en seraient munies. Ensuite, il a demandé que les gardes laissent passer ceux qui auraient des rendez-vous signés « Bertrand ». La première demande a été accordée sans difficulté, mais la seconde refusée net. C'est très heureux, car tout le monde sort de chez lui avec un grand enthousiasme.

« ... Il s'est opéré de grandes réformes dans la maison de Longwood : les rations ont été diminuées, non pas en nombre, mais en quantité, le vin a été fixé à une bouteille par tête. L'argent manquant, l'humeur a beaucoup augmenté et l'on désirerait que plusieurs des personnes qui entourent Bonaparte fussent renvoyées. Ainsi, Montholon, qui est à la tête de la maison, déplaît généralement à tout le monde et surtout au gouverneur. Il y a même eu, il y a quelques jours, une scène scandaleuse au sujet de quelques meubles que l'on a donnés à l'amiral, dont le gouverneur doit meubler la maison. Montholon a prétendu que ces meubles étaient du nombre

de ceux destinés à son maître et sur lesquels il avait
jeté les yeux personnellement. Il y a eu une entrevue,
à ce sujet, entre lui et le major Gorrequer, premier
aide de camp du gouverneur. Montholon, en retournant à Longwood, a porté ses plaintes et a prétendu
que le major avait tenu des propos très « indécents »
sur Napoléon. Là-dessus, plainte au gouverneur et
explication en présence de Bonaparte, à la suite des-
quelles il a dit à Montholon : « Vous êtes un men-
« teur, il y a longtemps que je vous connais. »

« Il serait bien à souhaiter que l'épuration désirée
eût bientôt lieu ; la tête de notre homme, moins fati-
guée par son entourage, serait peut-être plus calme. »

6 *septembre* 1816. — « Nous avons célébré, le
12 août, la fête du prince régent, et le gouverneur
a donné un grand dîner d'environ cinquante personnes. A la fin du dîner, il a porté la santé du
prince, qui a reçu beaucoup de vivats... la santé du
roi a été accompagnée d'un brouhaha, qui a duré
près de cinq minutes, pendant lesquelles on a joué
l'air d'Henri IV.

« Le gouverneur m'a dit alors : « J'espère que vous
êtes content, mais vous verrez bien autre chose le
jour de la Saint-Louis. »

Après ces paroles, M. de Montchenu ne pouvait
se dispenser de recevoir, le jour de la fête du roi.
Mais il est obligé d'avouer à Hudson Lowe que

son embarras est grand pour recevoir un certain
nombre de personnes, car les sièges sont rares dans
sa maison et l'argenterie lui fait complètement défaut. « Je sais tout cela, répond le gouverneur, et
je vous prêterai tout ce que je possède, et même
le local pour recevoir; mais il faut que vous don-
niez un dîner, car cela fera bon effet. » — Tel était
bien, d'ailleurs, l'avis de M. de Montchenu, mais
il confesse ingénument « qu'il n'a pas d'argent pour
une telle dépense et qu'il ne veut pas prendre d'a-
vance sur ses appointements, ne sachant ni qui vit
ni qui meurt et craignant toujours de paraître
gueux ». — « Cependant, ajoute-t-il, il est très important de mettre le roi en opposition avec le
personnage qui fait toujours ici un grand effet,
surtout sur les étrangers. Mais sir Cockburn avait
gâté les dames pendant le temps qu'il faisait les
fonctions de gouverneur, car il donnait au moins
trois bals par mois. »

La fête eut lieu néanmoins, grâce à une avance
de 800 livres sterling faite au marquis par Hudson
Lowe.

Le dîner fut fait à forfait, par l'entrepreneur de
Longwood, à raison de 3 livres sterling par tête
« y compris le dessert, le café, le thé et les domestiques pour servir, mais sans le vin, qui est une chose
bien chère ici et dont on use beaucoup, car il y en
eut pour 30 livres ». En somme, grâce à
cet arrangement, la fête ne revint qu'à 171 livres,

(4.275 fr.) que M. de Montchenu se hâta de réclamer au duc de Richelieu, en insistant sur l'impression faite par cette soirée et sur le nombre des toasts portés au roi et à sa famille. « Cela a fait un beau tapage et a été répété encore avec plus de bruit au souper, de sorte que je soupçonne qu'on l'a entendu jusqu'à Longwood... Cette journée a déjà fait tomber le crédit de notre prisonnier, et il a envoyé, le lendemain, ses gens en ville pour savoir comment cela s'était passé. Depuis, il est d'une humeur effroyable et ne veut plus voir personne, pas même les étrangers, qui sortaient toujours de chez.lui bien enthousiasmés. »

En effet, Napoléon fit savoir officieusement au gouverneur qu'il le priait de ne plus donner de permission ; il annonça en même temps qu'il enverrait une réponse concernant les trois commissaires.

A cette époque, l'Empereur eut une intéressante conversation avec sir Malcolm ; en voici quelques fragments, recueillis par le marquis :

« L'amiral a demandé à Bonaparte, en parlant du camp de Boulogne et de la descente en Angleterre, si réellement il avait eu l'intention de la faire et s'il avait cru à sa possibilité, en lui observant que, sans parler des difficultés du débarquement, l'escadre qui était dans la Manche ne lui laissait pas l'espoir de faire passer un seul bâtiment. Il affirma que oui et que c'était pour cela qu'il avait fait sortir l'amiral Villeneuve, en affichant l'intention d'aller faire des conquêtes aux Indes occidentales. Comme on ne croyait point alors, en Angleterre, à la possibilité d'une descente, il n'avait pas douté que l'on ferait partir sur-le-champ la plus grande partie de l'escadre de la Manche pour le suivre; que Villeneuve avait ordre de profiter de la première de ces circonstances, qui sont si fréquentes à la mer, pour retourner sur ses pas et venir le rejoindre. Dans ce cas, il devait être maître de la Manche au moins quinze jours, et c'était plus qu'il ne lui en fallait pour opérer son débarquement. Au reste, quelque difficulté que présentât une pareille entreprise, elle était assez belle pour être tentée.

« Il a encore reparlé de Waterloo. L'amiral lui a demandé ce qui avait pu l'engager à porter d'abord toutes ses forces sur la droite et à attaquer les Prussiens au lieu de se porter sur la gauche; cette attaque aurait pu obliger Wellington à se retirer pour ne pas être coupé de ses communications avec la mer, ou le mettre dans le cas d'être battu ou attaqué à l'improviste. — Il a répondu : « Vous avez raison; j'avais calculé tout cela et surtout l'avantage que m'aurait procuré sa retraite en m'ouvrant la Flandre, mais je connaissais *ce vieux ivrogne* de Blücher : il aurait marché sur-le-champ sur moi avec toutes ses forces; il voulait se battre et la partie n'aurait pas été égale, tandis qu'en l'attaquant j'étais sûr qu'on ne viendrait pas à son secours, et je l'ai battu. J'ai attaqué ensuite Wellington, qui ne devait pas m'attendre; il a fait une faute, et il s'en est suivi la bataille de Waterloo. L'honneur de la journée est à Wellington, mais c'est parce que les Prussiens sont venus à son secours. Si Grouchy eût fait son devoir, je l'aurais écrasé. » — Parlant ensuite d'autres choses, il en est venu aux conspirations; on lui a demandé comment il avait pu se déterminer à faire juger le duc d'Enghien. « Fait juger! je ne l'ai point fait juger, je l'ai fait fusiller; il avait conspiré contre moi, j'en avais la preuve. » — En parlant de Ney, il a dit : « J'en suis fâché, c'était un brave; il a sans doute eu la tête tranchée? » — « Non, il a été fusillé. » — « Cela n'est pas possible? Il a été jugé par la chambre des Pairs! » — Il a fait plusieurs tours, les bras croisés sur sa poitrine, et a fini par dire : « Au reste, il m'avait trahi à Fontainebleau! Pour Murat, c'est différent, c'était un ... et un sot ». Il voit avec grand plaisir les grâces que le roi accorde à ses fidèles généraux condamnés et prétend que cela ne lui ôte pas de partisans. « Quant à moi, ajoute-t-il, je n'ai jamais fait grâce à ceux qui m'ont trahi; aussi ai-je été toujours bien servi. »

10 *novembre 1816.* — Au commencement de novembre, malgré toutes les assurances des trois

commissaires à leurs gouvernements sur le parfait état de la santé de Bonaparte, il se produisit chez ce dernier un changement assez notable, dû, suivant un rapport du docteur O'Meara, au genre de vie sédentaire qu'il s'était imposé. Il se confinait dans sa chambre, pendant plusieurs jours de suite, refusant d'en sortir pour prendre ses repas et passant des journées entières à lire ou à écrire, dans une pièce dont les portes et les fenêtres étaient si soigneusement fermées que l'air extérieur n'y pouvait pénétrer. Aussi, des symptômes inquiétants ne tardèrent-ils pas à se manifester : sa respiration devint plus pénible, la toux fréquente et le froid aux extrémités basses ne pouvaient être dissipés; de plus, la mollesse des gencives devint telle qu'elles rendaient du sang à la moindre pression. Le docteur semblait donc redouter une attaque de quelque maladie sérieuse, telle qu'une hydropisie de poitrine qui, selon lui, pouvait avoir une issue fatale. « Quand pourra se produire cet événement? écrit M. de Montchenu. Mais hélas! tout cela est en vain, et il ne s'en porte que mieux! »

On peut juger, par ces réflexions, quel singulier intérêt le marquis prenait à la santé du prisonnier d'Hudson Lowe. Ce n'est pas, au reste, la seule fois qu'il laisse entrevoir la satisfaction que lui causerait une mort qui serait pour lui une véritable délivrance, et il revient un peu trop souvent sur ce sujet dans le courant de sa correspondance.

12 *décembre* 1816. — La fin de l'année fut marquée par un incident pénible, qui prit même, pour les membres de la petite colonie de Longwood, les proportions d'un événement et qui vint rompre douloureusement la monotonie de leur vie recluse. Il s'agit du départ ou plutôt de l'enlèvement de Las Cases, à la suite de sa tentative de correspondance avec l'Europe. Suivant la version de M. de Montchenu, le gouverneur fut prévenu que Las Cases avait à son service un mulâtre, fils d'un petit propriétaire de l'île, homme adroit et intelligent, « un furet de première classe, » qui connaissait tous les détours. Être le fils d'un propriétaire et se placer comme serviteur était déjà un motif de suspicion. Le gouverneur en fit son profit et le fit surveiller. Son maître, ayant trouvé une occasion favorable pour le chasser, en profita sur-le-champ, mais, avant de se séparer de lui, il le pria de laisser ses habits, en disant que ce serait une raison plausible pour revenir; la proposition fut acceptée et l'homme retourna chez son père. Pendant ce temps, M. de Las Cases écrivit et fit écrire par son fils, sur quatre ou cinq pièces de satin, des dépêches, qu'il fit ensuite coudre entre la doublure et l'étoffe du gilet de cet individu. Celui-ci, à qui l'on avait sans doute fixé un certain temps, retourna à Longwood au bout de trois semaines et reprit ses habits. M. de Las Cases, en les lui rendant, lui dit : « Avez-vous du courage? Voulez-vous servir l'Em-

pereur? Votre fortune est faite et elle sera immense si vous osez le faire. Il faut partir pour l'Angleterre; je vous donnerai une lettre ouverte que voici. Vous demanderez à vous embarquer, sous le prétexte d'aller solliciter un emploi et, dans ce gilet, il y a ce que vous devez porter. » — « Cet homme promit tout; mais comme, heureusement, il ne part pas tous les jours des vaisseaux, il fut obligé d'attendre. Or, depuis la reprise des habits, le père était très mécontent de la conduite de son fils, qui ne faisait que courir et ne voulait s'occuper de rien. Il le lui reprochait continuellement, et celui-ci répondait toujours : « Je n'ai plus besoin de rien, ma fortune est faite. » ... Un jour que le père, plus échauffé, lui faisait des reproches plus amers, le jeune homme lui dit net qu'il ne voulait plus entendre parler de travail, qu'il avait là sa fortune, en lui montrant son gilet. Le père, emporté par la colère, déchira ce gilet et en tira une ou deux pièces écrites. Il a voulu savoir d'où cela lui venait et il l'avoua. Le père, qui connaissait les règlements de l'île, eut alors peur d'être pendu et voulut que son fils allât, sur-le-champ, faire sa déclaration au gouverneur, ce qu'il refusa constamment. — Cependant, justement alarmé par « l'article de la pendaison », il consulta, le lendemain matin, un de ses voisins, capitaine dans le régiment de l'île. Cet officier, sans faire grand cas de cette découverte, car il ne tenait qu'à lui de s'en emparer et de s'en faire un grand mérite auprès du gouverneur, conseilla seulement au père, pour se mettre à couvert personnellement, d'aller en rendre compte à Hudson Lowe; ce qu'il fit. Ce dernier fit arrêter le fils : il avait ce gilet fortuné et l'on y trouva trois autres pièces écrites. L'homme fut mis au cachot, dans le fort au-dessus de la ville. »

Le lendemain matin, 25 novembre, le gouverneur alla lui-même faire arrêter MM. de Las Cases père et fils; ils furent détenus dans une petite maison, non loin de Longwood. A partir de ce moment, on prit une nouvelle mesure : dès que Bonaparte passait le seuil de sa porte, il y avait un signal télégraphique qui l'annonçait dans toute l'île et que l'on ne retirait que lorsqu'il rentrait : « avec ce signal, tout le monde veille ».

On s'empara ensuite de tous les papiers de Las Cases; il y en avait une grande quantité, car il conservait les brouillons les plus indifférents, qui n'auraient été bons qu'à brûler. On y trouva, entre autres, plusieurs cahiers relatifs à la vie de Bonaparte, qu'il avait commencé à écrire; ils lui furent rendus. Les autres documents furent envoyés en Angleterre.

« Nous dînions tous, ce jour-là, à Plantation-House, ajoute le marquis, et le gouverneur crut nous faire une grande confidence en nous annonçant l'arrestation, dont il dit à peu près le motif. Mais nous savions déjà l'aventure depuis la veille, quelque secrète qu'elle parût; nous eûmes alors l'air de l'apprendre. Je lui demandai si, dans les papiers trouvés, il était question de quelques individus actuellement en France, car il serait important pour moi de les connaître, pour pouvoir les signaler. Il me répondit avec son flegme ordinaire : « Tout sera envoyé au gouvernement, qui ne manquera sûrement pas de faire part au vôtre de ce qui pourra l'intéresser. »

« Quand Bonaparte a appris l'arrestation de son confident, il a déployé sa sensibilité ordinaire en disant froidement : « Las Cases est un fou ! » et il n'en a plus parlé. Il a dit à peu près la même chose au départ de Biantowski (1), qui était son âme damnée : « Je suis bien aise d'en être défait (2) ! »

M. de Las Cases resta quelque temps encore à Sainte-Hélène, mais il fut, pour ainsi dire, tenu au secret; après un mois de séquestration, le gouverneur lui proposa de retourner à Longwood, en donnant sa parole de ne plus chercher à entretenir des relations avec le continent. Il rejeta cette proposition en disant : « Je suis flétri aux yeux de l'Empereur (3). » Il refusa même de revoir une dernière fois son

(1) Officier polonais, qui avait suivi l'empereur à Sainte-Hélène.
(2) M. Thiers dit, au contraire, que « Napoléon fut vivement courroucé de ce qu'on avait violé son domicile et de ce qu'on lui enlevait un homme aussi respectable, dont il avait si grand besoin ». (*Consulat et Empire*, t. XX.) Selon M. de Stürmer, l'Empereur s'écria, deux jours après l'arrestation de Las Cases : « Que ne puis-je mourir! » (*Rapports du baron de Stürmer*, p. 41.)
(3) *Rapports du baron de Stürmer*, p. 36.

maître et fut embarqué, à destination du Cap, dans les derniers jours de décembre.

L'émotion soulevée dans l'île par l'arrestation et le départ de Las Cases n'était pas encore calmée lorsqu'il se produisit un nouvel incident, auquel le gouverneur sembla attacher une certaine importance. « C'est une affaire qui fait une grande sensation, mande M. de Montchenu; il s'agit du sieur Welle que l'empereur d'Autriche a imaginé d'attacher, comme botaniste, à la suite du baron de Stürmer et à qui il a donné mille louis pour son séjour. C'est payer bien cher une quarantaine de plantes ou d'arbustes! Cet homme a été choisi parmi les élèves de Schœnbrunn; il est très intelligent pour son état et si honnête homme que l'on garantirait sa probité... Mais, avant de continuer, il est bon de rappeler qu'après qu'on eut voulu enlever le petit Bonaparte à Schœnbrunn, on renvoya tous les Français qui étaient au service de la mère et du fils. On laissa seulement auprès de ce dernier une gouvernante d'un certain âge, qui se nommait Marchand. Cette femme est mère du valet de chambre actuel de Bonaparte. Or, Marie-Louise et la gouvernante se promenant tous les jours dans les jardins de Schœnbrunn, elles causent sans cesse avec M. Boos, directeur des jardins. Celui-ci, à leur sollicitation, engagea le sieur Welle à se charger d'un papier écrit, dans lequel il y avait des cheveux et lui recommanda de mettre le tout personnellement à Marchand; ce qui fut exécuté le lendemain de notre arrivée. Il paraît évident, par la couleur des cheveux, qu'ils sont du petit Napoléon qui, en même temps, demande le portrait de *papa*. Welle a eu la bêtise de n'en pas parler au baron de Stürmer parce que, meilleur jardinier que politique, il n'a vu là qu'une pressante recommandation de son chef. On a découvert une partie de ce grand mystère, et Welle a dit très ingénuement le reste (1). »

A la suite de cet incident, le gouverneur fit savoir aux trois commissaires que, conformément à l'acte du Parlement, relatif à la détention de l'Empereur, toutes les personnes résidant à Sainte-Hélène seraient justiciables des tribunaux anglais et que la loi commune leur serait appliquée, malgré le caractère spécial de leur mission. Là-dessus, vive protestation du marquis de Montchenu, qui déclara à Hudson Lowe « qu'il se considérait comme hors la loi et que le roi son maître ne souffrirait pas qu'on portât atteinte à la liberté d'action d'un de ses sujets (2) ».

Quant au sieur Welle, il demeura pendant plu-

(1) Lorsque Welle fut de retour en Autriche, il fut soumis, à la demande du prince de Metternich, à un interrogatoire qui prouva qu'il avait été plus imprudent que coupable. *Rapports du baron de Stürmer*, p. 248.) — Néanmoins, il est assez vraisemblable que cet individu reçut, lors de son passage à Paris, des commissions pour Gourgaud, indépendamment d'un message qu'il lui fit passer. (Voir aux Pièces justificatives, n° 2.)

(2) Voir aux Pièces justificatives, n° 3.

sieurs mois dans l'île, sans être inquiété par les autorités anglaises; il fut, d'ailleurs, démontré, dans la suite, qu'on avait abusé de sa bonne foi en faisant passer, à son insu, une lettre pour Longwood.

CHAPITRE III.

Malgré les fréquents appels adressés par le commissaire du roi au duc de Richelieu, pour améliorer
sa position assez précaire, l'augmentation de traitement qu'il sollicitait, et qui était, en somme, assez
justifiée par le prix exorbitant de la vie matérielle à
Sainte-Hélène, se faisait toujours attendre. Aussi,
à la fin de l'année 1816, le marquis se décide-t-il à
tenter une nouvelle démarche, et il écrit en ces
termes au ministre des Affaires étrangères :

Décembre 1816. — « Je suis dans la plus grande
détresse et il faut que je vive tous les jours. J'ai déjà

eu l'honneur de mander à Votre Excellence que je devais 800 livres sterling au gouverneur; depuis lors, il m'a encore prêté 200 livres et j'ai touché l'année entière, qui a fini le 25 novembre. Je vis d'une manière qui vous ferait pitié et dont je vous assure que ma santé souffre beaucoup. Je vous ai demandé 3,000 livres sterling et je vous proteste que quelqu'énorme que vous paraisse cette somme, il n'y a que de quoi vivre décemment avec beaucoup d'économie.

« Vous savez que la pauvreté ôte aux yeux des Anglais toute espèce de considération; aussi, je jeûne bien souvent pour pouvoir offrir une bouteille de *claret* à deux ou trois personnes qui viennent quelquefois me voir le matin, et à qui l'usage, et plus encore les distances, me feraient offrir à déjeuner. J'ai l'honneur de vous assurer qu'on l'a bien gagné, quoiqu'on soit venu à cheval, à cause de la chaleur et des mauvais chemins.

« Nous avons ici deux hôpitaux, dont les chirurgiens ont chacun 1.200 livres sterling d'appointements et la certitude de la demi-solde, si quelque événement les empêche de continuer leur travail pendant vingt ans, car alors elle est de droit. Il y a aussi deux prêtres, qui jouissent du même traitement avec le logement et le casuel qui est bien cher, car un mariage est taxé à 10 livres, et ils ont, de plus, les écoles. Ils sont renouvelés tous les dix ans et ils emportent, pour le reste de leur vie, 500 livres de pension. Je tiens tous ces détails du gouverneur. Vous ferez sur cela les réflexions qu'il vous plaira, car les miennes pourraient vous paraître intéressées. Je vous rappellerai seulement la réponse de lord Castlereagh au prince Esterhazy : « D'après tous les renseignements que j'ai pris, il faut à votre commissaire au moins 3.000 livres sterling. Il vaut mieux ne pas en envoyer si vous ne voulez pas qu'il puisse y vivre décemment. » — Il est certain que le baron de Stürmer a emporté ces 3.000 livres, à la charge d'en rendre compte pour la fixation ultérieure de son traitement. Il vit très décemment et il a bien de la peine à suffire... De grâce, prompte réponse, car ma position est bien pénible. »

Cette dépêche se termine ainsi : « La mortalité est devenue la mode principale depuis quelque temps ; elle est assez forte, mais tant qu'elle n'attaquera pas Longwood, je suis bien persuadé qu'elle m'épargnera. L'engorgement du foie est la maladie la plus commune : le comte de Balmain en est déjà attaqué, mais il a été pris à temps. Les inflammations sont très communes et plus dangereuses, car, en quatre jours on est mort ou hors d'affaire ; c'est la maladie du moment, que l'on appelle *influence*. Elle est causée par la sécheresse, qui règne depuis plusieurs mois. »

27 janvier 1817. — La vie uniforme et absolument solitaire que Bonaparte continue à mener ne fournit même plus matière à ces petites anecdotes qui forment le fond de la correspondance du marquis et qui « peuvent faire passer un moment », comme il le dit ailleurs. Cependant, il raconte que l'Empereur se sentant des pesanteurs et des vertiges, son médecin lui ordonna de se faire jeter sur la tête de l'eau froide, avivée avec de l'eau de Cologne; la dose de cette dernière fut un peu forte, et son valet de chambre eut la maladresse de lui en jeter dans les yeux. La douleur fut si subite et si cuisante que, dans l'instant, il s'écria qu'on voulait l'assassiner et la colère fut telle, qu'il saisit une chaise qui lui tomba sous la main et se jeta comme un furieux sur tout ce qui était dans sa chambre; il resta bientôt seul maître du champ de bataille. « Sa colère fut si vive qu'il en prit un accès de fièvre, qu'il garda trois jours; mais au bout de tout cela, il n'en va que mieux. »

8 *juillet* 1817. — Enfin, M. de Montchenu reçut l'avis que son traitement avait été porté à 60.000 francs, et il en exprime sa satisfaction, bien qu'il en eût demandé 75.000.

« Au reste, ajoute-t-il, je ne suis point venu par spéculation d'argent, et si je l'avais fait, je me serais grandement trompé et je tâcherai que cela me suffise; mais il était temps que je reçusse cette marque de bonté, car j'étais à bout. »

« ... Je suis bien aise aussi d'avoir prévenu les

intentions de Votre Excellence (1), en ne profitant pas, dans le temps, de l'offre du gouverneur de forcer la grande porte de Bonaparte; je prévis tout de suite l'éclat que ferait cette démarche et je sentis que les cours étrangères ne devaient pas le désirer. Depuis, il a désiré nous voir, mais comme particuliers, et il nous le fait dire toutes les fois qu'il en trouve l'occasion (2). La seule difficulté est la manière dont se fera cette première entrevue; le gouverneur a dit au comte de Balmain : « De mon côté, il n'y a aucun obstacle ». Il y aurait deux façons de procéder : la première, qui serait très simple, serait que le gouverneur nous présentât à lui séparément, après lui avoir dit : « Quel jour voulez-vous que je vous annonce monsieur un tel? » Mais H. Lowe le voit très rarement, et je crois qu'il y a bien six mois qu'il ne lui a parlé. La seconde, qui est celle que je crois être désirée, est d'aller voir Mme Bertrand et, ou il viendrait chez elle, ou bien l'on nous mènerait chez lui. Mais cette seconde manière présente pour moi une bien grande difficulté : puis-je faire une visite à Mme Bertrand, dont le mari est juridiquement condamné à mort par un jugement provoqué par le roi pour cause de haute trahison ?

(1) Le duc de Richelieu.

(2) Bonaparte voulut inviter à dîner les commissaires. M. de Montchenu, engagé comme ses collègues, répondit au domestique qui lui apporta l'invitation : « Dites à votre maître que je suis venu ici pour le surveiller et non pour dîner avec lui. » — (*Rapports du baron de Stürmer,* p. 251.)

« Le baron de Stürmer n'est pas tout à fait dans le même cas, mais l'histoire du sieur Welle ayant fait beaucoup de bruit et le gouverneur ayant cru longtemps que le baron était dans le secret, il en résulterait une méfiance qui se réveillerait sûrement, s'il avait l'air de mettre un trop grand empressement; il a, au surplus, reçu le même ordre que moi. Il reste le comte de Balmain, qui est parfaitement le maître de ses actions. Sa cour lui a recommandé de ne rien faire, ni de trop rechercher et, en dernier lieu, il a reçu une invitation de l'Empereur de lui transmettre le plus de détails possible. Il a le plus grand désir de pénétrer dans cet intérieur et l'on était convenu, tant avec Longwood qu'avec le gouverneur, d'attendre l'arrivée du *Conquérant*. Je ne sais si son caractère faible, timide, changeant et même quelquefois bizarre, lui permettra de tenter cette grande entreprise. Vous devez cependant être bien sûr que, s'il ne fait pas tout ce qu'il pourrait faire, il ne fera jamais rien qui puisse être désagréable ni à lui ni à nous.

« Nous attendons surtout le départ de l'amiral Malcolm. Avec l'air très franc et très caressant, il s'en faut bien qu'il ait la loyauté du gouverneur. Certainement, j'aimerais mieux vivre avec lui, mais, pour les affaires, j'aime mieux avoir à traiter avec le dernier. Nous avons de très grandes raisons de croire que l'amiral a toujours mis des obstacles à toute communication avec Longwood, et en voici la preuve. Lé 19 janvier, jour où l'on fête l'aniversaire de la reine, après tous les toasts portés, plusieurs personnes étaient au moins gaies, l'amiral était de ce nombre. Le baron de Stürmer et moi, nous en profitâmes pour causer avec lui et, suivant le proverbe : *in vino veritas*, il nous dit bien des choses, dont sans doute il se repentit le lendemain. Il convint que les Anglais nous voyaient d'un mauvais œil; que s'il était gouverneur et qu'il parvînt à attirer Bonaparte chez lui, ce serait pour nous une occasion de le voir plus fréquemment, ainsi que sa suite; quant aux Anglais, ils ne savaient pas assez bien le français pour ne pas être dupes de nos conversations; que tout le monde se déchaînerait contre eux et nous apprendrait peut-être des choses qu'il est inutile que nous sachions. Nous lui demandâmes ce qu'il ferait s'il était gouverneur (nous avions lieu de croire qu'il le sollicitait sous main)(1). Il répondit : « Si j'étais gouverneur, je commencerais par demander à vos gouvernements de vous rappeler; s'ils voulaient avoir ici quelqu'un, il suffirait d'avoir des capitaines de l'armée qui vivraient modestement à l'auberge avec nos officiers, et cela ne coûterait pas si cher. Ils se contenteraient d'écrire, une ou deux fois l'an, l'état de présence et de santé de Bonaparte, et c'est tout ce que vos cours

(1) L'amiral offrit de remplacer Hudson Lowe, pendant trois ans, avec la moitié de son traitement, et la condition expresse du rappel des commissaires.

devraient désirer. » On lui observa qu'elles sont bien aises aussi d'avoir quelques détails. « Oh! pour cela, c'est bien aisé; le gouverneur instruit exactement le gouvernement de tout, il n'y a qu'à s'y adresser. » Il était en train de parler, mais malheureusement on se sépara, et il n'a pas reparu.

« C'est ici le moment de reparler de l'affaire Welle. Je croyais que cet homme, séduit par le directeur du jardin de Schœnbrunn, avait consenti à se charger d'une boucle de cheveux du fils pour le père. Il y avait dans cette conduite un manque formel aux ordres de M. de Stürmer, mais j'y voyais un dévouement à son chef et le désir de plaire à celui de qui dépendait sa fortune. Mais, depuis, le comte de Balmain dit à son collègue : « Bonaparte a reçu des cheveux de son fils? » — Il avait besoin de parler, ce qui ne lui arrive pas souvent, et il répondit très franchement : « Oh! des cheveux, cela n'a pas fait une grande sensation; mais **M.** Welle a apporté d'autres choses, il a apporté à Gourgaud une lettre et un mouchoir de soie!... Ce qui nous a fait faire de grandes réflexions; nous ne pouvions pas concevoir que la cour de Vienne eût envoyé un botaniste à Sainte-Hélène, où il n'y a que des rochers pelés et brûlés; nous reçûmes ces paquets et nous crûmes y voir de l'espérance. » — Il n'en dit pas davantage, et le comte n'osa pas faire de nouvelles questions. Il faut cependant vous assurer qu'il n'y a pas eu de nouvelle communication depuis et que Welle n'a pas écrit un mot en Europe.

« Il est facile de concevoir l'article des cheveux, habitant Schœnbrunn où il était employé; mais où, et de qui a-t-il reçu la lettre et le mouchoir pour Gourgaud? Ce ne peut-être qu'en France? Quel motif a pu l'engager à s'en charger?

« Le gouverneur a ignoré longtemps ce dernier incident. Il avait conçu, dès le commencement, une grande méfiance contre le baron de Stürmer, étant bien persuadé qu'il était dans le secret. Il m'avait fait dire, toutefois, que par respect pour la cour de Vienne, il ne pouvait pas avoir l'air de donner plus de confiance à un commissaire qu'à un autre. Depuis, il a dû être détrompé lors de l'espèce de procédure qui a eu lieu; mais le coup était porté et il n'est pas d'un caractère à revenir.

« Toute cette affaire a été bien malheureuse pour M. de Stürmer; il a eu la douleur de la voir travestie d'une manière bien sévère dans les journaux anglais et plus encore dans des lettres venues de France et de Vienne. On y laisse planer des soupçons, tantôt sur sa femme, tantôt sur des femmes de chambre et quelquefois plus haut. C'est d'autant plus injuste qu'il est innocent et qu'il en a été bien affecté. Les choses ont été telles que M. le prince de Metternich, qui avait appris l'incident par le bruit public, croyait que c'était une femme de chambre de Mme de Stürmer qui, en qualité de française, était la coupable; et, ayant été longtemps sans recevoir de dépêches de Sainte-Hélène, il n'avait pas hésité à supposer que la correspondance avait été interceptée. »

Juillet 1817. — Bien que la surveillance du gouverneur s'exerçât d'une façon soupçonneuse sur tous les agissements des personnes qui pénétraient auprès de l'Empereur, il arriva plusieurs fois que des navires venant d'Europe apportèrent dans l'île des envois adressés à Bonaparte, soit par des membres de sa famille, soit par de fidèles serviteurs restés en France. C'est ainsi qu'il reçut un buste de son fils, qui lui parvint par l'intermédiaire d'un maître canonnier à bord du *Baring*. La lettre ci-après de Berrand le prouve d'une façon irréfutable :

> « *A M. Philippe Radwich, maître canonnier
> à bord du* Baring.

« Longwood, 16 juillet 1817.

« J'ai reçu, Monsieur, le buste en marbre du petit Napoléon. Je l'ai remis à son père; il lui a fait le plus sensible plaisir. Je regrette que vous n'ayez pu venir nous voir et nous donner quelques détails, qui sont toujours intéressants pour un père, dans la situation des choses. Des lettres que vous avez envoyées, il résulte que l'artiste évalue à 100 livres sterling, la valeur de son ouvrage. L'Empereur m'a ordonné de vous faire passer un bon de 300 livres sterling. Le surplus sera pour vous indemniser de la perte qu'il sait que vous avez éprouvée dans la vente de votre pacotille, n'ayant pu débarquer, et des tracasseries que vous a occasionnées cet événement, pourtant bien simple, et qui devait vous mériter des égards de la part de tout homme sensible. Veuillez faire agréer les remerciements de l'Empereur aux personnes qui vous ont donné cette aimable commission (1).

Signé : « BERTRAND. »

En outre, indépendamment des objets qui purent pénétrer à Longwood et qui furent peut-être accompagnés de lettres, il y eut, à différentes reprises, une correspondance chiffrée, adressée à l'Empereur, au moyen d'un journal appelé *l'Anti-Gallican* et publié en Angleterre. La clef du chiffre fut découverte vraisemblablement à Vienne, car c'est par l'intermédiaire du prince de Metternich que le déchiffrement d'un ou deux articles fut adressé à Sainte-Hélène. Voici, à titre documentaire, un fragment d'une de ces correspondances, qui parut dans le journal du 6 janvier 1817 :

« *L'Anti-Gallican* vient d'arriver ici; il est fâcheux que l'éditeur vous ait adressé une lettre, cela a donné l'éveil; ce sera « vexant », si l'on ne peut pas communiquer avec vous par la voie de son journal, car je crains que les autres ne voudront pas insérer les annonces en chiffres; ainsi il ne faut pas

(1) Cette lettre se trouve jointe à la correspondance de M. de Montchenu. (Arch. Aff. étr. France, tome 1,804.)

lui répondre. Harel est parti pour l'Amérique ; des fonds ont été envoyés à votre frère Joseph ; Lucien est devenu ladre ; Hortense est toujours dans les meilleures dispositions. L'armée sera augmentée à 5.000 hommes. La Russie travaille l'armée. Davout a été sondé par Pozzo di Borgo. Carnot est tout à fait Russe. Si le gouvernement anglais vous fait des propositions, n'en dites rien à Stürmer. Quoique Metternich ait promis de vous être utile, il ne faut pas vous confier à lui. En tout cas, suivez le conseil qui vous a été donné : ne vous couchez pas la nuit. »

Comme le fait remarquer M. de Metternich à l'ambassadeur impérial à Vienne (1), il était manifeste que cet article avait été envoyé du continent, et il était, par conséquent, vraisemblable qu'indépendamment des individus qui, à Londres, pouvaient se servir de ce moyen pour entretenir des intelligences avec Napoléon à Sainte-Hélène, celui-ci avait aussi des correspondants munis du même chiffre, soit aux Pays-Bas, soit en Allemagne, peut-être même en France. Cet avertissement contenait, au reste, quelques données, telles que le départ de Harel pour l'Amérique et l'envoi des fonds à Joseph, qui pouvaient être mises à profit par le gouvernement de Louis XVIII.

Mais le comte Decazes, ministre de la police générale, avait déjà eu connaissance de ces insertions

(1) Lettre de M. de Metternich au baron de Vincent. (Aff. étr., tome 1,804, fol. 169.)

et avait signalé ce fait à l'attention du duc de Richelieu. Il lui apprenait que le rédacteur en chef de ce
journal, nommé Goldsmith, avait reçu plusieurs
avis de cette nature et en avait publié un second,
dans le mois de novembre 1816, et un troisième
dans les premiers jours de janvier. « Cette dernière
publication, écrit le comte Decazes (1), a été précédée,
assure-t-on, d'un entretien particulier entre le rédacteur et le comte de Munster, ministre de Hanovre
à Londres; le prince a fait entendre que la clef du
chiffre était connue, que cette correspondance tenait
à de grands intérêts et que deux gouvernements en
connaissaient déjà l'objet, mais que très proba-
blement on en ferait un mystère au cabinet de
France.

« Je n'entre dans tous ces détails, dont la source
première est assez suspecte, que pour vous mettre au
courant de tout ce qui m'est parvenu. Une indica-
tion qui me paraît mériter plus de confiance, c'est
que les avis chiffrés envoyés jusqu'à aujourd'hui à
l'*Anti-Gallican*, et tous écrits avec le même chiffre,
étaient accompagnés de quatre ou cinq billets de
banque; qu'ils offraient une différence très marquée dans les caractères de l'écriture et qu'ils paraissaient venir de plusieurs points différents, si l'on
en juge par les timbres dont les paquets étaient
frappés, ce qui annoncerait une correspondance sin-

(1) Lettre du comte Decazes au duc de Richelieu. (Aff. étr.,
t. 1,804, fol. 170.

gulière entre plusieurs individus habitant des pays différents. »

Peut-être ne faut-il voir dans ces articles qu'une sorte de mystification imaginée par un journaliste ou un moyen de piquer la curiosité des lecteurs et donner ainsi une vogue momentanée à son journal? C'est un point qui n'a pas été éclairci jusqu'à ce jour; toujours est-il que les résultats de cette mystérieuse correspondance furent nuls; l'histoire l'a démontré (1).

27 juillet 1817. — « Bonaparte, ayant su que le comte de Balmain voulait faire une démarche pour le voir, reçoit depuis lors tout le monde, ce qu'il n'avait pas fait depuis six mois. Le major du génie, qui l'a vu avant-hier, ce dont il n'avait pu venir à bout depuis son arrivée, en a été très content. Ils ont beaucoup parlé de la guerre d'Espagne, qu'il a faite. Il a été question, entre autres choses, du siège de Badajoz. Le major a marqué son étonnement sur la prise aussi prompte d'un ouvrage « à corne » et a demandé comment on avait pu l'emporter. Bonaparte a répondu en riant : « Il y a des occasions où il faut savoir fermer les yeux et ouvrir la bourse. »

« Le major lui a trouvé une figure cadavéreuse, ce dont il a été frappé. »

(1) Voir un autre déchiffrement de *l'Anti-Gallican* (Pièces justificatives, n° 4).

2 septembre 1817. — « Je crois que vous êtes bien aise de connaître fréquemment la situation de notre prisonnier... Il a des fluxions qui se renouvellent souvent, les jambes sont enflées et il commence à marcher avec peine.

« Causant ces jours derniers sur Bonaparte avec le gouverneur, il me dit : « Pour vous donner une idée de cet homme, voici une chose bien singulière : Las Cases, au moment de partir, dit à son maître : « Je n'ai en tout que 3.000 liv. st. ; mais, ne pouvant plus vous servir de ma personne, je vous les offre. » Il était bien loin de croire qu'on le prendrait au mot. Le contraire a eu lieu ; Bonaparte a pris les 3.000 livres et lui a donné un bon, conçu en ces termes : *Bon pour* 3.000 *livres à payer*, et il l'a signé. Las Cases est parti avec ce bon. Quelque temps après être arrivé au cap de Bonne-Espérance, il a fait réflexion que, s'il venait à être surpris avec ce bon, il pourrait être pris pour un missionnaire ou un espion ; il l'a donc renvoyé au gouverneur, en disant que, comme il voulait conserver quelque chose d'autographe de l'Empereur, il avait coupé la signature et la conservait avec soin. Sur l'observation que je lui fis que ce bon n'était de nulle valeur, n'énonçant ni qui devait le payer, ni à qui, il me répondit : « Oh ! si, si, il était bon, nous savons qui l'aurait payé. » Il paraît que le gouverneur n'a su ces détails que par la lettre de Las Cases. Le bâtiment de la Compagnie, *la Marie,* qui est arrivé ce matin et qui repart demain, nous a dit que Las Cases doit quitter le Cap très incessamment. Il croit retourner en Europe.

« Je reviens sur l'histoire de M. Welle. Gourgaud a dit positivement que Welle lui avait apporté une lettre de sa mère et un mouchoir blanc brodé, qui était un signe convenu avec sa sœur pour lui annoncer son mariage; que sa mère lui disait positivement l'avoir remis au sieur Welle, botaniste autrichien. Je vous observerai que ce Welle, pendant son séjour à Paris, ne savait pas un mot de français; il a donc fallu un intermédiaire. Et comment ce même Gourgaud, qui reçoit exactement par toutes les malles des lettres de sa mère, qui lui donne des détails sur toute sa famille, aurait-il eu besoin d'un signe pareil pour lui dire tout simplement que sa sœur était mariée?... En vérité, cet homme nous a bien trompés et a fait éprouver de bien grands désagréments au baron Stürmer. Il est vrai que, depuis, il ne paraît pas qu'il ait eu des relations avec Longwood, et il n'a pas écrit une seule fois en Europe.

« Bonaparte recommence à voir du monde; mais j'ai dit au gouverneur : « Je vous assure que si j'étais gouverneur, je ne laisserais pas arriver un seul étranger à Longwood, car tous ceux qui en sortent reviennent pénétrés du plus grand enthousiasme et le reportent en Europe, ce qui n'est pas, je crois, bien utile. » — Il me répondit: « Je suis bien de votre avis, mais j'ai trouvé cet usage établi, et l'on crierait encore bien plus contre moi si je m'y refusais. » — Il

faut observer que personne ne peut être présenté à
Bonaparte que par Bertrand... Cependant, je crois
que si vous m'écriviez un mot dont je puisse m'autoriser pour fermer cette porte, le gouverneur en
profiterait avec plaisir. Dans la position délicate
où nous sommes avec H. Lowe, je n'ai osé dire que
le roi verrait prendre cette mesure avec satisfaction;
mais le gouverneur est pénétré du plus grand respect pour les têtes couronnées, il est continuellement
effrayé de sa responsabilité, et *l'homme* lui impose
terriblement. »

Bulletin de santé, du 27 septembre 1817. — « Le
général Bonaparte a les extrémités inférieures enflées et l'enflure a augmenté depuis le 25 de ce mois.
Il éprouve maintenant, de temps à autre, un *sentiment* de douleur aux chevilles, qui cède sous la pression. Les gencives, qui présentent une apparence
spongieuse, saignent à la moindre pression, et l'appétit n'est pas aussi bon que précédemment. Il se
plaint aussi du défaut de sommeil pendant la nuit
et de fréquentes envies d'uriner, qui n'aboutissent
chaque fois qu'à une très petite évacuation.

Signé : « O'MEARA. »

L'envoi de ce bulletin, dans lequel le docteur dé-
signait l'Empereur sous le titre de « général Bonaparte », l'irrita à un tel point qu'il lui fit défense
de continuer à donner de ses nouvelles, sous peine

d'être renvoyé. « Ces bulletins, dit-il, seront envoyés dans toutes les grandes cours de l'Europe, et l'on croira que je me contente du titre de général! » — A la suite de cet incident, il resta quatre jours sans lui parler (1). »

Au bout de peu de temps, les symptômes alarmants observés dans la santé de Bonaparte se dissipèrent, mais son état avait préoccupé le gouverneur; « il serait aussi fâché de m'apprendre sa mort, dit Montchenu, que je serais aise d'en porter la nouvelle; et cependant il ne le fait pas par amour pour son prisonnier, car il le déteste autant que moi! »

Tous les médecins s'accordaient à dire que, si l'Empereur voulait monter à cheval, il serait rétabli dans trois semaines; il en convenait lui-même, ajoutant que Corvisart ne lui avait pas ordonné autre chose après son mariage, et qu'il n'avait pas eu besoin d'autre remède; mais il s'y refusait, ne voulant absolument pas être accompagné par un officier anglais. Le gouverneur lui accorda alors un parcours plus considérable, et il eut l'autorisation de se promener, sans escorte, dans un espace de 12 milles, sur le terrain le plus uni de l'île; mais il n'en profita pas.

______

(1) O'Meara s'était attaché à l'Empereur sur *le Bellérophon*, quand les médecins français eurent refusé de le suivre. Bien que faisant partie du personnel de Longwood et payé par Napoléon, il était, néanmoins, l'homme de confiance du gouverneur.

Voyant, cependant, que Hudson Lowe lui avait cédé, Bonaparte voulut étendre ses prétentions et il adressa trois nouvelles demandes : 1° de pouvoir aller dans toute l'île sans officier; 2° que les sentinelles, placées autour de sa maison à six heures du soir, ne fussent postées qu'à neuf heures; 3° enfin, de pouvoir inviter à dîner ou recevoir les personnes de l'île ou les étrangers de passage, en envoyant lui-même des invitations cachetées, qui ne seraient pas ouvertes.

« Ces trois propositions furent refusées, écrit le commissaire du roi. La première n'a pas besoin d'explication; mais, pour la seconde, il est bon de se rappeler que, dans les plus grands jours, il fait nuit close à sept heures et que, pour la commodité des habitants, on peut circuler jusqu'à neuf heures sans avoir le mot de passe. La troisième mérite plus de réflexion : quelques jours avant cette demande, mes deux collègues se promenaient à Longwood avec M. de Montholon; il leur répéta, pour la vingtième fois : « Pourquoi ne venez-vous pas voir l'Empereur? Vous savez qu'il désire depuis long-temps vous voir et cela lui ferait le plus grand plaisir. » — « Même le marquis? » dit en riant M. de Stürmer. — « Certainement, répondit-il en riant, est-ce que nous ne savons pas qu'il y a un roi en France?... Venez, vous serez très bien reçus. Il ne vous recevra pas à titre de commissaires, mais comme des étrangers illustres. » — Ils lui répondirent alors : « Vous savez que le gouverneur tient absolument à nous présenter lui-même, et Napoléon ne veut pas le voir. Cependant, il y aurait un moyen : qu'il nous prie à dîner et alors nous vous promettons d'y aller. » — « Cela pourrait se faire, mais le marquis accepterait-il? » — « Je crois pouvoir vous répondre que oui, dit le baron de Stürmer. » Ils se séparèrent là-dessus et, trois ou quatre jours après, vinrent les demandes (1). »

3o novembre 1817. — « Nous sommes ici dans une stagnation désolante. Il ne vient presque plus de bâtiments, et le peu qui se présentent en vue ne font que prendre la longitude et passent sans s'arrêter. Aussi la disette est-elle très grande. Le gouverneur lui-même a été quatorze jours sans un morceau de bœuf et, dans les hôpitaux, on a fait le bouillon avec de la viande salée. Il y a plus de deux mois qu'il n'y a plus une livre de beurre à acheter, à quelque prix que ce soit. Le mouton est si rare que nous le payons 3 schellings la livre. Si cela dure, je ne sais pas ce que nous deviendrons, car la volaille sera bientôt épuisée. Malgré notre pénurie, Longwood reçoit tous les jours 6o livres de bœuf et 3o de mouton. Mais ils se plaignent, parce que, n'ayant plus de beurre, ils ne peuvent avoir de la pâtisserie; et nous n'avons pas le nécessaire, même en payant au poids de l'or !

(1) Aucun des commissaires ne se rendit à cette invitation.

« Il n'y a pas de doute que cette pénurie ne provienne d'une mauvaise administration; le gouverneur, tout occupé de son prisonnier, ne voyant et ne rêvant que lui, avait négligé les subsistances et en avait laissé la direction à l'amiral Malcolm. Ce dernier, qui n'avait d'autre but que de supplanter le gouverneur, désirait que l'on criât. Il avait laissé partir trois transports du gouvernement, qui étaient destinés uniquement à l'approvisionnement et qui sont revenus de même, sans farine et chargés pour le compte des capitaines ou de quelques négociants. Après une explication très vive, le gouverneur lui avait retiré le droit de donner des licences, mais il était trop tard. »

A la même date que cette lettre, M. de Montchenu put annoncer à Paris qu'il avait été reconnu, dans ses fonctions de commissaire du roi, par les habitants de Longwood. Ce fait se produisit à la suite d'une donation que l'Empereur fit à Mme Bertrand d'un certain nombre d'actions des canaux du Loing et d'Orléans; comme elle désirait en toucher les revenus, elle passa deux procurations au nom du sieur Foucault de Pavant, ancien notaire à Paris, car elle avait la libre disposition de ses biens, à la suite du jugement qui avait condamné son mari à mort, par contumace; à cette procuration, étaient joints deux certificats de vie. Le grand-maréchal envoya ces pièces au gouverneur pour les signer, en le priant de les faire légaliser par le marquis de Montchenu. Le général Gourgaud adressa également deux certificats de vie, soumis à la légalisation. Il est certain que Bonaparte fut informé de cet envoi; il n'aurait pas souffert cette reconnaissance implicite du commissaire de Louis XVIII quelques mois auparavant, et une pareille démarche l'eût fort irrité.

Au surplus, l'Empereur semblait, à cette époque, se désintéresser singulièrement de tout ce qui se passait autour de lui; il était tombé dans une sorte d'inertie morale qui, jointe à son inertie physique, devait produire sur son tempérament un effet funeste. « Il n'est plus reconnaissable, disait Mme Bertrand; il a les jambes très enflées et est continuellement assoupi. Si dans ce moment il tombait malade, il est bien à craindre qu'il ne puisse supporter une maladie. »

L'abattement de Napoléon était tel qu'il n'osait plus se mêler à toutes les tracasseries intérieures de sa petite cour, où chacun détestait profondément son compagnon d'exil. A toutes ces petites querelles intestines qui se renouvelaient chaque jour et attristaient l'Empereur, on peut ajouter aussi, comme une autre cause de ses préoccupations, la pénurie d'argent qui, d'après M. de Montchenu, se faisait déjà sentir. « Il a mangé 4.000 napoléons qu'il avait apportés, et une partie de son argenterie. Ils ont dépensé environ 15.000 livres, payées par le gou-

vernement anglais, pour l'année qui vient de finir.
La précédente avait coûté un peu plus de 2.000 livres.
Bertrand a un capital de 14.000 livres sterling,
placé en Angleterre; ils en ont mangé le revenu, et
on le persécute pour toucher le capital, mais il n'en-
tend pas de cette oreille. Leur maison est mieux
fournie que celle du gouverneur; nous ne pouvons
pas concevoir ce que devient cet argent. Montholon, qui est le grand dépensier, disait ces jours-ci
au baron de Stürmer, qu'en outre des fournitures,
il dépensait pour sa propre maison 2.000 francs par
mois. Tout cela nous passe! »

La princesse Borghèse et les frères de l'Empereur
avaient mis leur fortune à sa disposition, mais il
était bien résolu à refuser leur offre. « Sachant.
qu'excepté le cardinal Fesch et sa mère, ses proches
avaient à peine de quoi vivre, il n'aurait pas consenti à leur être à charge (1). » Du reste, il est
assez difficile de s'en rapporter, sur ce point, aux
assertions de M. de Montchenu, qui ne pouvait avoir
que des données très vagues sur la situation pécu-
niaire des habitants de Longwood. Toujours est-il
que le gouverneur avait cessé depuis longtemps ses
mesquines taquineries relativement aux dépenses
exagérées faites dans la maison de l'Empereur, et il
suivait, en cela, les instructions de son gouvernement,
qui lui avait laissé toute liberté de faire ce qu'il ju-

1, Thiers, *Consulat et Empire*, t. XX.

gerait nécessaire pour le bien-être de Bonaparte; lui faisant savoir en dernier lieu : « Si vous jugez que la somme de 12.000 livres n'est pas proportionnée à ce que l'établissement d'un officier général de distinction exige, vous n'éprouverez aucune difficulté pour ce que vous aurez trouvé convenable d'ajouter à cette somme. »

8 janvier 1818. — « Ce qu'il y a de plus intéressant sur ce misérable rocher, dit M. de Montchenu dans sa dépêche de ce jour, est l'homme pour lequel j'y suis;... mais les bulletins de sa santé ne sont guère curieux, parce que celui qui les fait ne voit pas le malade, qui a déclaré nettement qu'il ne le recevra jamais comme médecin (1); qu'il le verra comme particulier, quand il pourra le recevoir, mais que s'il lui parle de sa santé, il lui tournera le dos sur-le-champ. Il ne s'en ouvre pas davantage avec le docteur O'Meara, qui est à ses gages, ou, tout au moins, il garde religieusement le secret. On lui soupçonne un commencement d'obstruction au foie, mais personne n'en est sûr. Il se plaint souvent de son côté droit, mais il n'a voulu se laisser palper par personne. Il ne permet pas même qu'on lui parle de sa santé; cependant, comme il a un peu plus souffert ces jours-ci, il a consenti à prendre des sels. Bertrand disait hier d'un air très cons-

____

(1) Il s'agit vraisemblablement du docteur Baxter.

terné : « Nous ne savons s'il a intérieurement un
principe de destruction, parce qu'il ne nous est pas
permis de lui faire de questions, mais il nous est
visible à tous, quoique nous le voyions tous les jours,
qu'il baisse considérablement. Il est dans un assoupissement continuel; il ne s'occupe de rien, et rien
ne l'intéresse. » — Mme Bertrand ajouta : « Je n'ai,
pour le voir, que la cour à traverser, et je ne le vois
jamais. Depuis trois mois, j'y ai dîné une seule fois;
depuis quelque temps, il dîne seul et ne veut voir
personne. » — Le brigadier général, sir George
Bingham, qu'il recevait toujours avec plaisir, a été
refusé trois fois de suite, et il ne s'y présente plus.
Bonaparte sait parfaitement que l'exercice lui ferait
du bien, mais il s'y refuse constamment, sous le
prétexte que ce serait une trop grande humiliation
d'avoir un officier anglais avec lui. Il n'a pas toujours pensé de même; car, au début, il sortait assez
fréquemment; il a actuellement une enceinte de
12 milles où il peut aller sans officier, mais il veut
toute l'île ou rien.

« Le gouverneur, très alarmé sur sa santé, lui a
fait proposer de supprimer l'officier, mais sous la
condition que, la veille, il ferait dire où il irait et
qu'il serait toujours rentré au coup de canon qui se
tire au coucher du soleil. Il a trouvé cette proposition encore plus humiliante et, en cela, je suis de
son avis. Cependant, de la manière dont les postes
sont établis dans l'île, il n'y aurait aucun inconvé-

nient à le laisser aller seul, surtout en ce moment
où il peut à peine se tenir sur ses jambes et où il
serait hors d'état de se cacher dans les rochers.
Néanmoins, j'ai fortement représenté au gouverneur que ses instructions et sa responsabilité ne lui
permettaient pas d'accorder cette liberté. Ce mot de
responsabilité l'effraye au point de lui en faire perdre le sommeil... Je n'ai pas le même intérêt que
lui à la conservation de Bonaparte et j'avoue, bien
sincèrement, que j'aurais un grand plaisir à porter
au roi la nouvelle de sa mort. Quoique le gouverneur ne l'aime pas plus que moi, il est épouvanté à
la seule idée qu'on pourrait l'accuser de sa mort.
Joignez à cela la perte d'une place qui lui présente
un grand moyen de fortune : il a 12.000 livres st.
de traitement du gouvernement, et les avantages
que lui fait la Compagnie sont quatre fois plus considérables. »

Avant la fin de l'année 1817, le commissaire du roi
fut avisé par le chargé d'affaires de France à Rio-de-
Janeiro qu'un coup de main pourrait bien être tenté
par des partisans de Bonaparte, en vue de l'enlever de
Sainte-Hélène et de le transporter en Amérique (1).
Mais on ne fut pas effrayé de cette nouvelle, car
les précautions étaient telles, qu'il semblait bien difficile d'exécuter un pareil plan, et la croisière devant

(1 Voir Pièces justificatives, n° 5.

l'île s'exerçait d'une façon si sévère qu'aucun navire
ne pouvait approcher des côtes. En supposant même
que, par un de ces coups de la fortune qui fait quelquefois réussir les entreprises les plus désespérées,
le prisonnier parvînt à s'échapper de Longwood, son
état de santé ne lui aurait pas permis de franchir à

Vue de Longwood. Dessinée d'après nature.
(Ste-Hélène-1820.)

pied, à travers les rochers, l'espace de deux ou trois
milles qu'il fallait parcourir pour arriver à la mer.
Ce qui put donner quelque consistance au bruit
d'évasion qui se répandit alors, ce fut la présence
d'un bâtiment américain, qui resta assez longtemps

sous voile pour prendre quelques provisions. Le capitaine de la croisière eut, à ce sujet, une assez longue conversation avec le commandant américain, qui finit par lui dire : « Nous savons très bien que si Napoléon pouvait s'échapper, il désirerait venir chez nous. Il y a, il est vrai, assez de partisans, mais le fond de la nation est républicain; le gouvernement l'est entièrement, et il sait très bien que Bonaparte et une République ne pourraient pas exister longtemps ensemble : nous n'avons pas besoin d'une révolution. Nous savons aussi qu'il serait beaucoup plus dangereux pour notre indépendance future si on le transportait dans les colonies espagnoles (1). »

(1) Voir Pièces justificatives, nᵒ 6. Lettre du comte Molé au duc de Richelieu.

CHAPITRE IV.

L'année 1818 commençait à peine lorsqu'elle
apporta à l'Empereur un chagrin des plus vifs; il a
été fait allusion, plus haut, aux tracasseries continuelles auxquelles les habitants de Longwood
étaient réciproquement en butte; les privations et
les longueurs de l'exil ne faisaient qu'aigrir davantage le caractère de ces généraux, qui s'enorgueil-
lissaient d'un regard de Napoléon et qui reprochaient
à leurs compagnons de solitude la moindre faveur
passagère dont ils avaient été l'objet. Le plus jaloux, le plus irascible de tous, était Gourgaud qui,
depuis son arrivée dans l'île, était brouillé avec
Montholon, dont Napoléon semblait affectionner

particulièrement les soins, surtout depuis le départ de Las Cases, et qui lui servait presque toujours de secrétaire. Gourgaud arriva à en prendre tellement de l'ombrage qu'il alla jusqu'à envoyer à Montholon un cartel, sans calculer le scandale que produirait cette provocation, dans une petite île où tous les yeux étaient fixés sur ce qui se passait à Longwood.

La lettre qu'il adressa à Montholon était conçue en ces termes (1) : « J'avais oublié vos anciens torts, Monsieur, je vous les avais pardonnés; j'espérais que vous changeriez, je me suis trompé. Vous paraissez destiné à me nuire dans toutes les circonstances; avant que vous ne fussiez auprès de l'Empereur, depuis longtemps j'étais bien avec lui; depuis que vous y êtes, j'y suis mal. Vous êtes la cause des mauvais traitements dont il m'accable, ils sont devenus tels qu'il ne m'est plus permis de les supporter sans me déshonorer. C'est vous, Monsieur, qui êtes l'auteur de tous mes malheurs, je vous en demande satisfaction. J'espère que vous savez pourquoi j'ai différé jusqu'à ce jour... par ce que j'ai souffert, on pourra apprécier l'attachement que j'avais pour l'Empereur.

« Vous avez cru triompher en me réduisant à cette dure extrémité de partir; vous avez cru que mon départ serait attribué au manque de courage nécessaire dans une situation comme la mienne.

____

(1) 4 février 1818. — *Aff. étr.*, t. 1,804, folio 295.

Ici, vous avez cru que cela vous ferait valoir davantage ; vous y restez, vous qui n'éprouvez que de bons traitements. Vous voilà détrompé.

« Forcé de me séparer de l'Empereur, à qui j'avais sacrifié toute mon existence, pour qui j'ai tout quitté, pour qui j'ai tout perdu, je ne partirai qu'après m'être vengé du succès de vos intrigues et de vos manœuvres, ou bien je tomberai sous vos coups, mais au moins d'une manière plus honorable et plus digne d'un homme de cœur que celle que vous avez employée jusqu'ici. Quel que soit mon sort, j'emporterai l'estime de tous les honnêtes gens. Voilà, Monsieur, comment je veux quitter Longwood !

Signé : « Général GOURGAUD. »

« *P. S.* — Je suis en droit de choisir les armes ; je vous laisse cet avantage ; mais, vu les circonstances où nous nous trouvons, il est, je crois, nécessaire de nous concerter sur les autres dispositions. Je vous prie donc de me dire où nous pourrons avoir une entrevue à ce sujet. »

Cette lettre ne put être remise à M. de Montholon que le soir, vers 5 heures ; aussitôt, sans l'ouvrir, il la porta chez l'Empereur (1) et, à 10 heures du soir, la réponse suivante fut envoyée à Gourgaud :

____

(1) En lisant cette lettre, Bonaparte s'écria : « Vous voyez bien qu'il est fou ; il faut le faire arrêter ! » — Lettre de M. de Montchenu, folio 296.

« J'ai reçu votre lettre, Monsieur; plusieurs fois, depuis dix-huit mois, nous nous sommes mutuellement provoqués. L'Empereur, en ayant été instruit, a exigé ma parole d'honneur que je n'accepterais aucun cartel, tant que je serais près de lui. Effectivement, tout duel entre nous serait un grand scandale et un surcroît d'affliction à ajouter à sa position. Dans d'autres circonstances, quand je serai libre de mes devoirs, j'accepterai votre cartel.

Signé : « Comte de MONTHOLON. »

Mais cette réponse ne satisfaisait pas Gourgaud, qui répondit aussitôt :

« Il me semble, Monsieur, que s'il était vrai que l'Empereur eût exigé votre parole d'honneur de n'accepter aucun cartel, il aurait aussi exigé votre parole d'honneur que vous vous conduiriez en honnête homme, car vous avouerez qu'il y aurait eu de la lâcheté d'avoir agi comme vous avez fait avec moi lorsque vous pensiez n'avoir rien à craindre. Réfléchissez, je vous prie, à tout le mal que vous m'avez fait. Vous parlez de scandales! Pourquoi les provoquez-vous? »

Signé : « GOURGAUD. »

A la suite de cette lettre, Gourgaud renouvela sa demande d'entrevue, en ajoutant « qu'il ferait sentir à Montholon son fouet sur la figure s'il refusait sa proposition », et cette menace fut répétée plusieurs fois en public. Il ne restait plus à l'Empereur qu'à interposer son autorité; voulant éviter un éclat, il préféra se séparer d'un de ses compagnons et voir diminuer le nombre de ses familiers; il enjoignit donc à Gourgaud d'avoir à quitter Sainte-Hélène. Toutefois, afin de sauver les apparences et pour donner à ce départ un motif plausible, il fit écrire par Gourgaud la lettre suivante au gouverneur :

« Monsieur le général, depuis la maladie grave que j'ai essuyée, il y a deux ans, ma santé a toujours été plus ou moins chancelante. Très souvent, j'ai été tourmenté par de nouvelles attaques de dysenterie et de mal au foie. A ces peines physiques se sont ajoutées des peines morales; j'ai éprouvé de grands chagrins, leur influence m'a été fatale et elle a détruit le peu de santé qui me restait, au point que je suis forcé de vous prier de vouloir bien faciliter mon retour en Europe, où l'air de ma patrie et les soins de ma famille soulageront tous mes maux.

« J'ose espérer que vous aurez de moi une assez bonne opinion pour croire que je n'en agis ainsi que par les motifs les plus puissants.

« Je vous serai obligé si, en attendant mon départ de l'île, vous pouviez me placer dans un autre lieu que Longwood : je crois que le changement d'air me ferait du bien.

Signé : « Général GOURGAUD. »

Hudson Lowe, sans être dupe de cette démarche

et, d'ailleurs, tout disposé à faciliter l'éloignement d'un homme qui était tout dévoué à l'Empereur, loua pour le général une petite maison de campagne près de Plantation-House et l'y établit, sous la garde d'un de ses officiers nommé Jackson, qui avait ordre de ne pas le quitter un seul instant; à part cela, il était parfaitement libre de vivre à sa guise.

M. de Montchenu prétend que, lorsqu'il prit congé de lui, l'Empereur dit à Gourgaud : « Si jamais les circonstances me ramènent en France, je vous ferai appeler et je me souviendrai de vos services ». A cela il aurait répondu : « J'irai au-devant de vous, mais avec un fusil à deux coups pour vous brûler la cervelle! » Un pareil langage aurait été monstrueux dans la bouche d'un homme qui depuis douze ans était officier d'ordonnance de l'Empereur, à qui il devait sa situation et pour qui il avait une telle idolâtrie qu'il avait tout sacrifié pour le suivre en exil. Il n'aurait pu s'expliquer que par un acte de folie momentanée; mais ce n'était pas là le cas, et Gourgaud ne tint assurément pas ce propos, qui n'est dû qu'à la malveillance du marquis, désireux de se faire l'écho de tous les scandales qui auraient pu éclater à Longwood. La preuve de la fausseté de cette allégation se trouve dans la lettre touchante et empreinte d'une profonde tristesse que Gourgaud adressa à l'Empereur en prenant congé de lui :

« Sire, au moment de m'éloigner de ce séjour, j'éprouve un sentiment bien douloureux; j'oublie tout, je ne suis occupé que de la pensée que je vais me séparer pour jamais de celui à qui j'avais consacré toute mon existence. Cette idée m'accable... Je ne puis trouver de consolation que dans la persuasion où je suis que j'ai toujours fait mon devoir. Je cède à la fatalité! Dans mon malheur, j'ose espérer, Sire, que vous conserverez quelque souvenir de mes services, de mon attachement, que même vous rendrez justice à mes sentiments et aux motifs de mon départ, et qu'enfin si j'ai perdu votre bienveillance, je n'ai pas perdu votre estime.

« Daignez, Sire, recevoir mes adieux et agréez les vœux que je fais pour votre bonheur; plaignez mon sort et, qu'en pensant quelquefois à moi, V. M. dise : Celui-là au moins avait un bon cœur !

« GOURGAUD. »

Est-ce là le langage d'un homme qui, la veille, aurait déclaré à son souverain qu'il serait tout disposé à se battre contre lui, si son devoir le lui ordonnait?

Au reste, la réponse de Napoléon ne témoigne d'aucune animosité à l'égard de son ancien officier d'ordonnance; bien plus, elle est conçue de façon à ne laisser subsister dans l'esprit de personne le moindre soupçon du dissentiment qui aurait pu se produire, car l'Empereur feint de croire que Gourgaud lui a donné, comme prétexte de départ, l'état de sa santé; voici cette lettre :

« Monsieur le baron Gourgaud, je vous remercie des sentiments que vous m'exprimez dans votre lettre d'hier. Je regrette que le mal de foie, qui est si funeste dans ce climat, ait nécessité votre départ. Vous êtes jeune, vous avez du talent, vous devez parcourir une longue carrière; je désire qu'elle soit heureuse. Ne doutez jamais de l'intérêt que je vous porte.

« NAPOLÉON. »

Pendant quelque temps, on fut convaincu dans l'île que la querelle qui éclata entre Montholon et Gourgaud n'était que simulée et que le départ de ce dernier n'avait d'autre but que l'envoi en Europe d'un émissaire, chargé d'une mission secrète. Ce bruit ne reposait sur aucun fondement, et il est probable que, si l'Empereur avait tenté de faire parvenir en France un homme capable de grouper autour de lui ses partisans, il n'aurait pas choisi le général Gourgaud, qui n'avait aucune des qualités nécessaires pour devenir chef de parti, car la bravoure seule ne suffit pas pour soulever un peuple.

M. de Montchenu donne une version assez singulière de l'incident Gourgaud; si peu vraisemblable qu'elle paraisse, elle vaut, tout au moins, la peine d'être rapportée.

« Gourgaud était depuis longtemps odieux à Mon-

tholon et, quoique ce dernier soit aussi brouillé avec
Bertrand, il avait fini par lui persuader que le moyen
le plus sûr pour faire parler d'eux et faire croire aux
plaintes que leurs amis ne cessent de porter contre la
prétendue manière dont ils sont traités, était *d'engager l'un d'eux à se tuer*. Le caractère faible de
Gourgaud leur parut admirable pour ce projet; depuis longtemps, il était très maltraité par son doux
maître et très affecté. Il était entièrement brouillé
avec les Montholon et il ne voyait plus que les Bertrand. Toutes les fois qu'il se plaignait de son sort,
Bertrand coulait tout doucement et avec un air pen-
sif : « Oh! quand on est réellement malheureux et
qu'on n'a pas de famille, on peut... un coup de pistolet!... » Après avoir répété plusieurs fois cette
phrase, à laquelle Gourgaud ne répondait jamais,
on le crut déterminé. Alors Bonaparte le fit venir
un matin, sous prétexte de discuter une question de
mathématiques; le point fut éclairci. Puis Bonaparte
se mit à causer, prit un ton doucereux, eut l'air de
le plaindre et finit par s'attendrir en apparence,
ce qui fit un grand effet. Quand il crut l'avoir assez
touché, il finit par lui dire : « Nous sommes ici
tous bien malheureux... Je crois que vous auriez un
moyen, grand, noble, de vous en tirer... » Il eut
l'air d'hésiter et puis il finit par dire : « Un coup de
pistolet termine bien des choses! »

     « Gourgaud répondit sur-le-champ : « Oui, Sire,
nous sommes tous malheureux; notre sort nous est

commun, il faut le finir ensemble et d'une manière douce. Pour cela, je propose que nous nous retirions tous dans le cabinet de V. M., portes et fenêtres bien fermées, et que nous fassions apporter une grande quantité de vin de Champagne; nous ferons allumer un grand feu de charbon au milieu de la chambre, nous boirons beaucoup et nous serons tous asphyxiés en même temps. » — La réponse ne plut pas; on lui tourna le dos et on ne lui reparla plus.

« ... Bonaparte dit aussi plusieurs fois à Gourgaud : « Vous changez à vue d'œil; je crains pour votre tête! » Enfin, un jour, il lui dit plus sérieusement : « Mon cher Gourgaud, prenez garde à vous, s'il en est encore temps; je vous en avertis, votre tête est absolument dérangée! » Et puis le conseil ordinaire...

« Le coup a manqué à leur grand étonnement car tous les amis, et surtout ceux de l'opposition, n'auraient pas manqué de dire : « Voyez comme ils sont traités! Gourgaud, homme de cœur et d'un courage brûlant à la guerre, n'a pu supporter les outrages dont on les abreuve; il a mieux aimé se brûler la cervelle! » Cette mort aurait fait assurément un grand effet. »

Pendant le temps qui s'écoula entre le moment où le général Gourgaud se sépara de l'Empereur et celui de son départ pour le continent, il eut le loisir de s'entretenir assez fréquemment avec les commissaires étrangers; loin de s'y opposer, le gouverneur chercha même à favoriser ces entrevues. Le marquis de Montchenu ne manqua pas de mettre à profit ces visites pour se procurer de nouveaux détails sur Napoléon. Il avait même préparé une sorte de questionnaire, qu'il soumettait au général, afin de s'éclairer sur divers points et pouvoir transmettre fidèlement à Paris le résultat de ces conversations. Le résumé de ces interrogatoires, d'un genre tout particulier, se trouve dans une lettre datée du 18 mars :

« *Qu'a dit Bonaparte de la mort de la princesse Charlotte ?* — Il la regarde comme un malheur de plus, dans sa position. Tout le monde sait que la princesse de Galles a pour lui une admiration presque fanatique; il espérait que lorsque sa fille serait montée sur le trône, elle profiterait de l'empire qu'elle avait sur elle pour le faire transporter en Angleterre. « Une fois là, disait-il, je suis sauvé. » Il m'a dit, en apprenant cette nouvelle : « Eh bien, voilà encore un coup imprévu! C'est ainsi que la fortune déjoue tous nos projets. »

« *Parle-t-il quelquefois de son avenir ?* — Il est persuadé qu'il ne restera pas à Sainte-Hélène et s'obstine à croire que le parti de l'opposition parviendra à l'en tirer. Il paraît n'avoir pas renoncé pour toujours à remonter sur le trône. « Si je reviens en France, m'a-t-il dit, lorsque nous nous sommes séparés, venez me trouver, je vous accorderai de nouveau ma protection. »

« *Que pense-t-il des Bourbons?* — Il prétend que Louis XVIII est révolutionnaire et que, par sa conduite, il s'expose aux plus grands dangers : « Ce n'est pas ainsi, dit-il, que s'opèrent les changements de dynastie. La prudence voulait qu'il se défît de tous mes maréchaux. Il fallait mettre hors d'état tout ce qui n'était pas de son parti. Labédoyère et le maréchal Ney n'étaient pas seuls dangereux! »

« *Parle-t-il de sa femme?* — Il se plaint de Marie-Louise. Selon lui, elle n'aurait jamais dû quitter Paris en 1814. « Au lieu de Mme de Montebello, c'était Mme de Beauvau que j'aurais dû placer auprès d'elle; elle l'aurait dirigée autrement, et les choses n'en seraient pas là! » — Il est persuadé qu'il serait encore sur le trône s'il avait épousé une grande-duchesse de Russie. Il parle souvent de son fils, surtout depuis quelque temps. »

« *Qu'a-t-il dit de l'affaire du colonel Latapie et de cette prétendue tentative de l'enlever?* — Il dit que cela peut être vrai, mais qu'il connaît ces gens-là; que ce sont des aventuriers, et que jamais il ne se serait confié à eux (1). »

« *Pensez-vous qu'il puisse s'échapper d'ici?* — Il en a eu dix fois l'occasion et il l'a encore au moment même où je vous parle... Que ne fait-on pas quand on a des millions à sa disposition!... Au reste,

(1) Voir Pièces justificatives, n° 5.

quoique j'aie à me plaindre de l'Empereur, je ne le trahirai jamais. Je le répète, il peut s'évader *seul* et aller en Amérique, quand il le voudra; je n'en dirai pas davantage. »

« *S'il le peut, que ne le fait-il? L'essentiel est d'être hors d'ici?* — Nous le lui avons tous conseillé; il a toujours combattu nos raisons et y a résisté. Quelque malheureux qu'il soit ici, il jouit secrètement de l'importance qu'on met à sa garde, de l'intérêt qu'y prennent toutes les puissances de l'Europe, du soin qu'on met à recueillir ses moindres paroles... etc. Il nous a dit plusieurs fois : « Je ne peux plus vivre en particulier. J'aime mieux être prisonnier ici que libre aux États-Unis. »

« *Continue-t-il à écrire son histoire?* — Il en a écrit des fragments, mais il est probable qu'il ne l'achèvera jamais. Quand on lui demande s'il ne veut pas que l'histoire le peigne tel qu'il a été, il répond qu'il est souvent plus avantageux de se laisser deviner que de se mettre trop à découvert. Il paraît aussi que, ne regardant pas ses grandes destinées comme finies, il ne veut pas dévoiler des plans dont l'exécution n'a pas été entièrement achevée et qu'il peut reprendre un jour avec succès. »

« *Qui de vous a rédigé la fameuse lettre de M. de Montholon?* (1) — L'Empereur lui-même : il nous en a dicté la plus grande partie. Il serait heureux

(1) Protestation contre le traité du 2 août 1815.

qu'il s'en fût tenu là; mais vous verrez incessamment paraître à Londres de prétendues lettres écrites par des capitaines de vaisseaux marchands, et dans lesquelles on parle beaucoup de l'Empereur; elles sont de lui.

« Le style en est plat, les détails puérils, la conception mauvaise. Vous aurez peine à croire, par exemple, que l'ouvrage publié sous le nom de Santini était de lui. Il se fait par là beaucoup plus de tort qu'il ne croit, mais personne ne peut le guérir de sa manie d'écrire. En général, ce n'est ni Montholon ni Bertrand qu'il fallait à l'Empereur : c'était le duc de Rovigo ou le duc de Bassano, des hommes à caractère, en un mot, qui l'eussent empêché de faire des sottises. Combien n'en avons-nous pas fait depuis que nous sommes ici! »

« *Comment est-il dans son intérieur?* — Excellent avec ses domestiques, cherchant à donner du relief à tout ce qui l'entoure; élevant très haut les petits talents de ceux qui en ont et en prêtant à ceux qui n'en ont point. »

« *Quelle est son attitude avec les personnes de sa suite?* — Celle d'un souverain absolu. Je l'ai souvent vu jouer cinq heures de suite aux échecs et souffrir que nous fussions debout pendant tout ce temps à le regarder. »

« *Comment Mme de Montholon est-elle parvenue à lui plaire?* — Elle joue la femme savante, sait assez bien l'histoire de France et ne cesse de répéter à l'Empereur que l'on devrait guillotiner, tous les jours, quatre-vingts Parisiens, pour les punir de l'avoir trahi; que la France mérite d'être vingt fois plus malheureuse qu'elle ne l'est..., etc. — Il écoute tout cela avec plaisir. »

Le général Gourgaud manquait complètement d'argent lorsqu'il quitta Longwood; l'Empereur, sachant parfaitement qu'il n'avait pas alors vingt napoléons devant lui, donna ordre à Bertrand de lui remettre une somme de 12.000 francs, payable chez le sieur Balcomb. Mais, jusqu'au moment de son départ, Gourgaud ne voulut pas accepter cet argent et, à bout de ressources, il alla jusqu'à prier le grand-maréchal de lui faire une avance sur ses propres fonds (1). — Enfin, le matin de son départ, le 14 mars, il vint chez le gouverneur pour le consulter sur le parti qu'il devait prendre. Hudson Lowe l'engagea à accepter le don de Napoléon, mais il ne se décida pas encore. En dernier ressort, il se rendit chez le baron de Stürmer et lui dit : « Je n'ai point de droit pour vous demander votre avis comme ami, mais je vous le demande comme général. » — A quoi le baron répliqua : « Si j'étais obligé de quitter mon service à cause des tracasseries que mon chef m'aurait fait endurer, rien ne me ferait accepter une gratification de sa part, car je ne

______

(1) Voir Pièces justificatives, n° 7. Rapport de l'officier Jackson.

voudrais pas contracter des obligations envers lui au moment de la séparation. » — « Eh bien, dit Gourgaud, je ne prendrai pas les 12.000 francs. »

Mais cette résolution ne devait pas être définitive car, par suite d'un brusque revirement dans sa manière de voir, au moment de monter sur le navire qui devait l'emmener, le général se ravisa et demanda à Hudson Lowe de l'accompagner chez Balcomb pour toucher le bon de l'Empereur. Malheureusement pour lui, Balcomb était absent, et son commis soutint qu'il ne pouvait payer. Or, le temps pressait, le navire était déjà sous voile et il fallut s'embarquer sans l'argent.

Ce ne fut que le lendemain matin que le gouverneur reçut une lettre de change, qu'il endossa et fit partir, le même jour, par un vaisseau des Indes retournant en Angleterre.

« Bonaparte a été fâché de la désertion de Gourgaud, fait remarquer M. de Montchenu, mais il est aussi très aise d'en être débarrassé. « Il m'aime trop, disait-il, il m'obsède! Que me veut-il? Je ne puis pourtant pas coucher avec lui! — Et puis, que fera-t-il? Quelques pamphlets? Je suis au-dessus de cela. Ira-t-il se jeter en France entre les mains d'un gendarme, comme il le dit, ou faire quelque autre étourderie? Il se fera fusiller!... »

Cet incident, un des plus sérieux qui se produisit dans l'île pendant la captivité de l'Empereur, vint rompre pendant quelque temps la monotonie d'une vie nécessairement peu fertile en nouvelles et alimenta, pendant plusieurs semaines, les rapports des commissaires étrangers. Mais, une fois cette émotion calmée, les dépêches du marquis de Montchenu ne parlent plus, à partir de cette époque, que des changements survenus dans la santé de Bonaparte; c'est là le point capital, et les bulletins des médecins sont attendus avec impatience, pour être commentés et plus ou moins remaniés avant d'être envoyés en Europe. Il est un fait bien certain, c'est que, dès ce moment (mars 1818), l'Empereur était assez souffrant et sa santé ne s'améliorait pas. Comme ces chênes de Sainte-Hélène qui, à trente ans, ont atteint tout leur développement, vont ensuite en dépérissant jusqu'à cinquante ans, puis disparaissent, alors qu'ils devraient être dans toute leur vigueur, de même aussi l'illustre captif, quoique dans la force de l'âge, était déjà parvenu au déclin de la vie, « car sous ce climat brûlant, tout ce qui ne gagne pas perd beaucoup, » suivant la juste remarque du marquis. Enfin, la mort qui, jusqu'alors avait paru respecter Longwood, y avait fait récemment son apparition; Cipriani, le maître d'hôtel de l'Empereur, avait été emporté par une inflammation d'entrailles, ce qui avait beaucoup frappé son maître. « Il faut espérer qu'elle ne s'arrêtera pas en si beau chemin », s'écrie Montchenu.

« Bonaparte s'occupe beaucoup de la France; il parle très souvent du roi, dont il ne dit jamais de mal, mais il blâme son administration et alors il s'étend longuement sur ce qu'il aurait fait : « Vous voyez que je n'aurais jamais pu rentrer en 1815 ! Je connais les Français mieux que le roi ! »

« ... J'ai aussi appris, dit un peu plus loin le commissaire de Louis XVIII, que, le matin même de la bataille de Waterloo, il y avait eu un conseil où il fut décidé que Fouché serait fusillé. La fuite fit retarder ce projet, qui fut remis sur le tapis après la rentrée à Paris; mais alors on trouva que cette exécution n'était plus possible.

« Bonaparte dit aussi, en parlant de ses derniers revers : « J'ai fait une grande bêtise quand j'ai épousé Marie-Louise; elle m'a toujours porté malheur ! »

5 *mai* 1818. — « Depuis quelque temps, il existe un grand refroidissement entre le gouverneur et le docteur O'Meara, qui jadis avait toute sa confiance. Hudson Lowe a voulu l'assujettir aux mêmes formalités que les Français habitant Longwood, c'est-à-dire à ne pouvoir sortir de l'enceinte qu'accompagné par un officier. Le docteur a vivement représenté qu'il était Anglais, au service du roi d'Angleterre, car il est constamment porté sur les états de la marine, en qualité de médecin surnuméraire à bord du vaisseau-amiral, et il reçoit un traitement comme tel; qu'il avait été envoyé ici par décision du ministère et de l'amirauté et qu'il ne se reconnaîtrait ja-

mais comme prisonnier. Il a de suite donné sa démission et ne veut remplir aucune fonction.

« Le docteur avait entièrement gagné la confiance
de Bonaparte et de sa suite. Cette confiance, qui
pouvait être très-utile au gouverneur, a, au contraire,
excité sa méfiance ou plutôt sa jalousie, car il est
excessivement jaloux de tous ceux que Bonaparte
traite bien. Il a voulu introduire le docteur Baxter,
mais Napoléon a déclaré net qu'il ne lui parlerait
jamais de sa santé. Il le recevait autrefois avec
plaisir, causait beaucoup avec lui, mais à présent il
ne veut plus le voir depuis qu'il croit qu'on veut l'y
forcer. O'Meara, depuis qu'il a donné sa démission,
ne sort plus de sa chambre; or, Bonaparte, qui se
dit malade, demande son médecin, qui lui répond
qu'il n'est plus rien et se refuse à tout service. De
là, motifs de plaintes très vives, correspondance
très aigre entre Bertrand et le gouverneur, et refus
de voir Baxter, ce qui laisse percer des soupçons. On
ne sait comment finira ce drame, mais les acteurs
les plus fins ne sont pas à Plantation-House !... Au
demeurant, le mal dont se plaint Bonaparte n'est
qu'une grande constipation, occasionnée par le défaut d'exercice. Il pourrait cependant s'ensuivre
une apoplexie; Dieu m'entende ! »

Cette lettre se termine par des détails assez curieux sur Gourgaud; M. de Montchenu affirme qu'il
peut en garantir l'authenticité :

« Gourgaud, fils d'une berceuse de monseigneur
le duc de Berri et neveu de la Dugazon, qui était très
liée avec le Premier Consul, était entré à l'École
polytechnique, où il avait fait de bonnes études. En
en sortant, il fut placé dans un régiment d'artillerie
à cheval et y parut très distingué. Bonaparte, devenu Empereur, voulut avoir pour officiers d'ordonnance des officiers distingués dans toutes les
armes. L'amitié que l'on avait alors pour la Dugazon
fit nommer son neveu, qui n'était que lieutenant.
Il fut fait capitaine quelque temps après et enfin
chef d'escadron. En 1814, il était à Fontainebleau
au départ de Bonaparte et fit mine de le suivre.
Celui-ci, qui désirait emmener le plus d'officiers
possible, lui donna le brevet de colonel; mais sous
prétexte que sa mère ne consentait pas à son départ,
Gourgaud resta en France, et monseigneur le duc
de Berri lui fit confirmer son brevet de colonel. Il
eut, dans l'intervalle, une scène très scandaleuse,
dans laquelle se trouvèrent impliqués beaucoup d'officiers à demi-solde et qui fit du bruit. Le duc de
Berri l'apprit, lui lava la tête et lui pardonna. Il le
fit employer, quelque temps après, comme colonel
dans la garde. En sortant de chez le duc de Berri,
Gourgaud rencontra le maréchal Soult, qui lui dit :
« Mon cher, il faut bien prendre garde, car il y a des
traîtres parmi nous. »

« Le 22 mars, il reprit ses fonctions comme premier officier d'ordonnance auprès de Bonaparte, le

suivit à Waterloo et le rejoignit à Paris. Napoléon, ayant abdiqué pour la seconde fois, se retira à la Malmaison. Gourgaud s'y rendit et sollicita la permission de suivre Bonaparte : elle lui fut refusée, sous le prétexte qu'il n'était point dans l'intimité et que l'Empereur, n'emmenant point d'artillerie, n'avait pas besoin d'officiers de cette arme. — Gourgaud vanta alors son attachement, la manière dont il avait trahi monseigneur le duc de Berri, l'argent qu'il avait distribué aux canonniers pour les débaucher... etc., enfin, il insistait en disant que si on l'abandonnait, c'était vouloir le faire fusiller. Pour s'en défaire, on lui donna le brevet de général et le maréchal Davout se prêta à l'intercaler... Bonaparte parti, il le suivit de manière à arriver à Rochefort en même temps. Là, il y eut encore des contestations, mais il s'embarqua bon gré mal gré et se trouva ainsi sur *le Bellérophon*.

« Arrivé ici, il fut assez modeste dans le commencement; mais, petit à petit, il eut des prétentions et finit par être en faveur, ce qui dura jusqu'à l'arrivée d'un livre, imprimé sous le nom du chirurgien du *Northumberland*. Le chirurgien raconte que, pendant la traversée, Gourgaud lui montra un sabre, sur lequel était gravé : *Tel jour, à Brienne, j'ai sauvé la vie à l'Empereur, en tuant un Cosaque qui était prêt à le percer.* — Bonaparte, très irrité en apprenant cela, fit assembler toute sa suite, fit venir Gourgaud et, lui montrant le livre : « Lisez, et vous serez indigné. » — Gourgaud lut, ou fit semblant de lire, et dit : « Je ne comprends pas bien. » — « Hé bien ! M. de Las Cases va vous l'expliquer. » Après cette explication, Bonaparte lui dit : « Sans doute, vous allez prendre la plume pour réfuter cet article et requérir l'insertion dans toutes les gazettes ? » — « Mais, Sire... » — « Mais quoi ? Si vous m'aviez sauvé la vie, est-ce que je ne l'aurais pas vu ? Ne vous en aurais-je pas récompensé ?... Allez chercher ce sabre ! » — Il l'apporta et Bonaparte lut l'inscription ; très courroucé, il lui dit : « Cassez ce sabre ou je le casserai moi-même... C'était à une vingtaine de pas !... Vous êtes un imposteur, nous n'avons pas vu un seul Cosaque et il n'y en avait point à cette armée ! » — Contrit et humilié, Gourgaud remporta son sabre sans être cassé, car je l'ai vu embarquer pour l'Europe. »

« Depuis lors, Gourgaud a éprouvé beaucoup de dégoûts ; ne pouvant plus les supporter, il alla trouver Bertrand et lui annonça l'intention de partir ; celui-ci lui dit : « Vous connaissez l'Empereur : il est inconstant, vous avez été en faveur, maintenant c'est Montholon ; attendez, votre tour reviendra. » — Quelques jours après, il reparla à Bertrand et lui déclara positivement qu'il voulait partir. On lui dit qu'il en était le maître. « En ce cas, je m'en irai et ne ferai qu'un de plus !... » Il revint encore à la charge quelque temps après ; Bonaparte lui donna alors quelques conseils. Mais, croyant qu'on voulait le retenir, il devint plus hardi et fit par écrit les propositions suivantes : « Je demande 3oo.ooo francs et je veux être fait lieutenant général. »

« On les montra à Bonaparte, qui était bien décidé à le laisser partir, car il en était fort las. Il lui fit répondre par Bertrand qu'il fallait être totalement *fou* pour oser lui demander un grade dans la position où il se trouvait. Il répondit : « Je sais bien que c'est pour n'avoir pas cru devoir demander au roi, à Mittau, le brevet de maréchal de camp que tous mes cadets sont lieutenants généraux et que je ne peux pas obtenir de l'être ; je sais bien que l'Empereur n'a pas d'armée, mais je veux avoir mon brevet en poche pour en faire usage quand l'occasion s'en présentera. » — Quant aux 1oo.ooo écus, Bertrand lui dit : « Votre mère a eu, l'année dernière, le 27 juillet, une pension de 12.ooo francs et vous demandez encore de l'argent! » — « Mais ma mère est peut-être en prison ou morte! » — « Eh bien, si votre mère est morte, je m'engage à vous la faire payer pendant votre vie très exactement; écrivez-moi seulement si cela éprouve des difficultés... C'est-à-dire, cependant, tant que l'Empereur vivra ou que les fonds qu'il laissera pourront y suffire, car je n'entends pas en prendre l'engagement... Voulez-vous une ou deux années d'avance ? On va vous les donner. » — Il insista toujours sur sa demande et finit, enfin, par obtenir une audience de Bonaparte ; il y fut très maltraité. Napoléon lui dit : « Vous osez me menacer

d'un libelle? Qu'est-ce que vous apprendrez?...
Vous voulez aller en France, vous y serez fusillé.
Je vous connais, le premier officier mécontent que
vous rencontrerez tournera votre *pauvre* tête! Vous
êtes un ingrat, vous me trahissez; vous avez déjà
trahi le roi, qui vous avait placé dans sa garde; vous
serez puni comme vous le méritez. Allez où vous
voudrez, vous êtes né canaille et canaille vous mour-
rez. » — Ce fut au lendemain de cette conversation
que Gourgaud quitta Longwood. »

22 *mai* 1818. — A cette date, se produisit un nouvel incident qui ne manquait pas d'importance; cela
fit un grand éclat dans l'île et les résultats en furent
assez fâcheux pour le gouverneur, car, ainsi que l'a-
vait déjà fait remarquer M. de Montchenu, « les
acteurs les plus adroits ne se trouvaient jamais à
Plantation-House ».

Hudson Lowe venait de se brouiller ouvertement
avec le docteur O'Meara et, sentant toute l'importance que cette rupture pouvait avoir en donnant des
armes aux partisans de Napoléon, il jugea nécessaire
de s'en expliquer avec le marquis; il eut à ce propos
avec lui la conversation suivante :

« Depuis longtemps, j'avais de fortes raisons de
plaintes et même de soupçon contre le docteur. Il s'est
chargé de porter des cadeaux et des messages sans ma
participation, ce qui est contraire à tous les règlements
(ces cadeaux sont des tabatières en argent sculpté, tra-

vaillées en Chine). Il était très souvent hors de Longwood, à tel point qu'on a été obligé d'envoyer un
autre médecin. Il ne manquait jamais d'être en ville
à l'arrivée des navires; il causait avec les passagers
et racontait ce que Bonaparte était bien aise qu'on
sût... Comme il est à la solde anglaise, inscrit sur
l'état du *Conquérant* et destiné au service de Longwood, j'ai voulu lui prescrire un règlement; ce règlement lui enjoint de ne pas sortir de Longwood, c'est-
à-dire de l'enceinte désignée, sans une permission, à
moins qu'il ne soit appelé pour porter les secours de
son art, ou mandé par l'amiral. Jamais je ne lui ai
imposé l'obligation d'être accompagné par un officier;
seulement, je ne veux pas qu'il puisse en tenir lieu lui-
même aux personnes de la suite. »

« Sur cela, Bonaparte a déclaré que, puisque le
docteur n'était pas un homme à lui, il lui devenait
suspect et n'avait plus sa confiance; par suite, il ne
voulait plus le voir. Il a demandé un médecin français ou italien, et ce désir a été transmis à Londres;
mais, en attendant, O'Meara reste et il donne ses
soins à l'entourage de l'Empereur. »

D'après M. de Montchenu, le véritable motif de
la disgrâce d'O'Meara n'était pas celui que le gouverneur alléguait; pour le trouver, il fallait remonter
à un incident qui avait surgi lors de la mort de Cipriani. Ses obsèques avaient été faites avec pompe,
car l'Empereur avait exigé que toute sa maison y
assistât; il y eut, en outre, un grand concours d'ha-

bitants. Le plus âgé des deux prêtres anglicans établis dans l'île, nommé Boësse, fit la cérémonie avec
tout l'éclat désirable. Instruit de ce fait, Napoléon
parut surpris qu'un pasteur anglican eût consenti à
prêter son ministère pour un catholique et, dans son
premier moment de satisfaction, il s'écria : « Qu'on
lui donne 25 louis pour les pauvres; mais lui, que
lui donnerons-nous? » Se souvenant alors que le
révérend prenait du tabac, il lui envoya une fort
jolie boîte de Chine, en argent finement travaillé. Le
pasteur reçut l'un et l'autre. Mais, quelques jours
après, pris de scrupules au sujet de ce cadeau, parce qu'il était défendu de recevoir la moindre chose
sans l'entremise du gouverneur, il se décida à garder
l'argent et à renvoyer la boîte. Il écrivit donc au docteur O'Meara, avec lequel il était lié, et joignit l'objet à sa lettre, en le priant de faire parvenir le tout à
Longwood. L'envoi fut remis à l'un des muletiers
qui allaient tous les matins aux provisions; de sorte
que la lettre fut interceptée et remise au gouverneur,
qui en prit connaissance. Puis, au lieu de recacheter
la lettre et de la renvoyer à son adresse, pour voir ce
qui en résulterait, il garda la lettre et renvoya la
boîte, bien convaincu que celui à qui on la renvoyait
était celui qui l'avait remise. Il ne songea même pas
à faire venir le prêtre, qui partit peu après en congé.

O'Meara, qui n'avait pas eu connaissance de la
lettre, n'en parla naturellement pas à Hudson Lowe;
aussi, son imagination s'échauffant, il crut découvrir

NAPOLÉON À LONGWOOD.

D'après Horace Vernet.

une grande conspiration, dont le docteur était l'âme,
il lui envoya aussitôt le règlement de l'île et lui in-
fligea plusieurs jours d'arrêts, que le docteur garda
scrupuleusement. C'est alors que Bonaparte ne voulut plus le recevoir, disant qu'il ne pouvait avoir
aucune confiance dans un homme qui n'était pas à
lui, mais entièrement au gouverneur.

Enfin, Hudson Lowe commit la grande maladresse
de proposer un autre médecin qu'il voulait introduire
à Longwood depuis longtemps, le docteur Baxter,
qui déplaisait souverainement à l'Empereur. Celui-ci
dit hautement que le gouvernement anglais voulait
l'empoisonner, puisqu'on lui enlevait son médecin de
confiance. De là s'ensuivit une correspondance où,
selon M. de Montchenu, « le gouverneur fut bien
maltraité. Car ces messieurs se permettent tout contre lui et il tremble devant eux. Ils le savent, le disent
et s'en amusent; c'est le seul plaisir qu'ils aient. »

Au bout de trois semaines, l'Empereur, prétendant
être très malade et ne voulant voir aucun médecin,
préférant, disait-il, la mort naturelle au poison, la
peur s'empara du gouverneur, et il rétablit les choses
telles qu'elles existaient auparavant; O'Meara reprit ses anciennes fonctions, jusqu'au moment où il
fut brutalement embarqué pour l'Europe.

« Depuis toutes ces scènes, le gouverneur n'a pas
cessé d'être en fureur, et je ne serais pas étonné d'apprendre bientôt que sa petite tête a succombé sous
le poids énorme de la garde d'un petit rocher

inaccessible, défendu par une armée de terre et de mer... Pendant ces disputes continuelles, il oublie tout... Cependant, la garde de Bonaparte n'en est pas moins assurée, et pourtant il pourrait être absent de Longwood pendant plusieurs jours, sans qu'Hudson Lowe s'en doutât. Bertrand disait, l'autre jour, qu'il sait si peu ce qui se passe, que si l'Empereur venait à mourir et qu'ils eussent intérêt à cacher sa mort, on ne la lui apprendrait que lorsque l'état du mort serait à craindre pour la santé des vivants... Il faut pourtant nous rassurer, car si Bonaparte échappait, il ne pourrait le faire que seul, ce qu'il n'oserait jamais. D'ailleurs, s'il échappait aux sentinelles, aux postes et aux patrouilles, la mer est tellement gardée qu'il est à peu près impossible qu'une barque puisse approcher des endroits praticables... Depuis que le gouverneur est brouillé avec O'Meara, il n'est plus instruit chaque jour de ce qui se passe à Longwood ; il y a bien un officier d'ordonnance, mais cet officier craint d'entrer chez Bonaparte et se contente de le voir quand il sort ; quant à Hudson Lowe, il y a vingt-deux mois qu'il n'a osé se présenter chez lui. »

Tel était l'homme auquel l'Angleterre avait confié la garde de Napoléon ! Infatué de lui-même et cherchant toutes les occasions de déplaire à l'Empereur en lui faisant subir mille tracasseries, il perdait la tête dès que son prisonnier lui faisait sentir qu'il avait été le souverain de l'Europe. Il était impossible de rencontrer un homme moins pondéré et aussi extravagant; suivant le baron de Stürmer (1), « la plupart de ses actions devaient être attribuées à la bizarrerie d'un caractère à nul autre pareil ». Aussi les relations des commissaires étrangers devenaient-elles, chaque jour, de plus en plus difficiles avec lui et, ne voulant plus s'adresser à Plantation-House pour entendre parler de l'Empereur, ils tâchaient de se renseigner auprès des personnes de la suite de Napoléon et entraient, de plus en plus, en relations avec Montholon, Bertrand et Marchand.

Ceux-ci cherchaient toutes les occasions de se rapprocher des envoyés des puissances, qui espéraient, de leur côté, qu'avec le temps il arriverait un moment où ils seraient admis auprès de l'Empereur. Voici, d'ailleurs, une anecdote qui montre combien la situation des commissaires s'était modifiée : un jour que la température assez douce semblait engager à une promenade, le comte de Balmain et M. de Montchenu se dirigèrent à cheval vers le jardin de la Compagnie, dans un joli vallon situé au-dessus de Longwood. A peine étaient-ils arrivés dans ce jardin que toutes les personnes de la suite de l'Empereur, qui les observaient d'en haut, y descendirent et leur firent un excellent accueil, « se félicitant de les voir dans leurs parages ». Puis, presque aussitôt, Napoléon leur envoya une excellente collation, servie

____

(1) *Rapports du baron de Stürmer*, p. 182.

avec toute la recherche possible dans sa vaisselle de campagne et apportée par son maître d'hôtel et tous ses gens.

« Le gouverneur n'a pas osé me parler de cet incident, dit **M**. de Montchenu; mais comme on ne lui a jamais fait une pareille politesse, je suis sûr qu'il en est extrêmement jaloux. Je ne ferai pas semblant de m'en apercevoir, parce que ces rencontres sont un des meilleurs moyens de savoir ce qui se passe et de nous assurer continuellement de la présence du prisonnier, puisque, par égard pour lui, nous ne pouvons pas le voir. Il nous a cependant fait dire ce jour-là que, quant à lui, il n'y mettrait aucune opposition. Mais la forme est embarrassante ; personne ne veut voir le gouverneur, et je ne peux pas prier Bertrand de me présenter ! »

CHAPITRE V.

Dès les premiers jours de l'année 1818, le gouvernement autrichien, sentant combien était inutile le rôle joué par son commissaire à Sainte-Hélène, fit savoir au baron de Stürmer qu'il devait considérer sa mission comme terminée; en même temps, on l'avisait que le marquis de Montchenu serait chargé de correspondre avec le prince de Metternich.

Cette nouvelle ne parvint dans l'île qu'au mois de juin, et causa une vive satisfaction au gouverneur, « qui en fut si content, dit le marquis, qu'il n'eut rien de plus pressé que d'envoyer sur le moment même au baron la lettre du prince Esterhazy, et il me le fit aussi savoir par une petite note, bien qu'il eût expressément recommandé à M. de Stürmer de m'en faire part sur-le-champ... Depuis lors, il a repris du calme ; il est aux petits soins pour le baron et il lui a écrit une très jolie lettre d'adieu (1). Ma nomination ne lui a pas ôté l'idée que l'Autriche avait eu une arrière pensée ; cette opinion est partagée ici par tous les Anglais de marque, et l'amiral Malcolm en était convaincu.

« Une chose cependant assez singulière, mais qui peut-être aussi ne signifie rien, c'est que M. de Stürmer a reçu l'ordre, qu'il m'a communiqué officiellement, de ne laisser ni instructions ni correspondance antérieure, enfin aucun papier relatif à sa mission, sous prétexte que, devant être dirigé par ma cour, celle d'Autriche approuve tout ce que je ferai ; en conséquence, il a tout emporté. »

A la suite de ces réflexions, M. de Montchenu envoie un bulletin de la santé de l'Empereur. « Bonaparte est réellement mal ; il paraît bien certain

(1) « Je ne veux pas laisser s'effectuer votre départ sans vous remercier de l'aide que vous avez bien voulu me donner, plusieurs fois, dans l'accomplissement de mes devoirs et de l'amabilité avec laquelle vous m'avez toujours communiqué vos instructions, qui se sont toujours trouvées conformes aux miennes. Dans l'espérance que vous trouverez, dans le poste que vous allez occuper, de nombreuses occasions de vous distinguer et de rendre service à votre gouvernement, j'ai l'honneur, etc.

Signé : « H. Lowe. »

(*Rapports du baron de Stürmer*, p. 285.)

qu'il a déjà une obstruction au foie et, ce qui le prouve, c'est qu'il s'est enfin décidé à prendre du mercure en si grande dose, que ses nerfs en ont été attaqués. Il a des maux de tête continuels; depuis longtemps, il a bien de la peine à se résoudre à s'habiller et surtout à se faire la barbe. Enfin, il est tombé dans une grande apathie. Quand on parvient à le réveiller un peu, il fait alors appeler Montholon et lui dicte, pendant plusieurs heures de suite, des morceaux de son histoire par fragments. Il traite à fond un chapitre et passe ensuite à un autre, qui n'y a aucun trait. Il fait, d'autres fois, des révélations très précieuses : il parle des rapports qu'il a eus avec tel souverain, tel ministre, tels généraux, et souvent de ce qu'ils lui ont coûté; il nomme alors tous les individus. Souvent, le lendemain, il se fait rapporter ce qui a été écrit et le déchire lui-même, en disant que ses mémoires pourraient tomber entre les mains des Anglais, et qu'il les hait trop pour leur laisser rien de lui. Montholon prend à son insu des notes; il prétend avoir de quoi en faire plusieurs volumes très intéressants et surtout beaucoup d'argent. J'avoue que je voudrais avoir de quoi les acheter, je le ferais bien certainement. »

Revenant alors sur la collation qui avait été offerte récemment aux deux commissaires par Bonaparte, M. de Montchenu prétend que cet incident s'est produit à la suite d'une entente entre les habitants de Longwood et le comte de Balmain : « Il avait été spécialement chargé de me conduire et on lui avait sûrement désigné le jardin de la Compagnie, car il n'y a pas d'instances qu'il ne fît pour m'y faire descendre. Il ne se doutait cependant pas du goûter. Bonaparte avait alors un cuisinier français appelé Lepage et une cuisinière wallonne, que le gouverneur avait amenée et qu'il lui avait cédée. Ces deux individus ont été chassés subitement pour avoir osé aller chez le gouverneur à son insu. Ils lui ont raconté que Bonaparte s'était occupé lui-même de ce goûter et qu'ayant appris que nous l'avions trouvé bon, il en avait fait préparer un magnifique pour le dimanche suivant (nous n'y fûmes point, ne nous en doutant pas); qu'il avait fait venir son cuisinier et qu'en lui commandant chaque plat en particulier, il répétait toujours : «Que ce soit bon, très bon, ces pauvres malheureux ne mangent que de la viande salée; les Français surtout seront si heureux de retrouver quelques plats de leur pays! Que ce soit très bon! » — Il ne pourrait pas faire aujourd'hui la même recommandation, car il est réduit à un cuisinier chinois, qui est ce qu'il y a de pis en tout. » Le marquis ajoute : « Le gouverneur espère que le roi s'amusera beaucoup de cette historiette. »

23 *juillet* 1818. — «... Bonaparte, alarmé sur sa santé, a voulu avoir l'avis d'un nouveau médecin, mais il n'a pas voulu voir celui du gouverneur; il

a fait demander celui du *Conquérant* (1). D'après
la consultation, il a été avéré que l'obstruction au
foie était formée. Les étouffements de poitrine ayant
diminué, il a recommencé le mercure. Il y a au
moins trois semaines qu'il n'est sorti de sa chambre
et même peu de son lit ou de sa chaise longue. Le
gouverneur, fatigué de ne pouvoir rien apprendre
de positif sur l'état exact de son prisonnier, vient de
changer d'officier d'ordonnance; il y a établi un ancien lieutenant-colonel irlandais, en retraite, qu'il
a amené comme inspecteur des milices, très brave et
très honnête homme, et qui parle assez bien français,
ce que ne faisaient pas les deux précédents. Je crains
que le gouverneur ne soit pas plus heureux dans ce
choix que dans les deux autres, parce que cet officier
a été, pendant l'occupation de la Corse par les Anglais, major de la place où habitait la famille de
Bonaparte, qui était, dans ce temps-là, bien loin
d'être opulente. Il a eu le malheur de parler de leur
existence d'alors, et Bonaparte n'a jamais voulu le
recevoir. Voilà ce que quelques personnes appelle-
raient encore une gaucherie!

« ...Toutes les lettres de Sainte-Hélène disant qu'il
y a plus de vingt mois que le gouverneur n'a vu le
prisonnier, le gouvernement anglais a redouté que
cette assertion, souvent répétée, ne fît mauvais effet,
et il a fait insérer dans *le Courrier* du 23 avril, ce

______

(1) Le docteur John Stokoe.

qui suit : « Le gouverneur, ne voulant pas fatiguer Bonaparte par ses visites, communique avec lui par son adjudant général, le lieutenant-colonel sir Th. Reade. Ce gentleman, qui parle très bien l'italien, qui a l'esprit doux et insinuant, lui porte les intentions du gouverneur. On peut dire que c'est celui de tous les Anglais qui le connaît le mieux et qui est le plus en état de juger de toutes ses affections secrètes. »

Lorsque cet article parut, on en plaisanta longuement, à James-Town, aux dépens du général Lowe et l'on supposa que c'était lui qui l'avait inspiré. La vérité est que l'officier d'ordonnance ne fut admis chez l'Empereur qu'une seule fois et qu'il fut bientôt plus mal vu à Longwood que son chef lui-même. Du reste, à partir de ce moment, il devint de plus en plus difficile aux étrangers d'apercevoir Napoléon, qui restait quelquefois une semaine entière sans sortir, de sorte que le colonel Reade, pour s'assurer qu'il était toujours vivant, en était réduit à se contenter de l'entrevoir, « lorsqu'il passait d'une pièce dans une autre (1) ».

A la suite de plaintes réitérées sur l'installation défectueuse de Longwood, le gouvernement anglais finit par se résoudre à bâtir la maison de bois qui avait été préparée à Londres dès 1816 et envoyée dans l'île, toute prête à être édifiée. « Ce n'était pas

______

(1) Thiers, *Consulat et Empire,* t. XX, p. 680.

cependant une *maison-parapluie*, comme on l'a
nommée, mais seulement une réunion de matériaux
destinés à être employés, au choix de l'Empereur,
soit à construire une maison séparée, soit à faire
des additions vastes et commodes à l'habitation qu'il
occupait déjà (1). » L'Empereur ayant refusé de faire
connaître sa façon de penser sur cette construction
et, la visite que lui fit H. Lowe à ce sujet ayant dégé-
néré en une discussion très orageuse, on supposa
que « Napoléon préférait sa demeure vieille et in-
commode, avec le droit de s'en plaindre, à une
maison neuve et plus convenable, dont la possession
lui eût fermé la bouche sur un sujet aussi fertile en
reproches (2) ». Cependant, il fut décidé qu'une
nouvelle construction s'élèverait, non loin de Longwood, sur l'emplacement de l'ancienne demeure de
M. de Stürmer (3). « C'est, sans contredit, ajoute
M. de Montchenu, l'endroit le plus agréable de l'île
et celui, pour ne pas dire le seul, où il y ait du couvert. — Quand sera-t-elle habitable? Je l'ignore. On
dit dans deux ans. Qui sait ce qui existera dans
deux ans ?... Ce terme me rappelle la réponse que
Bonaparte fit au gouverneur quand, après son arrivée, il lui proposa de bâtir : « En deux ans, il y aura

(1) W. Scott, *Vie de Napoléon Buonaparte.* t. XVII , p. 270.
(2) *Ibidem*, p. 279.
(3) « On présenta plusieurs plans à l'Empereur, mais il n'en
décida aucun, disant : « Que l'on m'apporte la clef d'une maison
habitable, et alors on aura le droit de m'y faire entrer. » (Montchenu, lettre du 22 septembre 1818.)

changement de ministère en Angleterre ou un nouveau gouvernement en France, et je ne serai plus ici! » Il l'a nié depuis, mais je sais par le gouverneur que c'est littéralement ce qu'il a dit. »

La maison de bois s'éleva assez promptement, mais « il arriva qu'elle était entourée d'un fossé profond, fermé par une rampe en fer travaillé. Napoléon n'eut pas plus tôt vu ces préparatifs, que les idées de fortifications et de donjon entrèrent dans sa tête et il ne fut pas possible de le convaincre que ces barrières n'avaient pas pour but d'ajouter aux moyens employés pour le tenir prisonnier (1). » Il ne quitta jamais Longwood et mourut dans la chambre qu'il occupait depuis qu'il avait quitté la maison Balcomb.

Revenant ensuite sur le départ du Dr O'Meara et sur différents propos qu'il aurait tenus avant de s'embarquer, M. de Montchenu prétend « qu'il a déclaré, par écrit, que la santé de Bonaparte avait tellement besoin de soins continuels, qu'il se croyait obligé de dire que, s'il n'avait pas sur-le-champ un médecin, il serait certainement mort avant l'arrivée de celui qu'on attendait ». A quelques jours de là, la prédiction du docteur sembla se réaliser, car l'Empereur, se sentant sans doute plus souffrant, demanda à voir le docteur Verling, de l'artillerie royale, avec qui il avait fait la traversée et qui alla s'établir auprès de lui pendant quelque temps.

---

(1) W. Scott, *Vie de Napoléon Buonaparte*, t. XVII, p. 280.

Depuis le commencement de sa mission, M. de
Montchenu avait eu soin d'envoyer, par toutes les
occasions qui se présentaient, et elles étaient rares
au gré de ses désirs et de son zèle, une correspondance détaillée, qui parvenait directement au ministre
des Affaires étrangères. Moins fréquentes furent les
réponses qu'il reçut de Paris ; et cependant il avait
grand besoin d'encouragements pour ne pas se
laisser abattre par les difficultés qui se dressaient à
tout instant, qu'elles vinssent du caractère ombra-
geux du gouverneur ou qu'elles lui fussent suscitées
par la nature même de ses rapports avec Longwood.
Dans une lettre du 27 août 1818, le duc de Richelieu l'exhorte à ne pas se laisser aller au sentiment
qui le pousserait à s'éloigner de plus en plus d'Hudson Lowe afin d'éviter, de la sorte, toute discussion ;
néanmoins, sa condescendance ne doit pas être
poussée jusqu'au point de se priver des moyens de
connaître tous les détails possibles sur la vie de
Bonaparte : « En conséquence, j'approuve beaucoup que vous cherchiez à multiplier les rapports
avec les personnes qui l'entourent. Ne pouvant le
voir lui-même, c'est le seul moyen de savoir quelque chose de son existence et de ses dispositions
physiques et morales. Il nous importe tellement de
les connaître, il est si évident que la grande dépense
occasionnée par votre séjour à Sainte-Hélène ne
peut avoir d'autre but, que je ne puis croire à une
sérieuse opposition de la part de H. Lowe. Elle

serait, d'ailleurs, contraire à l'indépendance qui appartient au caractère public dont vous êtes revêtu. Le point où vous résidez est, pour nous, le point du monde le plus important; toutes nos lunettes doivent être incessamment braquées sur ce rocher; rien de ce qui s'y passe ne saurait nous être indifférent et vous devez être en état de nous dire ce qu'on y médite et ce qu'on peut, à toute rigueur, entreprendre et exécuter. Méditez bien l'immense responsabilité qui pèse, en grande partie, sur vous et ne négligez aucun moyen d'être bien informé. Le roi vous saura gré de tout ce que vous ferez pour le tenir instruit des projets et des espérances des habitants de Longwood, et la manière la plus sûre d'en être bien informé vous-même est d'entretenir, autant qu'il se pourra, des rapports avec eux. Si vous éprouviez des difficultés de la part des autorités anglaises, ne manquez pas de me le mander avec détail, pour que je puisse intervenir auprès du gouvernement britannique afin de les faire lever. »

Ces instructions sont une preuve irrécusable de la réelle importance que le gouvernement de Louis XVIII attachait à la mission de son commissaire, et elles lui indiquent bien nettement quelle doit être sa manière d'agir à l'égard de l'entourage de Napoléon; aussi, à partir de ce moment, le voyons-nous se rapprocher de plus en plus des personnes qui vivent avec l'Empereur; il saisit toute occasion de les rencontrer, de s'entretenir avec elles, dans l'espoir, sans doute, qu'avec un peu de patience il pourra pénétrer jusqu'auprès de Napoléon et se rendre compte, par ses propres yeux, de l'état de son prisonnier.

Cependant, les nouvelles données par Las Cases sur la situation intolérable faite à Bonaparte par le gouvernement anglais commençaient à avoir un certain retentissement en Europe, et plusieurs requêtes en faveur de l'illustre captif furent adressées aux souverains alliés, qui se trouvaient alors au congrès d'Aix-la-Chapelle. Pie VII, lui-même, éleva la voix en faveur de celui qui l'avait abreuvé de tant d'amertumes et écrivit directement au cabinet de Saint-James : « Napoléon est très malheureux; nous avons oublié ses torts; l'Église ne doit jamais oublier ses services... Savoir que cet infortuné souffrirait pour nous est déjà presque un supplice... Nous ne voulons, nous ne pouvons participer en rien aux maux qu'il endure ; Nous désirons, au contraire, du plus profond de notre cœur, qu'on les allège et qu'on lui rende la vie plus douce ! »

En même temps que le souverain pontife faisait entendre sa voix compatissante, de Rome aussi s'exhalait la plainte d'une mère, dont le cœur saignait en songeant aux souffrances endurées par son fils sur le rocher de Sainte-Hélène; Madame Mère, par l'entremise du cardinal Fesch, s'adressait aux alliés dans un langage profondément touchant :

« Une mère affligée au-dessus de toute expression

a espéré, depuis longtemps, que la réunion de Vos Majestés lui rendrait le bonheur. Il n'est pas possible que la captivité prolongée de l'empereur Napoléon ne prête pas l'occasion de vous en entretenir et que votre grandeur d'âme, votre puissance, les souvenirs des événements passés, ne portent Vos Majestés à vous intéresser à la délivrance d'un prince qui a eu tant de part à leur intérêt et même à leur amitié. Laisseriez-vous périr dans un exil de tourments un souverain qui, confiant dans la magnanimité de son ennemi, se jette dans ses bras?

« Mon fils aurait pu demander un asile à l'Empereur, son beau-père, il aurait pu s'abandonner au grand caractère de l'empereur Alexandre, dont il fut l'ami ; il aurait pu se réfugier chez S. M. Prussienne qui, sans doute, se voyant implorée, ne se serait rappelé que son ancienne alliance. L'Angleterre peut-elle le punir de la confiance qu'il lui a témoignée?

« L'empereur Napoléon n'est plus à redouter, il est infirme ; fût-il plein de santé, eût-il les moyens que la Providence lui mit jadis dans les mains, il abhorre la guerre civile.

« Sires, je suis mère et la vie de mon fils m'est plus chère que ma propre vie ; pardonnez à ma douleur la liberté que je prends d'adresser à Vos Majestés cette lettre. Ne rendez jamais inutile la demande d'une mère, qui réclame contre la longue cruauté exercée contre son fils. Au nom de Celui qui

est bon par essence et dont vous êtes l'image, intéressez-vous à faire cesser les tourments de mon
fils ; intéressez-vous à sa liberté. Je le demande à Dieu,
je le demande à vous, qui êtes ses lieutenants sur
la terre ! La raison d'État a des limites et la pos-
térité, qui immortalise tout, adore par-dessus tout
la générosité du vainqueur. »

Cette supplique parvint-elle aux vainqueurs de
Napoléon ? Elle fut envoyée par le cardinal Fesch
au comte de Las Cases, qui se trouvait à Mannheim ;
mais il est peu probable que les alliés en eurent connaissance ; en tout cas rien ne fut modifié dans l'attitude du général Lowe à l'égard de Napoléon, et
Madame Mère n'obtint jamais l'autorisation, maintes
fois demandée, d'aller partager la captivité de son
fils.

Ce fut aussi vainement que le roi Jérôme s'adressa
au prince régent d'Angleterre ; sa lettre ne reçut
aucune réponse, bien qu'il ne demandât qu'à aller
faire un court séjour à Sainte-Hélène, accompagné
de sa femme et de son fils... « Les sentiments qui
m'inspirent cette démarche ne sauraient être étrangers à l'âme de V. A. R., écrivait-il, c'est l'attachement, c'est la reconnaissance envers un frère qui fut
longtemps mon père et mon bienfaiteur ; c'est le
désir, partagé par ma femme, d'adoucir sa captivité
par nos soins et par nos respects ; c'est enfin le besoin de lui prouver que sa famille ne fut jamais
ingrate envers lui et, qu'au contraire, il est plus que

jamais un objet d'amour et de vénération pour elle. Des motifs aussi sacrés pour tous les hommes seront, sans doute, appréciés par **V. A. R.** En faisant droit à ma demande, elle honorera l'humanité et acquerra des droits à la reconnaissance de toute ma famille.

Signé : « JÉROME. »

A Schœnau, avril 1818.

22 *septembre* 1818. — « Bonaparte dit être très malade depuis le départ d'O'Meara, écrit le commissaire du Roi; il a, dit-on, continué à s'administrer lui-même du mercure, mais il n'a jamais voulu voir le nouveau médecin établi à Longwood, qu'il connaît beaucoup et qu'il aimait : c'est le médecin de l'artillerie royale (1), avec lequel il avait fait la traversée. Il s'est contenté de le recommander à sa cour, en en faisant l'éloge.

« Tout d'un coup, comme par miracle, il s'est trouvé très bien et si bien que, le 31 août, il s'est habillé et s'est promené fort longtemps, sans cependant sortir de sa première enceinte, ce qu'il n'avait pas fait depuis plus de six mois. Aussi s'est-il enrhumé et il n'a pas encore recommencé; le temps, à la vérité, n'est pas bien engageant... Il est cependant vrai qu'il a les jambes enflées, des dents et beaucoup de cheveux de moins. »

Montholon disait, à cette époque, à M. de Mont-

____

(1) Le docteur Baxter.

chenu que le caractère de l'Empereur était bien
changé, qu'il était devenu d'une grande insouciance,
poussée quelquefois jusqu'à l'apathie; il profita même
de cet état d'esprit pour faire sentir à Napoléon que
son genre de vie finirait par le tuer, et qu'il serait
plus sage de prendre son parti de sa position, de
voir quelques personnes et surtout de tenter un
rapprochement avec le gouverneur. A ce moment,
cette proposition sembla convenir et on décida
même d'arrêter une liste des personnes qui seraient
reçues à Longwood; dans ce nombre, se trouvaient
le brigadier-général et sa femme, deux ou trois officiers supérieurs, le nom même du comte de Balmain
et du marquis de Montchenu fut prononcé. Mais on
avait compté sans l'intervention du grand-maréchal
Bertrand, qui s'écria aussitôt : « Ah! Sire, et votre
gloire? Que dira-t-on en Europe si V. M. a l'air de
se reconnaître prisonnier et de renoncer à vouloir
être traitée en empereur? » Tout aussitôt, un revirement se produisit, et il ne fut plus question d'un
rapprochement avec H. Lowe. « C'est un fanatique
très dangereux que ce Bertrand, fait observer le marquis, il ne peut pas s'accoutumer à l'idée qu'il n'est
plus gouverneur de l'Illyrie et grand-maréchal; sa
tête n'a jamais un moment de calme. Tous les gens
de Bonaparte l'appellent cependant *Monseigneur*
et ceux de la cour, *Monsieur le maréchal*, mais
cela ne lui suffit pas. »

A quelques jours de la, eurent lieu des courses

de chevaux, qui venaient d'être organisées dans l'île et qui furent le prétexte d'une petite scène. Le piqueur de l'Empereur crut qu'il pouvait tout se permettre, étant revêtu de la livrée impériale; pendant la course la plus intéressante, il se rendit dans l'enceinte et, au moment où les chevaux passèrent devant lui, se joignit aux officiers qui les montaient. On commença par le huer, puis des cris on passa aux coups et la foule le laissa à moitié mort. Comme cet incident se produisit dans la plaine de Longwood, Napoléon l'apprit aussitôt et fut fort irrité contre son serviteur. Il le traita de la manière la plus dure, lui ordonna de garder les arrêts pendant un mois et lui défendit de sortir dorénavant sans ordre.

29 *septembre* 1818. — Non contents d'exercer une surveillance permanente sur le captif de Sainte-Hélène, les ministres anglais jugèrent nécessaire, à partir de cette époque, de soumettre l'Empereur au règlement sévère, et surtout humiliant, dont lord Bathurst était l'auteur et que le gouverneur n'appliquait que dans une certaine mesure. Jusqu'alors Bonaparte s'était refusé au contrôle journalier qu'on voulait lui imposer, par la visite d'un officier chargé de constater, *de visu*, sa présence. Une dépêche du gouvernement britannique enjoignit à H. Lowe d'envoyer, matin et soir, l'officier de garde dans l'appartement de Napoléon, pour acquérir la preuve

certaine qu'il n'avait pas échappé à sa surveillance.
En échange de cette sujétion, on lui offrait, comme
compensation, la faculté de se promener seul dans
l'île, et même les sentinelles devaient être écartées
pendant le jour.

Le résultat de cette nouvelle vexation fut d'empêcher l'Empereur de sortir de Longwood pendant un
certain temps, car jamais il ne voulut se soumettre
à la visite de l'officier de service, qui ne put arriver
à pénétrer dans ses appartements. Mais la santé
de Napoléon, déjà dangereusement atteinte, s'en
ressentit encore, car il éprouva dès lors de plus
violentes douleurs au côté et, pour les faire cesser
ou du moins les atténuer, il prit l'habitude de rester,
des heures entières, dans un bain assez chaud, ce
qui l'affaiblit rapidement. « Bientôt ses jambes en-
flèrent, et il éprouva aux extrémités un froid persis-
tant, qu'on avait la plus grande peine à combattre
par l'application d'une chaleur extérieure et prolongée. Son pouls, qui avait à peine cinquante-cinq
pulsations dans son état ordinaire, accusait une
circulation du sang très difficile. Corvisart avait
jadis pronostiqué à l'Empereur que si jamais il cessait de mener une vie active, il s'en ressentirait
gravement, car la circulation, déjà lente chez lui, le
deviendrait davantage, ce qui entraînerait des conséquences fâcheuses, telles que l'enflure aux jambes.
Napoléon, en voyant se réaliser ces prophéties d'un
grand médecin, n'en témoignait aucun chagrin et

semblait y voir, au contraire, sa libération pro-
chaine » (1).

« Pendant cette longue retraite, dit M. de Montchenu, Bonaparte se délasse en faisant décocher par
Bertrand quelques *billets doux* au gouverneur, sur
plusieurs feuilles de grand papier. Quand ils sont
sûrs à Longwood que le *poulet* a été reçu, ils re-
prennent en famille la minute et, tout en la relisant,
ils s'amusent à contrefaire la figure que le gouverneur a dû faire en lisant telle ou telle ligne; et voilà
un passe-temps de quelques jours. S'il survient une
réponse, le plaisir est complet. »

*Résumé d'une conversation entre M. de Mon-
tholon et le marquis de Montchenu* (déc. 1818.)

« Bonaparte paraît avoir reçu la nouvelle loi
d'élections (2). Il la trouve encore trop populaire; il
voudrait, avant tout, qu'on pût substituer le mot
contribution *foncière* au mot contribution *directe*. Il
voudrait que celle des portes et fenêtres ne fût
comptée qu'au propriétaire seul, dans le cas où il ha-
biterait sa maison en entier, et seulement sa quote-
part pour la partie qu'il habite. Il voudrait que l'on
ne pût être élu que par les départements où l'on
paye la somme nécessaire pour être député. Il est très
étonné qu'un département se fasse l'injure de ne pas

(1) Thiers, *Consulat et Empire*, t. XX, p. 480.
(2) M. de Montchenu veut sans doute faire allusion à la loi du
5 février 1817.

trouver dans son sein le nombre suffisant de membres pour être envoyés à la Chambre ; aussi , dit-il, voyez tous les députés pris hors de leurs départements, ils habitent tous Paris! Il voudrait aussi que tous les présidents et vice-présidents, au lieu d'être pris dans les partis, fussent choisis parmi les personnes du département qui ont le plus d'influence par leur situation ou la considération dont elles jouissent.

« Il entre en fureur contre ceux qui ont ouvert une souscription en faveur des personnes qui pourraient être arrêtées, d'après la nouvelle loi sur la presse (1). « C'est afficher, dit-il, le plus profond mépris pour les lois , et annoncer un projet de révolution ouverte ; enfin, c'est insulter formellement à l'autorité du roi et à celle des Chambres. Certes , on n'eût pas osé proposer cela de mon temps ! »

« Il a été vivement frappé des affaires espagnoles : « A quoi sert la Sainte-Alliance, puisqu'elle a laissé détrôner le roi d'Espagne? Et par qui? Par l'armée... Les souverains ne voient pas combien ce genre de révolution doit leur être funeste. » Son humeur a redoublé quand il a appris la catastrophe de Naples : « Cela ne me serait pas arrivé, parce que l'armée me connaissait et que je la connaissais. Je la voyais presque tous les jours ou dans les camps, ou dans les tournées que je faisais, à l'exemple du grand Frédéric... Je passais des revues très rigoureuses, je

____

(1. La loi sur la presse. du 21 octobre 1814. avait rétabli la censure.

voyais tout dans le plus grand détail, il n'y a rien de si ridicule que de passer en courant dans les rangs. L'officier et le soldat s'accoutument à vous regarder comme une machine élastique, faite pour courir et ne rien voir. Pour pouvoir donner des louanges, il faut savoir blâmer; il faut chercher des fautes; il faut pouvoir nommer un officier distingué, un sous-officier, même un soldat qui aura mérité la croix. Voilà ce qui flatte l'armée et ce qui l'attache! C'est souvent par de très petits moyens que l'on gagne la confiance. »

« Bonaparte voudrait qu'autant que possible les colonels eussent de la fortune et surtout une bonne éducation, car, pour la plupart du temps, l'estime et le respect pour le chef font plus que les punitions.

« Il revient souvent sur l'affaire de Naples, parce que cette révolution ne pouvait pas être prévue comme celle d'Espagne. Il croit que Naples va décider du sort de l'Italie, et il est très persuadé que c'est un incendie qui fera le tour du monde. Cette idée paraît lui être pénible, parce que, dans tout cela, il ne voit point de place pour lui.

« Il convient que son insouciance en matière de religion lui a été funeste, et surtout son antipathie pour le culte catholique. C'est ce qui lui fait prévoir que le roi de Hollande perdra les Pays-Bas. Sans doute, toute religion doit être protégée; mais on doit rendre la religion catholique aussi auguste que

possible, et elle doit avoir le culte extérieur que tout
le monde doit respecter, quelque religion qu'on pro-
fesse. En cela, on ne ferait que suivre ce qui se pratique dans tous les pays où l'on tolère plusieurs religions. Dans la plus grande partie des États, la loi
exige que les grands fonctionnaires soient de la religion reconnue par le pays; en Angleterre, les pairs
catholiques ne peuvent pas siéger dans la Chambre
haute; le roi lui-même est obligé de faire sa profession de foi et de la jurer; en Saxe, tous les fonctionnaires civils doivent être luthériens... « Je n'étais
entouré que d'athées, ajoute-t-il, qui me persuadèrent
facilement que je pouvais réglementer la religion
comme tout le reste. Le Pape ne voulut pas se prêter
à mes volontés, je le fis arrêter, et ce coup d'État
a été une des principales causes de ma chute. »

« Il revient avec une grande complaisance sur la
conduite qu'il tiendrait s'il remontait sur le trône
de France : « J'ai fait de grandes fautes, répète-t-il,
mais je les connais, car j'ai eu le temps de réfléchir;
je sais qu'une nation qui a joui d'une constitution
représentative ne peut plus reculer. J'avais senti
moi-même le besoin d'une représentation et j'avais
créé un Sénat, un Corps Législatif et un Tribunat.
L'insolence de ce dernier me le fit réformer. Je voulais
des représentants, mais je les voulais à mes ordres
jusqu'à ce que je fusse parvenu à mon but. Aujour-
d'hui, tout est changé; il ne s'agit plus d'établir,
mais de consolider. Je ne vois pour cela que deux

moyens : une bonne représentation nationale, car sans elle on ne peut rien faire; l'autre est de s'occuper sans retard de relever la morale et la religion. Il ne faut jamais perdre de vue que le pire des États est l'État populaire. »

« C'est pourquoi, faisait remarquer M. de Montholon, Napoléon attend avec une vive impatience le résultat des nouvelles élections, car il s'est fait de la Chambre des Pairs une idée tout à fait opposée à celle que le gouvernement a adoptée jusqu'à ce jour. Suivant lui, il faut améliorer la constitution, mais c'est de sa stricte observation que dépend le salut de l'État.

« Les journaux libéraux sont ce qui l'inquiète le plus, car ce sont ceux qu'on lit davantage. Il sait qu'il n'est point aimé des libéraux, et il voudrait qu'il ne pût s'établir aucun journal sans la permission expresse du roi. « On devrait être très difficile à l'accorder, car il y a beaucoup trop de journaux, et le roi doit avoir le droit de les suspendre et de les supprimer. Je sais bien que de très fortes amendes sont un bon moyen de les arrêter, mais est-on toujours sûr de les faire prononcer avec un jury et la composition actuelle des tribunaux? Un jury impartial peut-il exister? La cour de cassation est encore plus mauvaise; je lis tous les jours de ses arrêts, qui me mettent en fureur. Je casserais celle qui existe et, comme il en faut une, je la remplacerais comme autrefois par le conseil d'État qui, par là, deviendrait constitutionnel. On pourrait alors remédier à la mauvaise foi du jury, si l'on tient à ses décisions. Il vaudrait cependant mieux le supprimer. »

Il reconnaît, dans un autre ordre d'idées, l'utilité des pétitions particulières, mais il faudrait qu'on en déterminât la forme d'une manière très précise, et d'après des règles qu'on ne pourrait transgresser, sous peine d'une très forte amende. « On doit avoir le droit de se plaindre d'une vexation arbitraire, d'un déni de justice. Dans l'ancien temps, les employés du gouvernement, les intendants même étaient soumis à la juridiction des parlements. Mais qu'a de commun le droit qui ne doit être que personnel avec ces pétitions éternelles, signées par des centaines de personnes qui ne savent ni lire ni écrire, dont les noms ne sont point contrôlés, que plusieurs signent par crainte, qui sont toutes jetées dans le même moule? D'autres sont adressées par des écoliers qui reçoivent du gouvernement une instruction gratuite et qui, pour toute reconnaissance, veulent lui imposer des lois ou tout au moins le régenter. Ah! comme de mon temps, ils auraient été conscrits tout de suite!... Je connais toutes les manœuvres; ces adresses des villes et des départements, je les ai malheureusement employées, et je n'en avais pas besoin! Les lois ne doivent être ni approuvées ni blâmées, elles doivent être exécutées... Quand des individus viennent demander des lois directement aux Chambres, ils insultent le roi et les Chambres! »

« ... Il est nécessaire, dit souvent Napoléon, de fermer le plus tôt possible l'Université actuelle et tous les cours. Quel besoin a-t-on de cette quantité de gens de loi, de cette quantité de gens de lettres, qui se croient des hommes importants parce qu'ils ont fait jouer une pièce au Vaudeville? Il en est de même de cette quantité de médecins et de chirurgiens; on en reçoit tous les ans, ainsi que des avocats, vingt fois plus qu'il n'en meurt. Le nombre en est malheureusement si grand, que l'on en ferait une grande armée, bien mauvaise à la vérité, mais bien plus nombreuse que l'armée nationale. Les gens de lettres sont encore plus dangereux; tous ces demi-savants ne peuvent trouver à utiliser leurs talents. Ils dédaignent l'état de leurs pères. Ils n'ont pas de quoi vivre dans leur nouvelle profession; il faut donc qu'ils *grugent* le peuple ou qu'ils meurent de faim. Cependant, comme il faut vivre, ils déclament contre le gouvernement, ce qui jusqu'ici a été un assez bon métier. Il leur faudrait à tous des places pour exercer leurs talents factieux... En fermant, pour le moment, toutes les facultés, je me donnerais le temps de recréer l'Université. Les membres actuels ne méritent aucune retraite; d'ailleurs, un préfet destitué a-t-il une retraite? Pourquoi seraient-ils mieux traités? Ils se trouveront bien heureux de ne pas être recherchés pour leur conduite!... Ils sont tous gangrenés et ils corrompent leurs élèves. Voyez l'état actuel de l'Allemagne; qui a fomenté ces troubles? les professeurs et les soi-disant philosophes qui sortent des universités... En rouvrant ces cours, je limiterais le nombre des étudiants et j'allongerais le plus possible le temps des études; tous ces étudiants seraient soumis à la conscription, excepté ceux qui se destinent à l'état ecclésiastique. Je supprimerais toutes les bourses et j'en donnerais beaucoup aux séminaristes diocésains et quelques-unes aux séminaires archiépiscopaux.

« J'avais formé des lycées qui étaient sur le pied militaire; je travaillais alors pour moi, mais aujourd'hui ce serait une grande bévue. Moi aussi, j'ai eu la manie de la propagation des sciences, mais mon expérience m'a bien corrigé. Quel est l'État qui a besoin de ce grand nombre de sots qui se regardent comme des penseurs? Il faut des cultivateurs, des ouvriers, des fabricants et non pas des philosophes.

« Je voudrais créer tout simplement des collèges, comme autrefois, sauf à modifier le mode des études. L'ancien mode faisait perdre trop de temps aux élèves pour leur apprendre quelques mots de latin, qu'ils oubliaient le lendemain. Je les confierais à deux corps religieux, je choisirais de préférence les bénédictins et les oratoriens. Comme la religion et la morale sont les vrais amis des trônes et de la société, je voudrais que l'éducation religieuse fût très soignée; je ne veux pas des bigots, mais encore moins des athées. Tous les étudiants dans les collèges seraient obligés de professer la religion catholique et d'en suivre tous les exercices. Comme toutes les religions sont tolérées, j'en aurais aussi pour les protestants, que je confierais à des ministres de leur religion. Sur cet article, je me conformerais à ce qui vient d'être établi en Russie.

« Les séminaires diocésains sont suffisants pour la philosophie et la théologie; on pourrait encore établir trois ou quatre séminaires archiépiscopaux pour ceux qui voudraient pousser plus loin l'étude de la théologie et se former dans l'art de la prédication. Tous ces établissements seraient sous la direction des évêques; mais point de Sorbonne, point de corps qui puisse s'attribuer le droit de rendre des décisions; point d'appel au Pape, mais au roi seul, qui consultera le Pape, s'il le croit nécessaire. L'autorité des souverains vient aussi de Dieu, et il y avait des rois longtemps avant qu'il y eût un clergé. Il faut que la loi soit égale pour tout le monde, sauf dans les affaires purement spirituelles. Il faut entourer le clergé de beaucoup de respect, mais point d'autorité; au reste, Joseph II peut être pris pour modèle dans toutes les relations avec le Pape (1).

« En créant de nouveau l'Université, je lui don-

____

(1) Joseph II, empereur d'Allemagne, fils de François Ier et de Marie-Thérèse. Il décida que toute bulle pontificale, pour être valable dans ses États, devait au préalable avoir été revêtue de son approbation.

nerais un chef sous le titre de Directeur général de l'instruction publique; ce directeur ne pourrait, cependant, prendre aucune décision. Il n'est pas nécessaire de dire qu'il faudrait qu'il fût catholique et qu'il jouît d'une grande réputation de morale religieuse, c'est-à-dire qu'il devrait être un homme pieux. C'est un choix bien délicat et bien difficile, car c'est sur lui que doit reposer toute la régénération de la France. On lui adjoindrait un nombre suffisant de directeurs pour pouvoir faire tous les ans une tournée et inspecter tous les collèges. Il s'assurerait, sans se mêler des dogmes, que les leçons des professeurs protestants n'ont rien de contraire aux lois du royaume et que les exercices religieux sont suivis exactement.

« Sans doute, les professeurs des différentes facultés ne doivent pas être des ignorants, mais il est encore plus essentiel que leurs mœurs et leur morale soient pures. Ceux des élèves qui ne seraient pas satisfaits de leurs professeurs nommés par le Directeur pourraient se retirer... Il y a en France une École polytechnique, dont les élèves sortent avec des principes politiques bien dangereux et sans aucune espèce de morale. Mon projet était de la supprimer; cette école n'existait pas autrefois, et nous n'en avions pas moins de très bons officiers d'artillerie, du génie et de la marine. »

CHAPITRE VI.

Les mois s'écoulaient lentement à Sainte-Hélène
sans que le moindre événement digne d'être rapporté
dans la correspondance du marquis de Montchenu se
présentât; aussi ne faut-il pas être surpris qu'aucune
de ses lettres ne porte la date de 1819. Peut-être,
cependant, le marquis aurait-il pu faire mention de
l'arrivée dans l'île de trois personnes qui furent envoyées à l'Empereur par son oncle, le cardinal Fesch.
C'étaient un médecin italien, le docteur Antommarchi, en qui Napoléon avait grande confiance et qui
avait sur ses prédécesseurs l'avantage de parler une
langue qui lui était chère, puis, deux pretres, l'abbé

Vignali et le Père Buonavita. Plusieurs ecclésiastiques avaient, dit-on, brigué la faveur d'aller s'exiler sur le rocher de Sainte-Hélène, pour apporter à l'Empereur les consolations de la religion de ses pères; entre autres demandes, on doit citer celle de M. de Quélen, qui devint plus tard archevêque de Paris (1). L'arrivée de ces personnages causa une véritable joie à Longwood, car ils apportaient aux exilés des nouvelles de France; Napoléon fut le seul qui les vit venir presque avec indifférence, car la maladie dont il se sentait profondément atteint ne lui laissait déjà plus aucun espoir, et ce fut en souriant tristement qu'il dit à son nouveau médecin « qu'il voulait mourir de sa maladie et non des remèdes ».

Cependant, il se laissa examiner sérieusement par Antommarchi et fut assez impressionné en constatant que son diagnostic s'accordait en tous points avec celui des autres docteurs. Comme ses prédécesseurs, le nouveau médecin répéta que l'exercice était le seul remède à apporter aux souffrances de son malade. « Cette médecine était effectivement la seule à laquelle il eût quelque confiance, mais sa répugnance à sortir suivi d'un officier d'ordonnance était toujours la même. Antommarchi lui dit alors que le cheval était un bon exercice, mais qu'il y en avait d'autres et que bêcher la terre serait tout aussi sain...

____

(1) Peyre, *Napoléon et son temps*, 1 vol. in-8°.

Ce fut un trait de lumière pour Napoléon; sur-le-champ il résolut de se mettre au travail et obligea la colonie entière à s'y livrer avec lui (1). »

Vivant désormais plus au grand air, l'Empereur ressentit assez promptement une certaine amélioration : ses forces revinrent graduellement, ses jambes perdirent leur enflure inquiétante, et il put faire, sans fatigue, des promenades dans les dépendances de Longwood. La chasse des petits animaux qui se glissaient dans son jardin lui procura aussi quelques distractions, et il ne se passait pas de jour qu'il n'essayât son adresse sur les rongeurs, qui causaient des dégâts dans ses plantations; il tirait impitoyablement sur tous les animaux qui pénétraient dans la clôture en fer qui entourait l'ancienne propriété de la Compagnie. Le plaisir qu'il éprouvait à tirer des coups de fusil fut même l'origine d'une aventure qui irrita fort le gouverneur. « Bonaparte, se promenant un dimanche matin avec M. de Montholon, rapporte M. de Montchenu, vit monter deux bœufs qui se dirigeaient vers l'une des portes de la clôture. Il alla aussitôt chercher son fusil, le chargea à balle, puis revint s'embusquer et tira sur le premier bœuf qu'il tua raide; il ne fit que blesser le second (2). Le

(1) Thiers, *Consulat et Empire*, t. XX, p. 692.

(2) « Le malin génie de la destruction possédait l'Empereur au point qu'il n'entrait jamais dans la serre chaude de la Malmaison sans couper ou arracher quelqu'une des plantes précieuses qu'on y entretenait... Il avait une carabine dans son cabinet

télégraphe en donna aussitôt avis au gouverneur, qui se transporta sur le lieu. Comme il y a au moins 5 milles de Plantation-House à Longwood, l'officier d'ordonnance avait eu le temps d'observer à Montholon que l'on ne devait pas tirer à balle dans cet endroit, parce que l'on pourrait aisément tuer une sentinelle ou toute autre personne. Montholon répondit très froidement que l'Empereur était décidé à tuer tout ce qui entrerait dans son jardin. Le gouverneur, après avoir vu le cadavre, rentra chez lui sans s'être entretenu avec les habitants de Longwood. Je me trouvais chez lui à son retour, et il me conta l'aventure en répétant toujours : « A balle!... mais à balle! » Je lui demandai si les bœufs étaient à la Compagnie. « Oui, me dit-il. — Comment sont-ils entrés? — Un domestique a laissé la porte ouverte. » Je me suis mis à rire en disant : « Je ne crois pas à la porte ouverte, car vous connaissez la sévérité de Bonaparte : il était dans le jardin, il a vu monter les bœufs, a ouvert la porte et a été se préparer à cette expédition. » Tout d'un coup, la figure du gouverneur devint sinistre et, après une assez longue réflexion, il me dit : « Vous croyez? — Je n'en doute pas, il sait que vous vous servez souvent de ces bœufs et il a voulu vous en priver et peut-être vous prouver qu'il peut encore se faire

avec laquelle il tirait constamment par la fenêtre sur les oiseaux de Joséphine. » (*Souvenirs de Chaptal*, publiés par le vicomte Chaptal; Plon, 1893.)

craindre. » Cette remarque porta encore un nouveau trouble dans ses réflexions.

« Il faut observer que, tant que les balles de Bonaparte n'ont tué que les animaux de Mme Bertrand et des autres personnes, le gouverneur en riait comme un fou, ainsi que lorsqu'il s'exerçait sur des bouteilles. Je ne lui avais jamais fait sur cela aucune observation, parce qu'il aurait cru que je voulais empiéter sur son autorité, dont il est d'autant plus jaloux que je ne lui ai jamais laissé l'espoir de l'exercer sur moi... Je lui demandai ensuite comment ils pouvaient avoir des balles. Il me répondit très naïvement : « De même qu'ils ont des fusils de chasse, il est très naturel qu'ils aient de la poudre et du plomb; ils font des balles eux-mêmes. Ils avaient voulu en charger le jardinier de la Compagnie, qui s'y est refusé. Ils ont alors acheté du plomb en barres ou en tuyaux, que l'on se procure ici assez chèrement; mais un homme qui se vante d'avoir encore 200.000.000 sterling à sa disposition ne regarde pas à quelques guinées pour se satisfaire. »

La cour de Russie, suivant l'exemple du gouvernement autrichien et jugeant qu'il était inutile de prolonger davantage la situation bizarre dans laquelle se trouvait son commissaire, rappela le comte de Balmain au mois d'avril 1820 (1); il partit en em-

(1) Il est intéressant de connaître l'opinion du cabinet de Saint-Pétersbourg sur la détention de l'Empereur; elle est longuement

menant avec lui « une jeune et jolie jeune personne, affligée de seize ans, fille du premier mari de lady Lowe », avec laquelle il se maria à la veille de son départ.

M. de Montchenu restait donc seul pour représenter à Sainte-Hélène les trois puissances; comme il professait ouvertement un grand dédain à l'égard de M. de Balmain, il ne put cacher sa satisfaction de son départ. « Vous n'avez pas besoin que je vous fasse le tableau de toutes ses extravagances, de son ineptie, de la faiblesse et de la bizarrerie de son caractère. Je veux seulement vous prouver combien M. de Stürmer et lui ont rendu ma position difficile. Il n'en est pas ici comme des autres missions, où chaque ministre est indépendant de ses collègues. Notre mission était à peu près collective et chaque bévue qu'ils faisaient m'obligeait à me relever personnellement, sans avoir voulu jamais prendre part dans les discussions désagréables qu'ils s'attiraient; discussions d'autant plus désagréables que le gouverneur, qui est très fin, savait toujours en retirer un avantage. Il leur a dit plusieurs fois : « Hé! Messieurs, que ne faites-vous comme le marquis? » Enfin, me voilà entièrement seul; cette position n'en sera pas plus agréable pour moi, mais je serai tranquille. »

développée dans une note annexée au protocole n° 31 du congrès d'Aix-la-Chapelle.

Voir Pièces justificatives, n° 8.

28 *juin* 1820. — M. de Montholon étant venu
déjeuner chez le marquis, la conversation roula d'a-
bord, pendant assez longtemps, sur l'ouvrage que le
docteur O'Meara venait de faire paraître à Londres
sous le titre de *Nouveaux Mémoires arrivés de Sainte-
Hélène*. Ce même ouvrage avait déjà paru en France
sous le titre de : *Mémoires pour servir à la campagne de* 1815. Montholon parut assez irrité de
cette publication, prétendant que ces mémoires étaient
sa propriété et qu'il les avait rédigés sur des matériaux authentiques qu'il conservait soigneusement.
Il s'emporta même contre les personnes qui se permettent de faire imprimer des ouvrages dont les auteurs sont encore vivants : « Que veulent ces misé-
rables ? gagner mille louis ! Ils n'avaient qu'à les demander, on les leur aurait donnés ! » Enfin il ajouta :
« Ce n'est pas que tout ce que O'Meara dit ne soit
vrai, car moi-même j'en avoue les neuf dixièmes et
pourrais le prouver quand on voudra. » Puis il
parla d'un nouvel ouvrage, imprimé aussi récemment
et dont M. Fleury de Chaboulon se disait l'auteur en
prenant le titre de « secrétaire du cabinet et officier
de la Légion d'honneur ». « Nous ne le connaissons pas, dit Montholon ; c'est un jeune homme qui a
été, un moment, auditeur au conseil d'État, dont
l'Empereur ne connaissait pas la figure et à qui il
n'avait jamais parlé. Il se trouva par hasard à Reims
en 1814, en fut nommé sous-préfet et y resta jusqu'au retour de l'île d'Elbe. Il vint alors à Lyon

quelques jours avant l'arrivée de l'Empereur. Celui-
ci ayant demandé des jeunes gens très intelligents,
M. de Fargues lui dit : « Il y a ici, depuis quelque
temps, un jeune homme qui se fourre partout; nous
ne savons pas ce qu'il fait, mais il paraît réunir
toutes les qualités que V. M. désire. » On le présenta
alors et il fut autorisé à suivre l'Empereur... Il se dit
attaché au cabinet de Napoléon depuis dix ans, y
être entré riche et en être sorti pauvre. C'est un men-
songe atroce, car il n'est entré que le 22 mars 1814!
Il paraît qu'il était protégé par Maret, *car c'est lui
qui l'y fourra*. Vous connaissez le régime du cabinet : on était extrêmement bien payé et l'on ne pouvait y faire aucune dépense, puisque la table même
était fournie par l'Empereur. Quant aux dix années
de service, il compte sans doute les cinq ans que
nous avons passés ici! Pour la croix d'officier, elle lui
a été donnée en récompense des trois voyages à Bâle
dont il parle (1). Ce fut encore le duc de Bassano qui
le présenta à l'Empereur, sous prétexte que son signa-
lement ressemblait à celui de la personne que Fouché devait envoyer. Il s'acquitta de sa mission avec
beaucoup d'esprit et l'Empereur l'emmena à l'armée... Dans tout ce qu'il dit de vrai, il ne nous ap-
prend rien. Il y a cependant des choses qu'il n'a pu
savoir, et il faut qu'on lui ait fourni des matériaux.

(1) Il s'agit de l'entrevue que Fleury de Chaboulon eut, le
3 mai 1815, à Bâle, avec le baron d'Ottenfels, agent de Metternich.

NAPOLÉON BONAPARTE.

D'après un dessin du capitaine Dodgin, du 66e régiment d'infanterie anglaise.

Sainte-Hélène, 1820

En tout cas, Napoléon a été indigné ; il a jeté le volume sur la table, et j'ai été obligé de le lui lire (1). »

On vint aussi à parler de la mort du duc de Berri, dont l'assassinat avait été annoncé par les journaux anglais arrivés récemment. L'Empereur, en apprenant cette nouvelle, resta accablé toute la journée et il ne cessa de répéter : « Pauvre France ! pauvre France ! »

« Toute cette conversation se passait à table, écrit M. de Montchenu, et Montholon avait amené avec lui le fils aîné du général Bertrand, un enfant d'environ douze ans. Comme il s'ennuyait à table, je lui dis : « Mon petit ami, vous pouvez vous lever et aller dans toute ma maison ; amusez-vous, mais ne partez pas dans la rue, car, hors de chez moi, je ne peux rien pour vous. » Il voulut visiter toute ma maison et il demanda à mon factotum de le conduire. Ils commencèrent par le salon et, en y entrant, il aperçut de très grandes gravures, bien encadrées : celle qui le frappa d'abord fut celle du roi. Il demanda : « Quel est ce gros homme ? — C'est le roi. — Ah ! c'est un grand coquin ! » Il approcha de plus près et, voyant le portrait de cet infortuné prince (le duc de Berri), il lut son nom et dit tout de suite : « Pour celui-là, il est mort, c'est

(1) M. de Montchenu fait remarquer que lorsque Montholon parlait de faits antérieurs à l'embarquement de Rochefort, il disait : l'*Empereur* et, postérieurement à cette date, il appelait Bonaparte : *Napoléon*.

un grand gueux de moins! » Il vit aussi celui de
l'empereur d'Autriche et, en lisant son nom : « Oh!
pour celui-là, dit-il, je l'aime assez; je crois d'ailleurs qu'il est le parrain de mon frère. » Je ne
rapporte cette petite anecdote que pour faire connaître l'éducation que ces jeunes gens reçoivent et
les propos qu'ils entendent, sans doute, répéter dans
leur intérieur. Je dois, cependant, à la vérité que
lorsque les parents parlent du roi devant quelqu'un,
ils en parlent avec le plus grand respect. Ces enfants, ainsi que les petits Montholon, sont bien certainement les plus mal élevés de l'île, même en y
comprenant ceux du gouverneur. Ils ont en horreur
le nom de Bourbon; la petite Bertrand, qui a dix
ans, ne veut jamais me parler et elle ne me dit bon-
jour que d'après un ordre bien positif de sa mère.

« Mme de Montholon a été envoyée en qualité
de ministre plénipotentiaire en Europe, et l'on
voudrait bien que la France fût comprise dans ses
lettres de créance. Depuis la mort de Regnaud de
Saint-Jean d'Angely, on la regarde comme le sou-
tien du parti. Peut-être la préférerait-on au premier
parce que, avec au moins autant de fécondité dans
l'esprit, elle y ajoute des formes plus insinuantes... »

Lorsque les convives furent sortis de table et qu'on
fut passé dans le salon de M. de Montchenu, la
conversation reprit, et Montholon y exposa les idées
de l'Empereur sur la royauté : « Le roi pouvait,

en 1814, maintenir la véritable monarchie instituée
par Napoléon et il pouvait la faire subsister aussi
longtemps qu'il l'aurait jugé convenable, avec quelques modifications appropriées. Le roi, ni ceux qu'il
avait amenés de l'étranger, ne connaissaient la France.
S'il se fût contenté de gouverner tout simplement,
pendant quelque temps, avec les lois existantes, on
lui aurait fait connaître que le vœu le plus général
de la nation n'était plus cette liberté qu'on lui avait
rendue trop tôt; ce qu'on réclamait était un adoucis-
sement aux maux que la guerre faisait nécessairement peser sur elle. Le roi, pendant ce temps, aurait
pu connaître sa position et celle de la France; il
aurait été en état de choisir des ministres probes,
fermes, aimant leur pays et capables de le bien
servir. En jugeant les hommes par leurs antécédents
et en écartant soigneusement de toutes les places les
jacobins, il aurait pu les choisir dans tous les partis,
pourvu que leurs principes administratifs fussent
les mêmes. L'Empereur lui-même avait beaucoup
de *blancs* de cette espèce, qu'il connaissait parfaitement et dont il s'est servi très utilement; il savait
très bien que Clarke et Vaublanc étaient *blancs*
au fond du cœur, mais il les regardait comme des
gens d'honneur et ils lui ont rendu de grands services. Nous connaissons beaucoup de *bleus* qui sont
dans le même cas. Pour établir un nouveau gouvernement, et en France plus qu'ailleurs, il fallait
se servir de gens qui la connussent... Qu'a-t-on fait?

Le premier ministère a tué le roi. Dupont, l'abbé de Montesquiou, M. Ferrand, M. de ... ont ouvert la France au retour de l'île d'Elbe... M. Dambray n'a fait qu'aplanir la route, aussi est-on arrivé à Paris sans tirer un coup de fusil (1).

« Le roi, par un hasard inespéré, avait enfin trouvé cette Chambre de 1815 qui, nommée au milieu des factions, avait bien prouvé que la France ne désirait pas cette grande libéralité. Cette Chambre voulait la monarchie, et tout ce qu'elle proposait pouvait s'effectuer en 1814, mais se trouvait prématuré en 1815. Au lieu de s'entendre avec une vingtaine de personnes, de les calmer, de faire entendre à quelques meneurs qu'il fallait savoir attendre, on a mieux aimé la dissoudre. Un ministre a osé prétendre, contradictoirement à la charte, de prendre sur lui de changer l'ordonnance d'élection de 1815. Qu'en est-il arrivé? La loi des élections, qui les met entre les mains de la canaille. Cette loi a, de plus, un vice bien dangereux pour le souverain, c'est le renouvellement par cinquième. Elle donne la facilité de porter toute l'intrigue du parti sur quelques départements, au lieu que dans un renouvellement total, *la faction*, se trouvant disséminée, de-

(1) M. de Montholon prétend avoir connu les événements auxquels il fait allusion, dès le 11 mars, à Vienne, par l'entremise d'un personnage qu'il voyait tous les jours. Il en informa le prince de Talleyrand qui, après l'avoir écouté attentivement, s'écria : « Il est trop tard; mes courriers seraient pris. » (Observation de M. de Montchenu.)

vait nécessairement perdre son influence. La preuve
en est que tels députés, ne pouvant obtenir de voix
dans leurs départements, ont été nommés dans d'autres, où leur figure n'était même pas connue. Ce
mode me convenait, à moi, pour le Corps législatif,
parce que, par le moyen de mes employés et de mes
légionnaires, je faisais nommer qui je voulais.

« La loi des élections a engendré la loi du recru-
tement; dès ce jour-là, le roi a brisé son sceptre.
Puisqu'on ne voulait pas recruter l'armée avec de
l'argent, il fallait nécessairement une loi de conscription. Mais de quel droit soumettre à une loi la police
et l'avancement de l'armée? La nation anglaise est
bien chatouilleuse sur ses droits, mais elle se contente de voter le nombre de troupes de terre et de
mer qu'elle veut entretenir; elle en fixe le budget et
le roi arrange le reste. En Hollande, le stathouder
disposait des troupes de terre et de mer; la République française les avait laissées entre les mains du
Directoire et ensuite des consuls. Il est clair qu'on
a voulu composer l'armée de *sans-culottes*, en éloi-
gnant ou en en dégoûtant toutes les personnes à
grands noms ou à grandes fortunes... Cette loi a
encore pour but de désorganiser la garde. J'aurais
regardé le ministre qui l'a proposée comme criminel de lèse-majesté au premier chef et je l'aurais
fait fusiller! Pauvre France, tu es dans un état bien
déplorable! » (En disant ces mots, l'Empereur
semblait s'attendrir.)

« Je n'ai vu dans tout cela qu'un seul homme d'honneur : c'est le duc de Richelieu. Il a voulu signer la libération de sa patrie et il s'est retiré. Il a vu ce qui devait arriver et il n'a pas voulu y coopérer. Il revient maintenant, mais il est trop tard. Je ne le connais point; mais s'il n'a pas le grand caractère du Cardinal, que peut-il faire avec les lois libérales qui ont passé? Pour moi, je sais bien ce que je ferais! (*A cet endroit de son rapport, M. de Montchenu dit : « Je m'arrête, parce que j'aurais l'air de donner des conseils. » Puis, après quelques lignes de blanc, sa conversation avec Montholon reprend.*) — « Si le ministère ne se croit pas très fort, le roi n'a qu'un parti à prendre : c'est de laisser aller les choses le moins mai possible et de dire comme Louis XV : « Je vois bien que tout croule, mes successeurs s'en tireront comme ils pourront! »

« A la mort du roi, qu'arrivera-t-il? Les factions se partageront en trois, mais elles n'auront à délibérer que sur deux candidats : mon fils et le duc d'Orléans. Des trois factions, la faction jacobine, celle des personnes qui me sont attachées et celle d'Orléans, je ne doute pas que les deux premières ne se réunissent en faveur de mon fils. La mienne serait peut-être la plus nombreuse, surtout par l'ancienne armée; mais la jacobine s'est bien renforcée par la rentrée de tous les *monstres* que le roi a rappelés; de plus, ils ont toutes les places dans l'administration. Ils se réuniront sans doute en faveur de mon fils parce que, voyant une régence, ils croiront pouvoir en disposer et, quand ils se croiront plus forts, ils feront périr ce jeune empereur pour rétablir une république. Ma faction à moi est la plus forte à la Chambre des Pairs, et je puis dire que j'y domine actuellement. Mes généraux rentrés me paraissent très bien traités, mais le nouveau ministère les conservera-t-il? Alors que peuvent des généraux sous la remise contre des gens qui ont toutes les grandes places?

« Définitivement, je crois que le parti d'Orléans serait le plus nombreux; il se composerait de tous les mécontents actuels, mais qui font parade d'aimer les Bourbons. Il aura, en outre, tous les indifférents et cette classe si nombreuse de personnes sans énergie qui, ayant quelque fortune, veulent en jouir paisiblement. Enfin, aux yeux du plus grand nombre, la dynastie ne paraîtrait pas avoir été changée... Ainsi, vous Montholon, si vous étiez en France, quel parti prendriez-vous? » — Silence. — « Non, non, dites, laissant à part votre intérèt pour moi! — Ma foi, Sire, si j'étais en France, je voudrais y vivre tranquille; je verrais, d'un côté, une régence et, par conséquent, une longue suite de troubles; de l'autre, je verrais un prince connu, qui a donné des gages; définitivement, je serais Orléans. » — Alors, Bonaparte, mettant la main sur son front, dit, après quelques minutes de réflexion : « Si j'étais encore officier d'artillerie et qu'on fît délibérer l'armée, je serais aussi d'Orléans!... Pour moi, je crains bien d'être mort au monde, mais c'est un grand malheur pour la France que mon fils vive, car il a de grands droits! » (1) ... Depuis le départ du duc de Feltre, de Vaublanc et du duc de Richelieu, le roi n'a plus eu de ministres, il n'a eu que des conspirateurs!... Sans le courage des généraux Donnadieu et Canuel, le grand complot éclatait. Je n'y étais pour rien, le coup était entièrement jacobin. Ces hommes méritaient les plus grandes récompenses (2); au lieu de cela, qu'a-t-on fait? On les a destitués, emprisonnés! Quand tout a été fini, on a envoyé à Lyon un homme pour paralyser les royalistes, relever les jacobins et soustraire à la justice ceux des coupables qui auraient pu faire des révélations. Au reste, cet homme m'a trahi, moi qui l'avais comblé de biens et d'honneurs; il est bien juste qu'il ait trahi le roi. L'on a ensuite mis en avant un petit... qui s'est fait précéder par un certain... (3) deux francs jacobins. Je

---

(1) « Le mot *mort au monde* peut être pour Bonaparte une peur réelle, mais il n'y croit pas. Il se regarde constamment comme le seul et vrai propriétaire de la couronne de France, et la faction jacobine est ce qui l'occupe le plus ordinairement. Il la suit avec une attention extraordinaire et répète souvent : « Si j'arrivais au pouvoir, elle serait bientôt exterminée! » (Note du marquis de Montchenu.)

(2) Le langage prêté à l'Empereur, en ce qui concerne Canuel, est assez extraordinaire, car ce général l'abandonna pendant les Cent-Jours et prit même du service dans l'armée de Vendée.

(3) Ces deux noms sont illisibles dans le manuscrit.

connaissais bien le premier, je n'avais jamais voulu le placer, malgré les instances bien souvent réitérées de son oncle, l'évêque de Versailles, que j'estimais... Depuis lors, j'ai désespéré de la France et j'ai cru y voir, au moins, le salut de mon fils.

« Plus je réfléchis, ajoute Bonaparte, comme conclusion, et plus je vois la France bouleversée à la mort du roi. Qu'arrivera-t-il? Le temps seul nous l'apprendra; en attendant, tenons-nous en mesure, j'ai beaucoup d'argent et, dans tous les temps, c'est un puissant mobile. »

Revenant ensuite sur la mort du duc de Berri, Montholon répéta que l'Empereur en avait été profondément affecté; il regardait le coup comme dirigé par les jacobins, les seuls qui fussent à craindre, « car ils sont les ennemis irréconciliables de tous les gouvernements ».

Il arrivait aussi fréquemment à Napoléon d'exposer la nouvelle ligne de conduite qu'il suivrait s'il pouvait un jour ressaisir le pouvoir, et ses nouvelles théories, entièrement en contradiction avec ses anciennes idées, paraissaient bien sages à tous ceux qui l'avaient vu suivre autrefois une direction toute différente. Mais il assurait que c'était là le fruit de ses méditations; car il sentait fort bien qu'il avait fait de grandes fautes, imputables cependant, en grande partie, à ses adulateurs, « qui n'étaient occupés qu'à lui tourner la tête » ... « J'étais ambitieux, disait-il souvent, mais comment ne pas l'être, quand l'intérieur et l'extérieur obéissaient à mes ordres avec tant de soumission? »

20 *juillet* 1820. — M. de Montholon étant venu, de nouveau, déjeuner chez M. de Montchenu, la conversation reprit sur la situation de la France, la seule chose qui occupât alors la pensée de Napoléon. « Il réfléchit depuis deux ans sur les moyens de la ramener à l'unité, et maintenant son plan est arrêté. » — Le marquis, pressant alors son convive de lui indiquer les grandes lignes de ce projet, lui dit : « Rendez donc ce service à votre patrie, si vous ne voulez le rendre au roi. » — Alors Montholon se mit à sourire, en ajoutant : « Il en serait encore temps, mais le roi ne le ferait pas. Excepté M. le duc de Richelieu, que nous ne connaissons pas, le roi n'a personne dans son conseil. Le secret le plus sûr pour réussir est d'adopter une route et de ne jamais en dévier. Voyez où ce système, non interrompu depuis plus d'un siècle, a conduit l'Angleterre. Il y a cependant eu bien des ministères d'opinions différentes, mais le gouvernement n'a jamais changé sa marche. Pourquoi cela? C'est que les souverains n'y auraient jamais consenti. »

Quant à la Chambre des Pairs, Montholon fit entendre que l'Empereur la regardait comme lui étant actuellement beaucoup plus dévouée qu'à la royauté. Il estimait aussi que la Chambre des Députés

« était remplie de bavards qui, dans leurs discours
factieux, ne font qu'échauffer les passions et fomen-
ter les discordes... Cela tient aux élections, et la
charte est à refaire. » — Dans le cours de la conversation, le général laissa comprendre que l'on était
certain, à Longwood, que la ligne directe de Louis XV
ne succéderait jamais au roi. Puis, l'on parla de
l'armée et, ne cachant pas son mépris pour l'organisation militaire actuelle, Montholon voulut prouver que la France ne pouvait plus entrer dans la
balance de l'Europe, ne pouvant pas mettre 25.000
hommes en campagne, en dehors du service des
places fortes, et que de nouveaux troubles donneraient lieu à l'intervention des puissances, qui par-
tageraient la France comme la Pologne. — « A cela
je me suis récrié, dit M. de Montchenu, que je
croyais qu'à Longwood on connaissait mieux l'esprit des Français et qu'ils ne consentiraient jamais
à voir leur pays disparaître de la carte de l'Europe. » — « Et comment s'y opposeraient-ils, répliqua Montholon, vous n'avez point de fusils?
D'ailleurs, il y aurait dix drapeaux différents; chaque
parti se rallierait au sien, et les puissances profi-
teraient de ce désordre pour s'avancer. » — La
réponse du marquis fut que tous les partis se ral-
lieraient d'abord au drapeau conservateur, « sauf
à voir ce que l'on ferait après. Mais j'espère bien,
ajoute-t-il, que les partisans de l'Empereur ne seront plus là pour le porter. »

7 novembre 1820. — Les mois et les années s'écoulent, sans que le commissaire du roi ait pu obtenir toutes les compensations pécuniaires qu'il ne cesse de réclamer pour les privations de tout genre qu'il doit s'imposer à Sainte-Hélène; aussi cette plainte, remplie d'amertume, s'exhale-t-elle au début d'une de ses lettres au baron Pasquier : « Pourquoi faut-il que mes vieilles épaules soient chargées du fardeau le plus lourd, le plus désagréable et le moins apprécié, pendant que ceux qui servent en France n'ont que les roses et les faveurs?... Le plus terrible fléau, pour moi, est le manque d'argent; j'ose vous certifier que, depuis six mois, un malheureux mouton bien maigre, pesant de 3o à 35 livres, me coûte de 3 louis à 3 louis 1/2, et je ne sais pas si, le mois prochain, j'en pourrai trouver même à 4 louis. — L'arrivée de Bonaparte a doublé le nombre des consommateurs, a empêché les navires étrangers d'aborder et a absolument anéanti la concurrence pour les consommations. Tout nous vient d'Angleterre, jusqu'au combustible, une fois par an, et nous attendons les deux vaisseaux qui nous l'apportent avec plus d'impatience que l'on attendait jadis les galions à Cadix! »

« ... Je reviens au prisonnier, dont je ne vous ai pas parlé pendant longtemps, parce que je n'avais rien d'intéressant à en mander. Il mène le même genre de vie et y a ajouté, depuis quelque temps, des promenades à cheval et en voiture, d'abord dans

une ancienne enceinte; puis il a fini par s'étendre
davantage et est allé déjeuner à cheval, ces jours
derniers, chez l'ancien premier membre du Conseil,
qui s'est retiré à la campagne avec sa fille et son
gendre. Il y arriva sur les dix heures du matin, suivi
d'un très bon et très copieux déjeuner; mais il ne
voulut point entrer dans la maison et se fit seulement donner une table et des chaises et déjeuna, à
l'ombre d'un gros arbre, après avoir invité le père
et la fille. Bertrand et Montholon étaient chapeau
bas, tandis que Bonaparte restait couvert; ce que
voyant, le vieux magistrat en fit autant sans façon.
Bonaparte but à la bonne santé de la dame en disant :
« A la française », et en choquant son verre contre
le sien. Puis, soit qu'il eût été mécontent de la familiarité de son hôte ou d'autre chose, il finit par demander à la jeune femme si son mari avait conservé
l'habitude de s'enivrer tous les jours... Les Anglais
furent très scandalisés de voir déjeuner, à cette heure,
avec une grande variété de viandes froides et, au
lieu de thé, du très bon vin, et surtout du champagne,
du café sans lait et des liqueurs. »

La nouvelle de la naissance du duc de Bordeaux
fut accueillie avec plaisir à Longwood; Montchenu,
dans son langage exalté, prétend qu'elle y produisit
une grande sensation. Toujours est-il que l'Empereur envoya complimenter le marquis de cet heureux événement, et Montholon fut chargé de ce message. Comme de coutume, il vint a l'heure du

déjeuner chez le commissaire et lui dit, en se présentant chez lui et en lui tendant la main : « Je suis envoyé de Longwood pour vous féliciter sur la naissance de l'héritier présomptif du trône de France, car je n'aurais pas osé le faire si l'Empereur ne me l'avait pas ordonné. Vous le savez, nous sommes bons Français; on peut être divisés sur quelques opinions, mais la France avant tout. Depuis que vous nous connaissez, vous devez vous être aperçu que nous n'avons jamais varié sur cette opinion. » — On parla ensuite de la nouvelle loi des élections et Montholon avoua que, de l'avis de Napoléon, elle était manquée; on avait relevé, dans son entourage, la liste des députés sortants et des départements qui avaient des élections à faire; suivant l'Empereur, le ministère devait avoir contre lui une majorité de trente à trente-cinq voix. « D'ailleurs, en renouvelant la Chambre tout de suite, tous les membres en étaient élus pour cinq ans, et il était bien plus difficile d'intriguer dans toute la France à la fois que dans vingt arrondissements. Et puis, comme on se lasse de tout, les partis pourront se lasser aussi en voyant un héritier direct. Alors, pourquoi nous retenir ici, ajoutait Montholon, en manière de conclusion? Napoléon ne désire qu'une chose, c'est de vivre comme un simple particulier, dans une belle terre qui serait sa propriété et où il vivrait de ses revenus, car il ne voudrait être à charge à personne. Il conçoit qu'on veuille prendre des précautions à son égard et trouverait naturel qu'on le traitât comme Ferdinand à Valençay (1). Aussi bien, ii donnerait sa parole d'honneur, ce qui serait bien plus sûr que toutes les sentinelles. »

Sur ces mots, les convives quittèrent la table et on passa à un autre sujet : on s'entretint surtout du prochain départ de Mme Bertrand, dont on avait souvent parlé, mais qui semblait être désormais une chose décidée à Longwood. Bien souvent, le grand-maréchal avait annoncé à l'Empereur qu'il avait de grands intérêts qui exigeaient sa présence en Europe et que l'éducation de ses enfants l'obligerait, avant peu, à demander un congé. Cette détermination affecta beaucoup l'Empereur, qui voyait avec chagrin sa petite colonie diminuer chaque année. Il lui fit donc quelques représentations, ne lui dissimulant pas que son retour en France était plein de périls, car il avait été condamné par contumace. « Mais je serai amnistié comme Drouot et Cambronne, avait répondu Bertrand. » — « Vous vous trompez, répliqua Napoléon, votre situation n'est pas la même; j'avais l'autorisation d'emmener avec moi à l'île d'Elbe un certain nombre de soldats; ces deux officiers m'ont suivi et sont rentrés avec moi; on pouvait ne pas les recevoir, mais on ne pouvait pas les

(1) On sait que le prince Ferdinand de Bourbon, fils de Charles IV et, plus tard, roi d'Espagne sous le nom de Ferdinand VII, fut obligé de signer, le 6 mai 1808, sa renonciation au trône et d'accepter, pour résidence forcée, le château de Valençay, en Berry, jusqu'à la chute du régime impérial.

condamner à mort. Au reste, le roi a bien agi, car il s'est attaché deux bons officiers, pleins d'honneur et qui le serviront aussi fidèlement qu'ils m'ont servi. Pour vous, ce n'est pas la même chose, vous avez fait fonction de secrétaire d'État, vous avez signé toutes mes proclamations, vous en avez même rédigé, en votre nom, en arrivant à Lyon : il est juste que vous soyez poursuivi de ce chef. Enfin, vous avez reconnu le jugement prononcé contre vous, par plusieurs actes, que votre femme a présentés aux tribunaux de France pour obtenir la tutelle de ses enfants, et vous n'avez pas protesté. »

M. de Montchenu prétend qu'à la suite de cet entretien l'Empereur témoigna une certaine froideur à l'égard du grand-maréchal; ce dernier se confina dans sa maison et ne parut plus à Longwood qu'aux heures où son service exigeait sa présence; il lui arriva même, assez souvent, de ne pas être reçu et, quand il pouvait voir Napoléon, il ne restait pas plus de deux heures avec lui. Quant à Mme Bertrand, elle ne vint plus qu'à de rares intervalles. Enfin, l'Empereur aurait dit à Bertrand : « Vous partirez quand bon vous semblera; avertissez-moi seulement trois ou quatre jours à l'avance. »

Ce langage est en complète contradiction avec les témoignages d'estime et d'affection dont l'Empereur ne cessa d'entourer le grand-maréchal, à qui il venait de remettre son testament et qu'il avait chargé du soin de disposer de ses objets les plus précieux,

après sa mort. C'est de lui que M. Thiers a dit :
« Bien que Bertrand, par la distance qui le séparait
de Longwood, par la nature de son humeur, appor-
tât moins de douceur à l'Empereur que la famille
Montholon, il appréciait la noble probité du grand-
maréchal, l'élévation du cœur de sa femme... Très
éloigné de blâmer une telle détermination (de retourner en France), il en fut vivement affecté (1). »

Au reste, peu de temps après cet entretien, la santé
de l'Empereur commença à décliner rapidement, ôtant
tout espoir à ses fidèles compagnons de le conserver
jusqu'à la fin de l'année au milieu d'eux ; aussi ne
fut-il plus question du départ de la famille Bertrand
et, cette résolution ayant été annoncée à Napoléon,
il s'en montra fort reconnaissant. A quelques jours
de là, le grand-maréchal ayant demandé pour sa
femme la faveur d'être reçue par Napoléon : « Je
ne suis pas bon à voir, avait répondu l'Empereur ; je
recevrai Mme Bertrand quand je serai mieux. Dites-
lui que je la remercie du dévouement qui l'a retenue six années dans ce désert (2). »

(1) Thiers, *Consulat et Empire*, t. XX. p. 688.
(2) *Ibid.*, p. 700.

CHAPITRE VII.

L'Empereur se sent mortellement atteint. — Il demande à être
transporté dans un climat plus tempéré. — Lettre de Montholon
à la princesse Borghèse. — Les symptômes alarmants redoublent. — Hudson Lowe demande l'intervention d'autres médecins. — L'Empereur refuse de les recevoir. — Il donne ses dernières instructions à Antommarchi. — Bulletins rédigés par le
Dr Arnott. — Le docteur fait savoir à Montholon que le malade
est en danger. — L'Empereur fait de nouvelles recommandations
à Antommarchi et à ses exécuteurs testamentaires. — Derniers
moments de Napoléon. — Montholon annonce sa mort au gouverneur. — M. de Montchenu n'est admis dans la chambre de
l'Empereur que le 6 mai. — L'Empereur aurait désiré être
inhumé au Père-Lachaise. — Le gouverneur fait savoir que ses
instructions s'opposent au transport du corps en Europe. —
La vallée Forbett. — Service funèbre. — La mission du marquis prend naturellement fin. — Il revient en France.

Le moment était venu où la maladie, jusqu'alors
domptée par le robuste tempérament de l'Empereur,
et surtout par son énergie, allait le terrasser; il sentait, depuis quelque temps, que ses organes étaient
irrémédiablement attaqués, et il répétait souvent le
triste pronostic de sa mort, mais personne ne voulait
y croire. Ce fut dans la matinée du 2 avril que
l'Empereur éprouva la première atteinte de la crise
suprême; il s'était levé de bonne heure ce jour-là et

se promena assez longuement dans le verger, qui s'étendait derrière les cuisines. On remarqua cependant qu'il semblait fatigué et il finit par s'asseoir sur le gazon ; à ce moment, Montholon s'approcha pour lui demander s'il ne se sentait pas bien : « J'éprouve des nausées à l'estomac, répondit-il ; c'est l'avant-coureur de la mort, le héraut dont la sourde trompette doit retentir à l'oreille de tous les humains. » — Le comte se mit à sourire tristement ; alors, Napoléon, se levant et le prenant par le bras : « La mort, dit-il, n'est pas une chose dont on puisse sourire, mon ami, lorsqu'on la voit de si près ! »

Cependant, malgré les tristes pressentiments de l'Empereur, sa gaîté apparente et tout son extérieur annonçaient une telle force de santé, que ses compagnons et ses médecins eux-mêmes se faisaient encore de grandes illusions. Le malade, au contraire, voyait nettement sa situation et répétait : « C'est un répit d'une semaine ou deux ; après quoi, la maladie reprendra son cours. » — C'est pendant un de ces moments de mieux relatif que M. de Montchenu écrivit à Paris : « On va chercher à inspirer de la pitié sur sa position... Il va retomber malade et très gravement, et il demandera alors un changement de résidence, la France, l'Écosse ou le Canada ; il se contenterait même de Malte. »

Il est certain qu'à cette époque Napoléon demanda, pour la seconde fois, au gouvernement anglais un changement de prison et son transfert dans un climat européen, comme le seul moyen de diminuer ses souffrances (1). Montholon écrivit aussi, le 17 mars, à la princesse Borghèse, pour lui rendre compte des progrès effrayants faits par la maladie : « Chaque jour, son dépérissement est sensible; sa faiblesse est extrême, il ne peut marcher, même dans ses appartements, sans être soutenu. A sa maladie de foie se joint une autre maladie également endémique dans cette île; les intestins sont gravement attaqués... L'estomac rejette tout ce qu'il reçoit, et l'Empereur ne peut plus manger ni pain, ni viande, ni légumes; il ne se soutient qu'avec des consommés et des gelées... L'Empereur compte sur V. A. pour faire connaître à des Anglais influents l'état véritable de sa maladie. Il meurt sans secours sur cet affreux rocher; son agonie est effroyable! »

Cette lettre ne parvint en Europe que longtemps après la mort de Napoléon; d'ailleurs, serait-elle arrivée plus tôt jusqu'entre les mains de la princesse, que celle-ci n'aurait pu fléchir l'implacable haine que les Anglais avaient vouée à leur prisonnier; ils suivaient, d'un œil attentif, les douloureuses péripéties du drame effroyable qui se déroulait sur ce rocher aride; toutes les phases de la maladie de l'Empereur étaient consignées dans les plus petits détails par le

---

(1) Hudson Lowe se refusa à transmettre la première demande de Napoléon, sous prétexte que le titre d'Empereur se trouvait dans cette lettre, qui avait été rédigée par Bertrand. J'ignore si la dernière lettre eut le même sort.

gouverneur, qui tenait son gouvernement aussi soigneusement informé que le permettait la difficulté des communications avec l'Europe. Bien plus, dans la crainte que l'aggravation de l'état du malade ne fût une feinte, destinée à cacher une évasion, Hudson Lowe redoubla, à ce moment, ses instances pour arriver à voir son captif; de concert avec M. de Montchenu, il voulait qu'on employât tous les moyens pour acquérir la certitude que Napoléon était dans ses appartements et que le mal l'empêchait de sortir. Ce fut encore M. de Montholon qui trouva le moyen de satisfaire à ces odieuses exigences sans blesser l'honneur de Napoléon. « Il entr'ouvrit une fenêtre au moment où l'on transportait le malade d'un lit à l'autre. L'officier de service put voir sa noble figure déjà décolorée et amaigrie par la mort, et se hâta d'écrire au gouverneur qu'on ne jouait point à Longwood une affreuse comédie (1). »

Le temps d'arrêt qui s'était produit dans la maladie fut de courte durée; dans les derniers jours d'avril, l'Empereur devint si faible qu'il ne marchait plus qu'avec infiniment de peine, « et cependant il n'aimait pas à être soutenu, mais en s'appuyant sur des chaises, il se transportait d'une extrémité de la chambre à l'autre et, à tout moment, il portait ses regards sur les portraits de sa femme et de son fils... Il restait, la plupart du temps, étendu sur un sofa,

---

(1) Thiers, *Consulat et Empire*, t. XX, p. 702.

placé vis-à-vis de la fenêtre qui donnait sur le jardin,
et là il lisait souvent *la Henriade* et le *Télémaque*.
La petite Julie venait le voir comme à l'ordinaire.
Bonaparte la faisait lire et lui demandait ce qu'on
disait de lui. Elle lui rapporta, un jour, que tout le
monde était d'avis que sa maladie n'existait que dans
son imagination : « Je désire, dit-il en soupirant,
qu'on ne se trompe pas dans ces conjectures ! Non,
je n'en reviendrai pas, ajouta-t-il vivement... Tu
dois chercher un autre maître, ma petite Julie ; je
n'ai plus longtemps à te donner des leçons (1) ! »

A partir du 20 avril, les symptômes alarmants
redoublent et, bien que M. de Montchenu prétende
que cette maladie est encore « une vieille finesse,
employée par Bonaparte pour se rendre intéressant
quand il prépare quelque entreprise », il est, néanmoins, contraint de reconnaître, deux ou trois jours
plus tard, que l'on a dû appeler à Longwood, en
outre du Dr Antommarchi, le Dr Arnott, du 20e régiment. « Ce médecin a vu le malade tous les jours,
depuis lors, mais son opinion ne s'accordait point
avec celle d'Antommarchi. Ils convenaient cependant
qu'il n'y avait aucun danger pressant... Il lui survint
tout d'un coup des vomissements fréquents, et tout
ce que rendait le malade était extrêmement noir.
Bien qu'il ne voulût rien prendre, on était parvenu,
toutefois, à diminuer cette fréquence des vomisse-

(1) *Les Six dernières années de Napoléon Bonaparte*, par
J. Monkhouse, 1 vol.

ments... Enfin, il est survenu une crise très violente qui a redoublé et, depuis lors, il ne veut ni boire ni manger. »

La journée du 25 avril fut très critique; le docteur Arnott avait remarqué un grand affaiblissement cérébral, qui fut suivi d'un délire, dont on profita pour appliquer à l'Empereur un large vésicatoire sur la poitrine ; mais, dès que le malade s'en aperçut, il l'arracha. Dans la soirée, Napoléon se plaignait d'une grande faiblesse et son pouls n'avait pas diminué de fréquence.

26 *avril*. — Le rapport adressé au gouverneur par le docteur Arnott disait : « Je ne puis découvrir aucun changement dans le général Bonaparte depuis hier matin. Le docteur Antommarchi m'a dit qu'il avait eu deux vomissements depuis ma visite d'hier soir, qu'il avait été très agité pendant la première partie de la nuit, mais qu'il avait un peu dormi à partir de 3 heures du matin jusqu'à 7 heures. On m'a dit qu'il avait eu un vomissement à 7 heures du matin, et je vis ce qu'il avait rejeté de son estomac : c'était principalement du chocolat et de la soupe au vermicelle, pris la veille au soir. »

27 *avril*. — Les vomissements devenant plus fréquents, l'épuisement du malade était extrême; néanmoins, le pouls continuait à être bon, si bien que le docteur anglais pouvait dire à ce moment :

« Je ne crois pas qu'il survienne immédiatement quelque chose de sérieux, mais les vomissements sont d'un très mauvais augure ». — Une soif ardente ne cessait de dévorer l'Empereur, et il demandait à tout instant à Marchand de lui verser sur les lèvres quelques gouttes de l'eau d'une source qu'il aimait à boire avant sa maladie (1).

28 *avril*. — Le gouverneur, ayant été informé de la situation alarmante dans laquelle se trouvait Bonaparte, se rendit aussitôt à Longwood pour faire savoir au docteur Arnott qu'il lui semblait nécessaire de recourir à l'avis d'autres médecins. Il trouva le docteur qui l'attendait. Son rapport fut tout à fait défavorable, car il venait de quitter la chambre de Napoléon, qui avait été pris de vomissements plus sérieux. « Il avait rendu beaucoup de matières noires, ressemblant à du marc de café ; sa voix était devenue plus faible, et il était beaucoup plus épuisé. Les apparences étaient devenues si alarmantes, qu'il avait jugé convenable de faire connaître aux comtes de Montholon et Bertrand ses craintes que des symptômes funestes ne parussent, et de leur annoncer qu'ils devaient demander le secours d'autres médecins. Cet avis fut suivi, d'après l'offre faite par le gouverneur et ordonnant qu'on fît venir tous les

---

(1) L'eau de la fontaine Forbett, au-dessous du cottage habité par la famille du grand-maréchal. C'est là que furent déposés provisoirement les restes de l'Empereur.

médecins que l'on désirerait consulter. » Maïs Napoléon, ayant été informé de cette proposition, fit observer qu'il avait confiance dans les personnes qui l'entouraient et qu'il ne voulait pas d'autres soins.

A la fin de cette journée, l'Empereur, avec une sérénité inaltérable, donna à Antommarchi les instructions suivantes : « Après ma mort, qui ne peut être éloignée, je veux que vous fassiez l'ouverture de mon cadavre; je veux aussi, j'exige que vous me promettiez qu'aucun médecin anglais ne portera la main sur moi. Si, pourtant, vous aviez indispensablement besoin de quelqu'un, le docteur Arnott est le seul qu'il vous soit permis d'employer. Je souhaite encore que vous preniez mon cœur, que vous le mettiez dans de l'esprit-de-vin et que vous le portiez à Parme, à ma chère Marie-Louise. Vous lui direz que je l'ai tendrement aimée, que je n'ai jamais cessé de l'aimer... Je vous recommande surtout de bien examiner mon estomac, d'en faire un rapport précis, détaillé, que vous remettrez à mon fils. Les vomissements, qui se succèdent presque sans interruption, me font penser que l'estomac est celui de mes organes qui est le plus malade, et je ne suis pas éloigné de croire qu'il est atteint de la lésion qui conduisit mon père au tombeau, je veux dire d'un squirre au pylore... Quand je ne serai plus, vous vous rendrez à Rome; vous irez trouver ma mère, ma famille; vous leur rapporterez tout ce que vous avez observé relativement à ma situation, à ma maladie et à ma mort sur ce triste et malheureux rocher; vous leur direz que le grand Napoléon est expiré dans l'état le plus déplorable, manquant de tout, abandonné à lui-même et à sa gloire; vous leur direz, qu'en expirant, il lègue à toutes les familles régnantes l'horreur et l'opprobre de ses derniers moments (1). »

Entre 11 heures du soir et minuit le docteur Antommarchi crut devoir envoyer chercher son confrère, l'Empereur ayant été atteint d'une grande difficulté de respiration et un abaissement du pouls s'étant produit; il avait eu aussi un hoquet qui dura environ dix minutes, et le délire le reprenait de temps en temps. Le bulletin de santé fut ainsi rédigé : « J'ai quitté Longwood entre 6 et 7 heures du matin; il (Bonaparte) paraissait calme quand je le laissai, mais il refusait opiniâtrément de prendre de la nourriture ou des médicaments. Nous obtînmes de lui, avec beaucoup de peine, dans l'après-dîner, de prendre un breuvage, après lequel les hoquets furent moins fréquents. »

29 *avril*. — L'officier de service auprès de l'Empereur communiqua à Hudson Lowe le rapport suivant :

« J'ai vu le comte Montholon, ce matin, comme il venait de quitter le général Bonaparte. Il m'a dit

____

(1) *Mémoires d'Antommarchi,* t. II, p. 130-132.

que le général avait passé une très mauvaise nuit, qu'il n'avait pu reposer, qu'il avait parlé continuellement et tout à fait en délire. Qu'il était resté dans cet état jusqu'à 7 heures du matin; à ce moment, il était tombé dans un profond sommeil. Le comte Montholon l'avait laissé en cet état. »

30 avril. — La situation était toujours la même : le docteur Arnott posa sur la poitrine de l'Empereur un large vésicatoire et le docteur Antommarchi lui en appliqua également deux sur les cuisses. Le bulletin de santé, rédigé par le médecin anglais, disait : « Le général Bonaparte n'est pas plus mal qu'il n'était hier soir; il a encore de fréquentes attaques de vomissements, mais ils ne sont pas si pénibles que samedi dernier. Je ne regarde pas comme aussi alarmantes les matières qu'il rejette; je ne le juge pas plus mal et, cependant, il ne prendra rien, ni nourriture, ni médicament. Le comte de Montholon m'a dit qu'il avait été auprès de lui toute la nuit et que, vers le matin, il avait eu un hoquet qui avait duré deux heures, ce que je considère comme un très mauvais symptôme. »

1er mai. — A partir de ce jour, les fidèles serviteurs de Napoléon perdirent le peu d'espoir qui pouvait leur rester, et ils comprirent qu'avant la fin de la semaine (c'était un mardi), celui à qui ils avaient consacré leur existence aurait cessé de souffrir. Le

MASQUE DE NAPOLÉON

Moulé le jour de sa mort par le Dr Antommarchi

Collection de M. Germain Bapst

docteur Arnott fit savoir au gouverneur « que la maladie avait pris un caractère plus sérieux et tel qu'elle ne l'avait pas encore offert depuis qu'il lui donnait ses soins ». Il crut donc de son devoir d'en avertir Bertrand et Montholon et ne leur dissimula pas que l'Empereur était dans un danger imminent et il renouvela sa demande de recourir aux lumières d'autres médecins. Cette démarche ne produisit aucun résultat, car les compagnons de l'Empereur se refusèrent constamment à laisser entrer auprès de lui d'autres docteurs.

2 *mai*. — Bien que le malade fût de plus en plus faible, il pouvait encore, à de rares intervalles, s'entretenir avec ceux qui l'entouraient et leur adresser ses suprêmes recommandations. C'est ainsi qu'à un moment où la douleur lui laissait un peu de calme, il renouvela au docteur Antommarchi les instructions données précédemment : « Rappelez-vous ce que je vous ai chargé de faire lorsque je ne serai plus. Faites avec soin l'examen anatomique de mon corps, de l'estomac surtout. Les médecins de Montpellier avaient annoncé que le squirre au pylore serait héréditaire dans ma famille; leur rapport est, je crois, dans les mains de Louis; demandez-le, comparez-le avec ce que vous aurez observé vous-même, que je sauve du moins mon fils de cette cruelle maladie... Vous le verrez, docteur, vous lui indiquerez ce qu'il convient de faire, vous lui épar-

gnerez les angoisses dont je suis déchiré : c'est un dernier service que j'attends de vous (1)! »

Depuis cinq heures et demie du matin, le docteur Arnott resta constamment auprès de l'Empereur, disant qu'il pouvait y avoir du danger dans le cours de la journée, mais qu'il était pourtant probable qu'il vivrait jusqu'au lendemain ou surlendemain. « Son hoquet est maintenant presque continuel; il ne prend aucune espèce de nourriture, excepté de l'eau. Il est de temps en temps dans le délire, ses forces l'ont abandonné. »

Bulletin daté du même jour. Midi un quart. — « Je regrette de dire que, depuis le départ de sir Th. Reade, ce matin, les symptômes dangereux se font plus graves. Il me paraît que le général Bonaparte s'éteint par degrés. »

9 heures du soir. — « Je n'aperçois aucun changement depuis quatre heures. Les symptômes ne sont pas plus graves et, depuis six heures, le hoquet a diminué. Il a eu deux ou trois sommeils tranquilles et il est en ce moment très calme. »

10 heures du soir. — « Je le crois mieux depuis une heure; il a bien dormi et est maintenant très tranquille. Depuis six heures du matin, il n'a eu que peu ou point de hoquets. » *(Signé : Dr ARNOTT.)*

3 mai. — Depuis dix heures du soir jusqu'au milieu de la nuit, l'Empereur fut plus calme, mais les

____
(1) *Mémoires du docteur Antommarchi*, t. II, p. 135.

spasmes continuèrent et le délire reprit; cependant, le pouls était moins fréquent. A ce moment, il s'éleva une discussion assez vive entre les deux médecins au sujet d'un remède que le médecin anglais voulait administrer au malade, ce à quoi le docteur Antommarchi s'opposa. L'incident fut soumis au gouverneur, qui se rendit sur-le-champ à Longwood et eut, à ce propos, une assez longue conversation avec Montholon. Il insista, une dernière fois, sur la nécessité d'admettre en consultation d'autres médecins de l'île, « seul moyen, disait-il, de mettre fin à la variété d'opinions ». — Bertrand lui représenta que, devant le refus formel de Napoléon qui disait, lorsqu'on lui parlait d'autres docteurs : « Suis-je donc en danger? suis-je mourant? » il était impossible de lui soumettre, une fois de plus, cette proposition. Enfin, on convint d'attendre un de ces moments, où, par suite de sa grande faiblesse, le malade retombait dans un accès de délire, pour appeler en consultation les officiers de santé de la marine que le contre-amiral Lambert avait proposés (1).

Cette occasion ne devait pas se représenter, ou du moins si l'Empereur retomba dans un assoupissement qui ne lui permettait plus de se rendre compte de ce qui se passait autour de lui, ce ne devait être que quelques heures avant sa mort, alors que toute intervention médicale fut jugée inutile. Au contraire,

(1) Voir Pièces justificatives, n° 9.

à partir du jeudi, son esprit sembla se réveiller et, hanté par cette préoccupation d'être vu par d'autres que par ceux qui l'approchaient depuis quelque temps, il recommanda à ses compagnons, dans le cas où il viendrait à perdre de nouveau connaissance, de ne permettre à aucun médecin anglais d'entrer, sauf au docteur Arnott. « Je vais mourir, dit-il alors à ses exécuteurs testamentaires, vous allez repasser en Europe ; je vous dois quelques conseils sur la conduite que vous avez à tenir. Vous avez partagé mon exil, vous serez fidèles à ma mémoire, vous ne ferez rien qui puisse la blesser. J'ai sanctionné tous les principes, je les ai infusés dans mes lois, dans mes actes, il n'y en a pas un seul que je n'aie consacré. Malheureusement, les circonstances étaient sévères ; j'ai été obligé de sévir, d'ajourner ; les revers sont venus, je n'ai pu débander l'arc et la France a été privée des institutions libérales que je lui destinais. Elle me juge avec indulgence, elle me tient compte de mes intentions, elle chérit mon nom, mes victoires ; imitez-la. Soyez fidèles aux opinions que nous avons défendues, à la gloire que nous avons acquise : il n'y a hors de là que honte et confusion (1). »

Peu de temps après, l'état de l'Empereur s'aggrava subitement et son agitation devint extraordinaire ; le docteur Arnott fit, à ce moment, une dernière

____

1. *Mémoires du docteur Antommarchi*, t. II, p. 145.

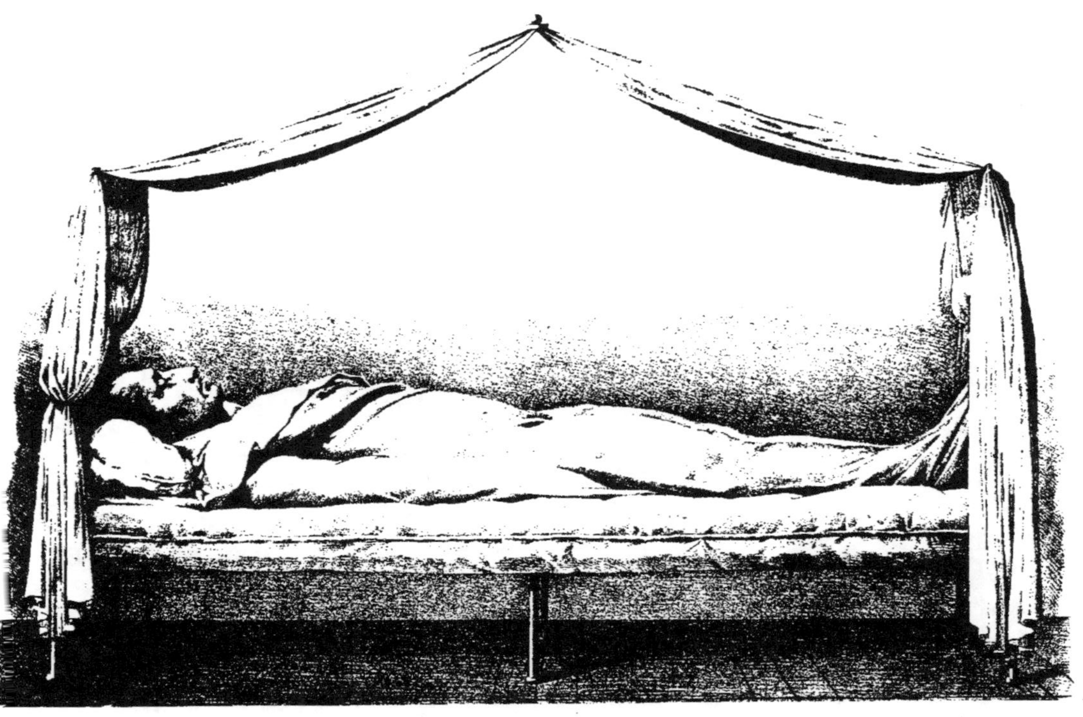

NAPOLÉON SUR SON LIT DE CAMP D'AUSTERLITZ.

D'après un dessin du capitaine de vaisseau Marryat, de la marine anglaise.

tentative auprès du docteur Antommarchi pour qu'il laissât administrer au malade une dose de calomel, mais le professeur ne voulut point y consentir. Le différend fut alors soumis à Montholon, qui se rangea à l'opinion du médecin anglais, et la potion fut, en conséquence, administrée.

4 mai. — Le docteur Arnott écrit à cette date : « Les choses ne so t pas plus mal ici, il y a même un peu de mieux puisque Bonaparte a eu une nuit passable, mais il est encore faible. Tout considéré, cependant, j'ai plus d'espoir ce matin que je n'en ai eu ces deux derniers jours. »

Dans le courant de cette journée, les docteurs Short et Mitchell furent mandés à Longwood, sur les instances de leurs confrères, et le gouverneur se joignit à eux; mais toutes leurs démarches se heurtèrent à l'inflexible résolution qu'avaient prise Montholon et Marchand de ne laisser pénétrer chez l'Empereur aucun étranger; à toutes leurs objections, Montholon répondait « qu'il redoutait l'effet que pourrait produire, sur l'esprit déjà affaibli de Napoléon, la présence dans sa chambre de nouvelles personnes. »

A neuf heures du soir, le docteur Arnott fit savoir à H. Lowe : « Je quitte à l'instant le malade, qui était profondément endormi; il paraît mieux qu'il n'était il y a deux heures. Il n'a point de hoquet, sa respiration est aisée et, dans le courant de la journée,

il a pris une quantité de nourriture considérable
pour l'état où il est. »

Ce bulletin fut la dernière information favorable
que reçut le gouverneur, car, à partir des dernières
heures de la soirée, l'agonie commença : « elle dura
sans interruption, et la noble figure du héros parut
cruellement tourmentée... Le temps était horrible,
car c'était la mauvaise saison de Sainte-Hélène, et
des rafales de vent et de pluie déracinèrent quelques-
uns des arbres récemment plantés (1). »

5 *mai*. — Dès le matin, un signal convenu annonça
au gouverneur que Napoléon était au plus mal. Le
mourant put, néanmoins, adresser encore quelques
paroles à Montholon, mais sa faiblesse était si grande
que c'est à peine si ces derniers mots furent en-
tendus. Pendant ces dernières heures de sa vie,
l'Empereur resta étendu sur le dos, sans faire un
mouvement; une seule fois, cependant, il rapprocha
ses mains très lentement et en tremblant; elles se
joignirent, mais, un instant après, elles s'ouvrirent
pour ne plus se refermer. Dans le courant de la matinée, le docteur Arnott envoya à Hudson Lowe
une note, où il disait : « Il se meurt; Montholon me
prie de ne point quitter le chevet de son lit : il désire
que je lui voie rendre le dernier soupir. »

Néanmoins, les progrès de la mort ne furent ma-

____

(1 Thiers, *Consulat et Empire*, t. XX, p. 706.

nifestes que vers trois heures ; le corps du mourant se refroidit lentement et la respiration devint de plus en plus difficile. « Tous les serviteurs de l'Empereur, agenouillés autour de son lit, épiaient les dernières lueurs de la vie sur son visage. » Enfin, à 5 heures 45 minutes du soir, au moment où les derniers rayons du soleil se couchaient dans la mer, les docteurs s'aperçurent que Napoléon ne respirait plus, et tout aussitôt ils s'écrièrent : « Il vient d'expirer ».

Le gouverneur apprit la mort de l'Empereur par un billet, tracé au crayon, de la main du docteur anglais, et disant : « Il expire à l'instant même ». Un moment après, il reçut, de la part du comte Montholon, une lettre qui lui avait été dictée par l'Empereur, le 27 avril, et qu'il devait lui faire parvenir immédiatement après son décès ; la voici : « Monsieur le Gouverneur, l'Empereur Napoléon est mort, le 5 mai, à la suite d'une longue et pénible maladie. J'ai l'honneur de vous en faire part. Il m'a autorisé à vous communiquer, si vous le désirez, ses dernières volontés. Je vous prie de me faire savoir quelles sont les dispositions prescrites par votre gouvernement pour le transport de son corps en Europe, ainsi que celles relatives aux personnes de sa suite (1). »

« J'étais à la maison neuve de Longwood (c'est-à-dire à quelques mètres seulement de l'habitation de l'Empereur), écrit H. Lowe, quand la nouvelle

____

(1) Montholon, *Récits de captivité*, t. II, p. 544.

de la mort me parvint. J'allai aussitôt dans celle où
était le corps du général Bonaparte et rencontrai le
général Montholon, qui m'exprima son désir que
personne ne pût visiter le corps qu'après un intervalle de six heures, pendant lequel ceux qui l'entouraient avaient dessein de prier près de lui et de
le changer de lit.

« Le docteur Arnott n'avait pas quitté le corps
et l'officier de service l'avait vu immédiatement
après la mort; mais je ne savais jusqu'à quel point
l'amiral et le commissaire français seraient disposés
à acquiescer à la demande du comte Montholon. Je
ne fis donc aucune réponse à sa proposition, en général, mais je lui dis qu'il était indispensable que
le corps pût être vu à l'instant même par les docteurs Short et Mitchell, qui attendaient tous deux
des ordres : cette demande fut accordée et ces messieurs entrèrent aussitôt... »

Le major Gorrequer fut alors chargé d'annoncer,
sans délai, la nouvelle à l'amiral et au marquis de
Montchenu, qui se trouvaient à une faible distance,
au milieu de la campagne, dans une petite cabane. Le
marquis représenta qu'il lui semblait très important
d'être admis à voir, le plus tôt possible, le corps de
l'Empereur et à constater l'état dans lequel il se trouverait, faisant observer que « les personnes qui entouraient le général Bonaparte pourraient saisir l'occasion de mettre du poison dans sa gorge et de le dé-
figurer assez pour qu'il ne fût plus reconnaissable ».

— Sur l'observation faite par le gouverneur que la présence du docteur Arnott était une garantie certaine qu'aucune tentative de cette nature ne pouvait avoir lieu, le commissaire français se rassura et, reconnaissant que sa responsabilité était à couvert, il consentit à attendre jusqu'au lendemain matin pour se rendre à Longwood.

A sept heures du matin, le 6 mai, le gouverneur et l'amiral, escortés de leurs états-majors, et accompagnés du marquis de Montchenu et de M. de Gors, furent introduits dans la chambre où Napoléon avait rendu le dernier soupir, et où son corps était exposé, sur le petit lit de camp en fer qui l'avait suivi dans toutes ses campagnes. L'abbé Vignali priait auprès des restes de l'Empereur, et ses serviteurs formaient autour de lui une suprême garde d'honneur.

« La tête de Bonaparte était très belle, dit un témoin oculaire; ses traits n'étaient nullement altérés et rien n'annonçait qu'il eût souffert. Les cheveux étaient très noirs et l'on n'y remarquait aucune teinte grisonnante... Il était impossible de ne pas reconnaître cette figure, qui ressemblait parfaitement au profil qui se trouve sur les pièces de monnaie à son effigie (1). »

L'autopsie fut faite par les docteurs Arnott et Antommarchi, en présence des docteurs Short, Mit-

____

(1) Récit de M. Vidal, officier de la marine royale anglaise.

chell et Livingstone; les généraux Bertrand et Montholon y assistèrent également. Après un examen attentif des organes, procès-verbal de cette opération fut dressé et envoyé au gouvernement anglais (1). Suivant le désir maintes fois exprimé par l'Empereur, son cœur fut séparé de son corps et enfermé dans un vase d'argent, surmonté d'un aigle; le vœu du mourant, que ces précieux restes fussent envoyés à Marie-Louise, ne fut pas exaucé, car le gouverneur les fit placer dans le cercueil où reposa Napoléon.

Le corps fut ensuite revêtu d'un uniforme militaire vert, avec la croix de la Légion d'honneur pour toute décoration; Marchand attacha, sur les épaules de son maître, les épaulettes de général qu'il portait le plus souvent et plaça sur ses genoux le petit chapeau qu'il ne quittait pas autrefois.

Le public fut alors admis à contempler, une dernière fois, les traits du héros et, pendant plusieurs jours, toute la garnison et les habitants de Sainte-Hélène défilèrent devant son cercueil.

L'Empereur, pendant sa dernière maladie, avait souvent exprimé le désir que ses restes fussent transportés en Europe; il répéta ce vœu, à deux reprises différentes, dans son testament et dans un codicille. On assure aussi que, peu de jours avant sa mort, il demanda à reposer auprès de sa première femme, ou à être transporté à Ajaccio, dans la sépulture

____

(1) Voir Pièces justificatives, n° 10.

de sa famille. Suivant M. de Montchenu, qui tenait
ce détail de Mme Bertrand, Napoléon aurait demandé à ce que son tombeau s'élevât à Paris, dans
le cimetière du Père-Lachaise, entre les monuments
élevés à la mémoire de Lannes et de Masséna : sur
le marbre recouvrant ses restes, on aurait fait graver
ce seul nom : « Napoléon ». — Mais les instructions
de H. Lowe étaient formelles, et le lieu où l'Empereur avait enduré un si long martyre devait être celui
où il dormirait son dernier sommeil (1)!

La seule concession accordée aux compagnons de
Napoléon fut le choix d'un emplacement dans l'île;
ils n'eurent, pour cela, qu'à se conformer aux dernières paroles de leur maître, qui leur disait souvent :
« Si je ne puis être enterré en France, je désire du
moins reposer auprès de cette fontaine qui m'a procuré quelque soulagement. » — Cette source était
celle dont l'eau était apportée chaque jour à Longwood par un domestique chinois; elle était située
dans le fond d'une vallée assez agréable et deux énor-
mes saules ombrageaient cet endroit. Ce lieu était
la propriété de M. Forbett (2), négociant de l'île, qui
mit avec empressement ce coin de terre à la disposition de la Compagnie. Les travaux nécessités pour
construire une sépulture commencèrent aussitôt,

____

(1) Voir la lettre de Madame Mère à lord Londonderry. Pièces
justificatives, n° 11.

(2) C'est sans doute par erreur que Thiers a donné à cette
source le nom de Tolbett.

mais ils ne purent être terminés que le 7 mai; pendant ce temps, on dut entourer d'une barrière les
saules qui abritaient la source, car les habitants de
l'île, accourus en grand nombre en cet endroit, cherchaient tous à emporter un souvenir du lieu où allait
s'élever le tombeau de Napoléon, et les branches de
ces arbres auraient été bientôt dépouillées.

Lorsque le corps de l'Empereur eut été enfermé
dans un triple cercueil d'étain, de plomb et d'acajou,
il fut assez difficile de se mettre d'accord sur le libellé
de l'inscription qui devait être gravée. Montholon
désirait qu'on y inscrivît ces mots : « Napoléon, né
à Ajaccio le 15 août 1769, mort à Sainte-Hélène le
5 mai 1821. » — Le gouverneur voulait absolument
que le nom de *Bonaparte* fût placé à la suite de celui
de Napoléon; Montholon s'y étant refusé, on finit
par ne mettre aucune inscription sur le cercueil.

Les travaux étant achevés, le gouverneur fit savoir
au général Montholon que les obsèques auraient lieu
le mercredi 9 mai; les honneurs dus à un officier
général devaient être rendus à Napoléon.

A onze heures, le corps fut placé sur un char, traîné
par six chevaux tenus en main, et le cortège s'a-
vança lentement, au milieu d'une double haie, formée
par toutes les troupes de la garnison; l'artillerie
royale, avec onze pièces de canon, était déployée dans
la plaine qui s'étend au delà de Longwood. Le
20ᵉ régiment, un détachement des soldats de la marine, le 60ᵉ régiment, le régiment d'artillerie de

NAPOLÉON EN UNIFORME, SUR SON LIT DE PARADE

VUE DE SON TOMBEAU

Sainte-Hélène et les compagnies de volontaires de l'île ouvraient la marche : tous les soldats portaient l'arme avec le canon baissé et les officiers avaient le crêpe au bras. « Le comte Montholon et le général Bertrand tenaient chacun un des coins du poêle; Mme Bertrand suivait avec sa famille; venaient ensuite lady Lowe et ses filles, en grand deuil, ensuite les plus jeunes officiers de la marine, l'état-major de l'armée, et enfin Hudson Lowe et l'amiral (1); l'abbé Vignali précédait le char funèbre dans une voiture. » Lorsque le cortège arriva près de Hutsgate, à l'endroit où la pente était assez forte, le cercueil fut tiré du char et porté jusqu'au lieu de la sépulture par un détachement de grenadiers, de matelots et de canonniers anglais, commandés par le doyen des grenadiers du régiment qui était de service à Longwood, le jour de la mort de l'Empereur.

Au moment où le cercueil fut descendu dans le caveau, l'abbé Vignali s'avança sur le bord de la fosse et consacra la sépulture; puis, les canons anglais envoyèrent, chacun, une salve de onze coups, pendant que toute la garnison défilait devant cette tombe, qui venait de recevoir les restes de celui devant qui avaient tremblé, pendant plusieurs années, tous les souverains de l'Europe!

Une large dalle fut scellée au niveau du sol sur

______

(1) *Moniteur universel*, n° du 15 juillet 1821.

la fosse, et le reste de l'espace, rempli par un massif de maçonnerie, dont les pierres étaient jointes par des crampons de fer. Aucune inscription ne fut gravée sur cette pierre; aucun ornement ne fut placé sur ce tombeau; seuls, les deux saules inclinèrent leurs branches sur le cercueil de l'Empereur et l'ombragèrent de leurs rameaux. — Enfin, par les soins du gouverneur, une garde fut établie dans ce lieu funèbre, désormais appelé le « Val Napoléon », et placée sous la surveillance d'un officier : tant était grande la crainte d'Hudson Lowe qu'on ne vînt enlever la dépouille mortelle de l'Empereur !

Ici s'arrêtent tout naturellement les rapports du marquis de Montchenu; avec la mort de l'Empereur sa mission de contrôle prenait nécessairement fin. Depuis trop longtemps, il aspirait au moment où la mort viendrait le délivrer de l'illustre captif, pour ne pas avoir vu venir, avec une certaine satisfaction, le jour où il pourrait enfin quitter cet « infernal rocher » et rentrer en France, au milieu des siens. Aussi, en annonçant au duc de Richelieu, à la date du 6 mai, le grand événement qui venait de se produire, ne manque-t-il pas d'ajouter : « Je partirai le plus tôt possible, ma présence n'étant plus nécessaire ici. »

Il revint en Europe, dans les premiers jours du mois de septembre, sur le bâtiment qui ramenait tous les serviteurs de Napoléon. Hudson Lowe et

sa famille partirent à la même époque, et bientôt
il ne resta plus dans l'île de Sainte-Hélène qu'une
petite garnison, destinée à assurer la garde du tombeau de l'Empereur.

RAPPORTS ADRESSÉS

PAR LE COMTE DE ROHAN-CHABOT,

COMMISSAIRE DU ROI LOUIS-PHILIPPE.

LORS

DE LA TRANSLATION DES RESTES DE L'EMPEREUR,

EN 1840.

TRANSLATION

DES RESTES DE L'EMPEREUR.

A bord de *la Belle-Poule*, 18 octobre 1840.

*A M. Thiers, président du Conseil, ministre
des Affaires étrangères.*

Mes lettres précédentes vous auront déjà appris
l'arrivée de l'expédition à Bahia et notre départ pour
Sainte-Hélène, le 14 septembre, après une relâche
de quinze jours environ. Notre traversée, de Bahia
à James-Town, a été fort heureuse. Le 20, dans la
matinée, nous avons passé le tropique du Capricorne, par 35° 45″ de longitude Ouest, et, le surlendemain, nous avons trouvé les vents variables. Parvenus le 23, à 27 1/2 degrés de latitude Sud, nous
pûmes dès lors courir sur une ligne parallèle à peu
près au tropique, ne cessant désormais de nous éloigner de la France. Dans la nuit du 1er octobre,
nous repassâmes le Capricorne, par 5° 25″ de longi-

tude Ouest; mais, retardés par des calmes, nous ne retrouvâmes que le 6 les vents généraux. Le 7, vers 3 heures de l'après-midi, nous signalâmes la terre à près de 18 lieues devant nous et, le 8, dès le matin, nous étions en vue de James-Town, après vingt-quatre jours de mer depuis Bahia et soixante-six depuis Toulon.

Des brises folles de terre rendaient l'entrée en rade fort difficile, mais après avoir louvoyé toute la matinée, Mgr le prince de Joinville réussit à prendre un excellent mouillage, fort près de terre et en face de la vallée de James-Town. Nous ne trouvâmes sur rade que deux bâtiments de guerre, le brick français *l'Oreste*, capitaine Doret, ayant à son bord le fils de M. l'amiral Baudin, détaché de Gorée par M. de Mackau avec des dépêches pour le prince, et la goélette anglaise *Dolphin*, capitaine Littlehales qui, parti de Portsmouth, le 21 mai, avait apporté, après une traversée de quarante-huit jours, la première nouvelle de notre expédition. — Dès que *la Belle-Poule* eût jeté l'ancre, *l'Oreste* salua le prince avec les honneurs sur les vergues et aux cris de « Vive le Roi »; le *Dolphin* salua ensuite de 21 coups de canon. Notre frégate rendit d'abord le salut du *Dolphin*, puis elle salua la terre et la mer, et les forts répondirent par un salut royal de 21 coups.

Nous apprîmes, en arrivant, que le général Middlemore, gouverneur de l'île, était retenu dans sa maison de campagne de Plantation-House par les suites d'une grave indisposition ; mais, à notre entrée en rade, et devant le mouillage même, son état-major se rendit à bord en grand uniforme, avec le commandant du *Dolphin*, pour complimenter le prince. M'étant assuré que l'état de santé du gouverneur ne lui permettait pas de me recevoir le jour même, je chargeai le lieutenant Middlemore, son fils et son aide de camp, de lui remettre les dépêches que je lui apportais de la part de lord J. Russell. Depuis l'arrivée du *Dolphin*, dans les premiers jours du mois d'août, aucune nouvelle et aucun bâtiment n'étaient venus d'Europe.

Il fut facile de voir, dès le principe, que toutes les ressources de l'île avaient été mises à contribution, pour assurer à Mgr le prince de Joinville et aux personnes qui avaient l'honneur de l'accompagner, une réception digne et cordiale. D'après des ordres venus de Londres, le château de James-Town avait été préparé pour le logement du prince et de sa suite ; une table de trente couverts devait y être servie tous les jours pour Son Altesse Royale. La principale maison de la ville avait, de plus, été retenue aux frais du gouvernement anglais, pour être mise, sous tous les rapports, à la disposition des personnes de l'expédition, ainsi que toutes les voitures et les meilleurs chevaux de l'île. Nous reçûmes, dès l'abord, les offres de service les plus instantes de la part des diverses autorités, et un accueil éga-

lement empressé nous attendait de la part des habitants.

Le 9, au matin, Mgr le prince de Joinville est
descendu à terre, en grand uniforme, accompagné de
M. le commandant Hernoux, son aide de camp, de
MM. les généraux Bertrand et Gourgaud, de M. de
Las Cases, de M. Marchand, de M. l'abbé Coquereau et de plusieurs officiers des trois bâtiments.
Toute la garnison était sous les armes pour le passage du prince, qui entra d'abord au château, où les
autorités et les principaux habitants lui furent présentés par le colonel Trelawney, commandant de l'artillerie. Son Altesse Royale s'est ensuite rendue à
cheval à Plantation-house, pour faire visite au gouverneur, dont la santé était encore trop affaiblie pour
qu'il pût quitter la maison. D'après le désir du prince,
j'assistai à une première conférence, qu'il eut avec
le général Middlemore sur l'objet de notre mission.
Son Altesse Royale me présenta ensuite au gouverneur comme chargé, sous ses ordres, de régler, avec
les autorités britanniques, les divers détails de la
translation des cendres de l'Empereur. Nous allâmes,
dans la journée, accompagnés de deux officiers anglais, au tombeau de Napoléon, que nous trouvâmes
parfaitement intact, aucune mesure n'ayant été prise
pour l'exhumation avant notre arrivée. — Je crus
pouvoir promettre au fidèle gardien de la sépulture
de Napoléon, qui ne fut pas oublié d'ailleurs par
Mgr le prince de Joinville et par sa suite, que la

France se chargerait désormais de son sort. Nous terminâmes la journée en visitant Longwood, course pleine de souvenirs douloureux pour ceux d'entre nous qui revoyaient ainsi, après vingt années d'absence, le lieu de leur exil historique; remplie d'intérêt pour nous-mêmes qui, pour la première fois, contemplions, dans son état affligeant de dégradation actuelle, cet humble et dernier asile de tant de gloire. A 7 heures, le prince revint dîner au château de James-Town, où avaient été invitées par lui les principales personnes de l'île et de l'expédition française.

Le 10, Mgr le prince de Joinville est allé dîner à Plantation-House, chez le gouverneur; le gouverneur eût désiré que Son Altesse s'établît chez lui, en famille, pendant une partie au moins de son séjour; mais le prince préféra ne point s'éloigner de son bord, où ses diverses occupations l'eussent continuellement rappelé. J'acceptai, pour une nuit, l'invitation du gouverneur et, dans la matinée du lendemain, je pus m'entendre avec lui sur l'ordre des travaux d'exhumation et de translation, et sur la part qui, d'après nos instructions respectives, devait revenir à chacun de nous dans ces deux opérations. Je trouvai chez le général Middlemore un empressement sincère à consulter nos désirs et nos sentiments dans toutes les dispositions qui seraient prises de son côté; il n'en fallut pas moins plusieurs entretiens subséquents pour faire coïncider entièrement avec nos propres vues des plans arrêtés d'avance par les autorités anglaises et pour régler, dans l'exécution, plusieurs points secondaires, qui pouvaient contrarier leurs usages et leurs sentiments. Il serait inutile de parler des difficultés et des objections qui ont été successivement écartées dans les conversations que j'ai eues, jour par jour, avec le général Middlemore et les autres autorités de l'île. Tout a pu, en définitive, être réglé d'une manière qui m'a semblé entièrement conforme à l'esprit des instructions que j'avais eu l'honneur de recevoir de Votre Excellence.

Dans les journées des 11, 12 et 13, les équipages de nos bâtiments de guerre ont été conduits, par bordées, au tombeau et à Longwood. Ils ont passé à terre la journée presque entière, et chaque homme a pu rapporter quelque souvenir de sa course. Le dimanche 11, le prince reçut à dîner, à bord de *la Belle-Poule*, les commandants et quelques officiers de *l'Oreste* et de *la Favorite*.

Le 12, les officiers de la garnison nous donnèrent à James-Town un grand dîner, présidé par le colonel Trelawney et signalé par la plus franche cordialité. A la fin du repas, des toasts furent portés de part et d'autre...

... Depuis notre arrivée, M. le général Bertrand et son fils, le général Gourgaud, M. de Las Cases et M. Marchand étaient descendus à terre. Ils consacraient leurs journées à parcourir l'île et à visiter les lieux où ils avaient si souvent vu et suivi l'Empereur...

... Dans la matinée du 14, j'avais arrêté, avec les autorités anglaises, les dernières dispositions préliminaires pour l'exhumation et la translation des restes de Napoléon, la journée du 15 octobre ayant été définitivement fixée pour ces deux opérations. Dans l'après-midi, les cercueils venus de France sur *la Belle-Poule*, le char funèbre construit avant notre arrivée à Sainte-Hélène, et les divers objets qui devaient servir dans nos travaux avaient été successivement dirigés vers la vallée du Tombeau. A dix heures du soir, je suis descendu à terre avec les personnes désignées pour assister, du côté de la France, à l'exhumation, et nous nous sommes transportés au lieu de la sépulture.

Signé : Ph. de Rohan-Chabot,

commissaire du roi.

A bord de *la Belle-Poule*, 19 octobre 1840.

Monsieur le Président du Conseil,

J'ai déjà eu l'honneur de vous annoncer, dans ma dépêche précédente, que, dès le lendemain de notre arrivée, je m'étais mis en rapport, d'après les ordres de Mgr le prince de Joinville, avec le général Middlemore, gouverneur de l'île, pour arrêter d'avance la série des travaux de l'exhumation et de la translation du cercueil de Napoléon. Je revis, tous les jours suivants, le général et, sinon sans efforts de ma part, du moins sans réclamations officielles et sans aucune pièce écrite, tout a pu enfin être réglé entre nous, d'une manière qui m'a semblé répondre entièrement aux instructions que j'avais reçues de vous et aux sentiments des personnes éminentes auxquelles j'avais l'honneur d'être associé. Rien n'avait été négligé, de mon côté, pour que toutes les difficultés possibles fussent prévues, pour que la part d'action de chacun fût clairement définie à l'avance, pour que toutes nos opérations enfin fussent conduites avec une entente et une régularité parfaites. Grâce aux excellentes dispositions prises par Mgr le prince de Joinville, d'un côté, et par les autorités britanniques de l'autre, l'exécution a, sous ce rapport, dépassé toutes les espérances.

Dès le premier jour, Mgr le prince de Joinville avait proposé au gouverneur de charger ses équipages des travaux de l'exhumation et de la translation, que Son Altesse Royale eût, dans ce cas, dirigés en personne; mais le général Middlemore étant, d'après les instructions formelles de son gouvernement, chargé lui-même et responsable de toutes les opérations jusqu'à l'arrivée du cercueil impérial au lieu de l'embarquement, a dû décliner les offres du prince; je ne me suis pas cru, de mon côté, autorisé à mettre aucune insistance sur ce

point, et rien n'a été ajouté, de notre part, à cette
simple proposition. Mgr le prince de Joinville a
pensé alors, malgré son désir personnel d'assister
à l'exhumation, qu'en sa qualité de commandant
supérieur de l'expédition, il n'était pas convenable
pour lui d'être présent à de longues opérations,
conduites par des soldats étrangers et auxquelles
il lui serait interdit d'imprimer aucune direction.
Son Altesse Royale s'est décidée, en conséquence,
à ne paraître sur la terre anglaise qu'à la tête des
états-majors de nos bâtiments et dans une position
qui lui permît de présider Elle-même à tous les
honneurs qu'Elle était chargée de rendre au cercueil de Napoléon.

Nous avons fixé, pour cette cérémonie mémo-
rable, le 15 octobre, vingt-cinquième anniversaire
de l'arrivée de l'auguste exilé à Sainte-Hélène sur
le Northumberland. Il avait été décidé que nos
travaux commenceraient avec le jour légal, afin
qu'ils pussent être entièrement terminés dans une
journée.

Le 14, à dix heures du soir, je quittai *la Belle-
Poule*, avec MM. les généraux Bertrand et Gour-
gaud, M. de Las Cases, M. Marchand, M. Arthur
Bertrand, M. l'abbé Coquereau et ses deux enfants
de chœur, MM. Saint-Denis, Noverraz, Pierron,
Archambault, MM. les capitaines de corvette Guyet,
Charner et Doret et M. le docteur Guillard, chirur-
gien-major de *la Belle-Poule*, suivi d'un ouvrier

plombier. Conformément à vos ordres, aucune autre personne n'a été introduite, au nom de la France, dans l'enceinte réservée autour du tombeau, pendant la durée des travaux. Sur rade et dans la ville, le temps était fort beau; mais, parvenus dans les hauteurs, nous trouvâmes un vent froid et une pluie battante qui ne cessèrent que le lendemain, durant la marche du cortège. La vallée du Tombeau, située à près d'une lieue et demie de la ville, était gardée, depuis le coucher du soleil, par un détachement des soldats de la garnison, ayant ordre d'en écarter les curieux et toute personne qui n'aurait point été désignée par l'un des commissaires pour assister ou pour prendre part aux travaux. M. le capitaine du génie Alexander, chargé de les diriger, nous attendait sur les lieux, avec les cinq principales autorités de l'île. L'état de santé du général Middlemore ne lui permit pas d'assister aux travaux de la nuit.

... Commencés à minuit et demi, les travaux ont été poussés sans relâche et avec une grande activité, pendant plus de neuf heures. Nous avions pu craindre d'abord, qu'en dépit de tous nos efforts, et malgré les deux opérations tentées simultanément pour arriver jusqu'au cercueil, la plus grande partie de la journée ne s'écoulât avant que l'exhumation ne fût terminée, et que nous ne fussions forcés de remettre la translation au lendemain; dès le jour, toute inquiétude avait cessé sur ce point. Il n'y a qu'une voix parmi nous pour rendre hommage

à l'admirable entente déployée par le capitaine
Alexander pendant toutes ces opérations, souvent
très délicates, et à son empressement à contenter
nos moindres désirs.

... A neuf heures et demie du matin, la terre avait
été entièrement retirée du caveau, toutes les couches horizontales démolies et la grande dalle, qui
recouvrait le sarcophage intérieur, détachée et enle-
vée à l'aide d'une chèvre. — Les forts travaux en
maçonnerie cimentée, qui entouraient de toutes
parts le cercueil, et auxquels les dix-neuf années
déjà écoulées n'avaient porté aucune atteinte, l'a-
vaient tellement préservé des effets de l'atmosphère
et de la source voisine, qu'à première vue il ne
semblait en aucune façon altéré... Les bricoles
qui avaient servi à le descendre étaient restées dans
le sarcophage, et une personne étrangère aux travaux, qui serait survenue dans ce moment, eût pensé
sans doute qu'elles venaient d'être déposées dans le
tombeau par nos ouvriers mêmes. Le sarcophage
en dalles, lui-même parfaitement conservé, était
à peine humide. Dès que M. l'abbé Coquereau eut
terminé la récitation des premières prières, le cercueil a été retiré avec le plus grand soin et porté
par des soldats du génie, nu-tête, dans une tente
dressée pour le recevoir auprès du tombeau.

Après la cérémonie religieuse de la levée du
corps, j'ai demandé que, sous ma responsabilité,
le cercueil fût ouvert, afin que M. le docteur Guil-

lard pût prendre les mesures prescrites par une commission de la Faculté de Paris, pour garantir les restes mortels de Napoléon de toute décomposition ultérieure. Aux termes de la législation anglaise, quelques formalités préliminaires sont requises pour l'ouverture d'un cercueil exhumé. Le *chief justice* de l'île présent en fit la remarque, mais sur ma réponse et celle du capitaine Alexander que le cas avait été prévu et réglé d'avance avec le gouverneur, M. Wilde se contenta de réclamer l'insertion de ses observations dans notre procès-verbal ; il m'a semblé inutile de donner suite à cette demande.

En examinant de près le premier cercueil extérieur, nous en trouvâmes la partie inférieure altérée, ce qui m'a décidé à le faire entièrement enlever et à faire déposer le second cercueil de plomb, qui se trouvait en bon état, dans celui que nous avions apporté de France et que, dès la veille, j'avais fait placer dans la tente. C'est là qu'avec le plus grand soin, nous avons procédé à l'ouverture. Sur ces entrefaites, M. le gouverneur de l'île est arrivé avec son état-major, ainsi que M. Touchard, officier d'ordonnance de Mgr le prince de Joinville, auquel j'avais déjà eu l'honneur d'écrire, pour l'informer des progrès de nos travaux.

Le cercueil de plomb renfermait, conformément aux relations officielles de 1821, deux autres cercueils, l'un en bois, l'autre en fer-blanc, dont les

recouvrements ont été successivement enlevés avec
le plus grand soin. Le dernier cercueil avait été
doublé intérieurement d'une garniture de satin blanc
qui, détachée par l'effet du temps, était retombée
sur le corps et l'enveloppait comme un linceul, en
y adhérant légèrement. — Je n'essaierai pas de vous
décrire dans quelle muette inquiétude nous atten-
dions le moment qui devait révéler tout ce que la
mort avait laissé de Napoléon.

Malgré le singulier état de conservation de la
tombe et des cercueils, à peine pouvions-nous, en
nous rappelant les circonstances de l'inhumation,
espérer de trouver quelques restes informes, dont
les parties les moins périssables du costume eussent
seules assuré l'identité. Mais, quand par les mains du
docteur Guillard, le drap de satin fut soulevé, un
mouvement universel de surprise et d'attendrisse-
ment a eu lieu et plusieurs des assistants fondirent
en larmes. L'Empereur lui-même était devant nous.
Les traits de la figure, bien qu'altérés, étaient parfaitement reconnaissables ; les mains merveilleuse-
ment belles ; le costume, si connu, si souvent repro-
duit, avait peu souffert, et les couleurs en étaient
facilement distinguées ; les épaulettes, les décorations,
le chapeau semblaient entièrement conservés ; la
pose elle-même était pleine d'abandon et, sauf les
débris de la couverture de satin qui recouvraient,
comme d'une gaze très fine, plusieurs parties de l'u-
niforme, nous aurions pu croire Napoléon étendu

encore sur son lit de parade. M. le général Bertrand, M. Marchand, et les autres personnes présentes qui avaient assisté à l'inhumation, nous indiquèrent rapidement les divers objets déposés par eux dans le cercueil : chacun était demeuré dans la position exacte qu'ils lui avaient assignée. On remarqua même que la main gauche, que le grand-maréchal avait prise pour la baiser une dernière fois au moment où l'on fermait le cercueil, était restée légèrement soulevée. Entre les jambes, auprès du chapeau, on apercevait les deux vases qui renferment le cœur et l'estomac, mais M. le docteur Guillard s'étant assuré qu'ils adhéraient fortement aux parties voisines qui les recouvrent presque entièrement, je n'ai point osé troubler ce repos paisible de la mort pour les soumettre à un examen sans objet...

... Dans un espace de moins de deux minutes, les mesures de conservation jugées nécessaires ont été prises et cette vérification sommaire terminée...

Les deux cercueils intérieurs ont été soigneusement refermés, l'ancien cercueil de plomb a été fortement assujetti dans le nouveau avec des coins de bois, et les deux ont été soudés avec les précautions les plus minutieuses, sous la direction du docteur Guillard. Ces diverses opérations terminées, le sarcophage en ébène a été fermé, ainsi que son enveloppe de chêne.

En me remettant la clef du sarcophage d'ébène, le capitaine Alexander m'a déclaré, au nom du gouverneur, que ce cercueil, renfermant les restes mortels de l'empereur Napoléon, serait considéré comme à la disposition du gouvernement français dès ce jour, et du moment où il serait arrivé au lieu d'embarquement vers lequel il allait être dirigé sous les ordres du général Middlemore. J'ai répondu que j'étais chargé par mon gouvernement d'accepter en son nom ce cercueil des mains des autorités britanniques, et que j'étais prêt, ainsi que les diverses personnes comprenant la mission française, à le suivre jusqu'au quai de James-Town, où Mgr le prince de Joinville, commandant supérieur de l'expédition, était dans l'intention de venir le recevoir et le conduire solennellement à bord de la frégate.

Avant notre arrivée, un char funèbre à 4 chevaux, orné autant que le comportaient les ressources de l'île, avait été préparé pour recevoir le cercueil, ainsi qu'un beau drap mortuaire et un harnachement de deuil complet. Quand le sarcophage eut été placé sur le char, je fis couvrir entièrement ce dernier du magnifique manteau impérial envoyé de Paris, et dont les quatre coins furent remis à MM. les lieutenants généraux Bertrand et Gourgaud, au baron de Las Cases et à M. Marchand. A trois heures et demie, le char funèbre s'est mis en marche, précédé d'un enfant de chœur portant la croix et de M. l'abbé Coquereau. — J'ai conduit le deuil comme commissaire accrédité du gouvernement français; le reste du cortège a suivi l'ordre indiqué... Tous les principaux habitants, la garnison entière, ont suivi la marche funèbre jusqu'au quai; — mais, sauf l'escorte d'artillerie nécessaire pour conduire les chevaux et pour soutenir par moments le char lui-même dans les descentes difficiles, les places les plus rapprochées du cercueil avaient été réservées pour la mission française. Le général Middlemore, malgré l'état fort affaibli de sa santé, a voulu suivre toute la marche à pied, ainsi que le général Churchill, chef d'état-major de l'armée des Indes, arrivé depuis deux jours de Bombay. L'immense poids du cercueil et l'extrême difficulté de la route rendaient nécessaire, pendant presque tout le trajet, une surveillance de tous les instants. M. le colonel Trelawney voulut commander en personne le petit détachement d'artillerie chargé de conduire le char et, grâce à ses soins, la translation a pu s'effectuer sans le moindre accident.

Depuis le moment du départ jusqu'à notre arrivée sur le quai, le canon des forts et les batteries de *la Belle-Poule* ont tiré, de minute en minute. Après une heure de marche, la pluie cessa pour la première fois depuis le commencement des travaux, et, arrivés en vue de la ville, nous trouvâmes un ciel brillant et un temps magnifique.

Dès le matin, nos trois bâtiments de guerre, *la Belle-Poule, la Favorite* et *l'Oreste* avaient pris le grand deuil royal, les vergues en croix et les pavillons en berne. Deux navires de commerce français, *la Bonne-Aimée,* capitaine Gillet, et *l'Indien,* capitaine Triquetil, qui se trouvaient sur rade depuis deux jours, s'étaient mis sous les ordres du prince, et ils ont imité, pendant toute la cérémonie, les mouvements de *la Belle-Poule*. Les forts de la ville et les maisons des consuls avaient également descendu leurs pavillons à mi-mât.

Parvenues à l'entrée de la ville, les troupes de la garnison et de la milice se sont déployées en deux lignes jusqu'à l'extrémité du quai, en prenant la position de deuil de l'armée anglaise, les soldats appuyés sur leurs armes renversées, les officiers le crêpe au bras et la tête posée sur le pommeau de leur épée. Tous les habitants avaient été consignés dans leurs maisons ou garnissaient les terrasses qui dominent la ville; les rues n'étaient occupées que par les troupes, le 91ᵉ tenant la droite, et la milice, la gauche. Le cortège s'est avancé lentement, aux sons d'une marche funèbre et au bruit presque incessant du canon des forts et des navires, répété par les échos des immenses rochers.

A l'extrémité du quai, Mᵍʳ le prince de Joinville s'est présenté, en grand uniforme, à la tête de l'état-major des trois bâtiments français. Après deux heures de marche, le cortège s'est alors arrêté. Les plus grands honneurs officiels avaient été rendus par les autorités anglaises à la mémoire de l'Empereur; des hommages éclatants avaient signalé les adieux de Sainte-Hélène. Dès ce moment, la dépouille mortelle de Napoléon allait appartenir à la France.

Quand le char s'est arrêté, j'ai quitté le cortège pour me placer auprès du prince. S. A. R. s'est alors avancée seule; en présence de tous les assistants découverts, elle a reçu solennellement le cercueil impérial des mains du général Middlemore et l'a remercié, au nom de la France, des témoignages de sympathie et de respect dont les autorités avaient entouré cette cérémonie.

Une chaloupe d'honneur avait été disposée pour recevoir le cercueil. Pendant l'embarquement que S. A. dirigea elle-même, sa musique joua des airs funèbres, et toutes nos embarcations se tinrent à l'entour, les avirons *matés*. Quand le sarcophage toucha la chaloupe, un magnifique pavillon royal, que les dames de James-Town avaient voulu broder elles-mêmes, fut élevé, et dès lors la frégate redressa ses vergues et déploya ses pavois. Tous les mouvements de *la Belle-Poule* furent imités sur-le-champ par nos autres bâtiments : notre deuil avait cessé avec l'exil de Napoléon, et la division française se parait de tous ses ornements de fête, pour recevoir le cercueil impérial sous le drapeau de la France.

Le sarcophage fut recouvert, dans la chaloupe, du manteau impérial. Mgr le prince de Joinville se plaça lui-même à la barre, M. le Dr Guyet sur l'avant : MM. Bertrand, Gourgaud, baron de Las Cases, Marchand et l'abbé Coquereau occupèrent auprès du corps la même place que dans le cortège; je me tins avec M. le commandant Hernoux à l'arrière, un peu

LE CORPS DE NAPOLÉON QUITTE SAINTE-HÉLÈNE, 10 OCTOBRE 1840.

Lithographie de Montholier.

devant le prince. — Dès que la chaloupe s'est éloignée du quai, la terre a tiré les grands saluts de 21 coups, et nos bâtiments ont répondu par la première salve de toute leur artillerie. Les deux autres furent tirées pendant le trajet du quai à la frégate, la chaloupe nageant très lentement, entourée de toutes les autres embarcations. A 6 heures 1/2, nous accostâmes *la Belle-Poule*. Tous nos bâtiments avaient les hommes sur les vergues, le chapeau à la main.

M⁞ le prince de Joinville avait fait disposer, sur le pont de la frégate, une chapelle, parée de drapeaux, de faisceaux d'armes et d'ornements funèbres, dont l'autel avait été élevé au pied du mât d'artimon. Porté par nos matelots, le cercueil passa entre deux haies d'officiers, l'épée nue à la main, et fut placé sur les panneaux du gaillard d'arrière, recouvert toujours du manteau impérial. L'absoute fut faite le soir même.

Le corps est resté en chapelle ardente pendant toute la nuit, gardé par des factionnaires et par l'officier de quart en grande tenue et veillé par M. l'abbé Coquereau. *La Belle-Poule* a porté, pendant la nuit, ses couleurs, ses pavois et le pavillon royal voilé de crêpe au grand mât.

Le lendemain, à 10 heures, une messe solennelle a été dite, sur le pont, en présence des états-majors et d'une partie des équipages. S. A. R. était au pied du corps, les diverses personnes de la mission occu-

pant les mêmes places que la veille dans la chaloupe; le canon de *la Favorite* et de *l'Oreste* a tiré
de minute en minute. La cérémonie a été terminée
par une absoute solennelle, à laquelle ont pris part,
en venant jeter de l'eau bénite sur le corps, le prince,
la mission, les états-majors et les premiers maîtres
des bâtiments.

A 11 heures, toutes les cérémonies de l'église
étaient accomplies, tous les honneurs souverains
avaient été rendus à la dépouille mortelle de Napoléon. Le cercueil fut descendu avec soin dans l'entrepont et placé dans la chapelle, disposée à Toulon
pour le recevoir. Alors nos bâtiments tirèrent une
dernière salve de toute leur artillerie, puis la frégate
serra ses pavois, en ne conservant que le pavillon de
poupe et le drapeau royal au grand mât.

... L'appareillage avait été fixé pour le 17, dans
la journée, mais quelques retards étant survenus dans
l'expédition des pièces officielles anglaises, j'ai été
contraint de prier Mgr le prince de Joinville de le remettre jusqu'à la nuit...

Le dimanche 18, nos trois bâtiments de guerre
ont quitté Sainte-Hélène, à 8 heures du matin. A la
sortie de la rade, *l'Oreste* a salué le prince aux cris
de « Vive le Roi ! » et s'est dirigé vers la Plata...

Signé : Ph. de ROHAN-CHABOT.

Rapport du Dʳ Guillard, chirurgien-major de la frégate la Belle-Poule.

Dans la nuit du 14 au 15 octobre 1840, sur l'invitation de M. le comte de Rohan-Chabot, commissaire du roi, m'étant rendu à la vallée du Tombeau, île de Sainte-Hélène, pour assister à l'exhumation des restes de l'empereur Napoléon, j'en ai dressé le présent procès-verbal :

Pendant les premiers travaux, il n'a point été pris de précautions sanitaires : aucune exhalaison méphitique n'est sortie des terres que l'on remuait ni du caveau dont on faisait l'ouverture.

Le caveau ayant été ouvert, j'y suis descendu : au fond était le cercueil de l'Empereur; il reposait sur une large dalle, assise elle-même sur des montants en pierre; les planches en acajou qui le formaient avaient encore leur couleur et leur dureté, excepté celles du fond qui, garnies de velours, présentaient un peu d'altération dans les couches les plus superficielles. On ne voyait à l'entour aucun corps solide ni liquide; quant aux parois du caveau, elles n'offraient pas la plus légère dégradation; çà et là, quelques traces d'humidité.

M. le commissaire du roi m'ayant engagé à ouvrir les cercueils intérieurs, j'ai dû les soumettre d'abord à quelques mesures sanitaires; immédiatement après, j'ai procédé à leur ouverture. La caisse

extérieure était fermée par de longues vis, il a fallu
les couper pour enlever le couvercle; dessous, était
une caisse en plomb, close de toutes parts, qui enveloppait une autre caisse en acajou, parfaitement in-
tacte; venait enfin une quatrième caisse en fer-blanc,
dont le couvercle était soudé sur les parois, qui se
repliaient en dedans. La soudure a été coupée lentement et le cercueil enlevé avec précaution. Alors j'ai
vu un tissu blanchâtre, qui cachait l'intérieur du cercueil et empêchait d'apercevoir le corps : c'était du
satin ouaté, formant une garniture dans l'intérieur de
cette caisse. Je l'ai soulevé par une extrémité et, le
roulant sur lui-même, des pieds vers la tête, j'ai mis
à découvert le corps de Napoléon, que j'ai reconnu
aussitôt, tant son corps était bien conservé, tant sa
tête avait de vérité dans son expression.

Quelque chose de blanc qui semblait détaché de la
garniture couvrait, comme d'une gaze légère, tout
ce que renfermait le cercueil; le crâne et le front, qui
adhéraient fortement au satin, en étaient surtout
enduits. On en voyait peu sur le bas de la figure,
sur les mains, sur les orteils. — Le corps de l'Empereur avait une position aisée, c'était celle qu'on lui
avait donnée en le plaçant dans le cercueil. Les membres supérieurs étaient allongés, l'avant-bras et la
main gauche appuyant sur la cuisse correspondante,
les membres inférieurs légèrement fléchis. La tête
un peu élevée reposait sur un coussin ; le crâne volu-
mineux, le front haut et large se présentaient cou-

verts de téguments jaunâtres, durs et très adhérents.
Tel paraissait aussi le contour des orbites dont le
bord supérieur était garni de sourcils ; sous les paupières se dessinaient les globes oculaires, qui avaient
perdu peu de chose de leur volume et de leur forme ;
ces paupières, complètement fermées, adhéraient aux
parties sous-jacentes et se présentaient dures sous la
pression des doigts ; quelques cils se voyaient encore
à leur bord libre. Les os propres du nez et les téguments qui les couvrent étaient bien conservés, le lobe
et les ailes seuls avaient souffert. Les joues étaient
bouffies, les téguments de cette partie de la face se
faisaient remarquer par leur toucher doux, souple et
leur couleur blanche ; ceux du menton étaient légèrement bleuâtres ; ils empruntaient cette teinte à la
barbe, qui semblait avoir poussé après la mort. Quant
au menton, il n'offrait point d'altération et conservait encore ce type propre à la figure de Napoléon ;
les lèvres amincies étaient écartées, trois dents in-
cisives, extrêmement blanches, se voyaient sous la
lèvre supérieure, qui était un peu relevée à gauche.
Les mains ne laissaient rien à désirer, nulle part la
plus légère altération. Si les articulations avaient
perdu leur mouvement, la peau semblait avoir conservé cette couleur particulière qui n'appartient qu'à
ce qui a vie. Les doigts portaient des ongles longs,
adhérents et très blancs. Les jambes étaient renfer-
mées dans les bottes ; mais, par suite de la rupture
des fils, les quatre derniers orteils dépassaient de

chaque côté : la peau de ces orteils était d'un blanc mat et garnie d'ongles. La région antérieure du thorax était fortement déprimée dans sa partie moyenne, les parois du ventre dures et affaissées. Les membres paraissaient avoir conservé leurs formes, sous les vêtements qui les couvraient. J'ai pressé le bras gauche : il était dur et avait diminué de volume.

Quant aux vêtements, ils se présentaient avec leurs couleurs : ainsi, on reconnaissait parfaitement l'uniforme des chasseurs à cheval de la vieille garde au vert foncé de l'habit, au rouge vif des parements ; le grand cordon de la Légion d'honneur, se dessinant sur le gilet et la culotte blanche, cachée en partie par le petit chapeau, qui reposait sur les cuisses. Les épaulettes, la plaque et les deux décorations attachées sur la poitrine n'avaient plus leur brillant, elles étaient noircies : la couronne d'or de la croix d'officier de la Légion d'honneur, seule, avait conservé son éclat. Des vases d'argent apparaissaient entre les jambes : un d'eux, surmonté d'un aigle, s'élevait entre les genoux, je le trouvai intact et fermé ; comme il existait des adhérences assez fortes entre ces vases et les parties voisines qui les couvraient un peu, M. le commissaire du roi n'a pas cru devoir les déplacer, pour les examiner de plus près.

Tels sont les seuls détails que m'ait permis d'enregistrer, sur les restes mortels de l'empereur Napoléon, un examen qui n'a duré que deux minutes.

Ils sont incomplets, sans doute, mais ils suffisent
pour constater un état de conservation plus parfait
que je n'étais fondé à l'attendre, d'après les circonstances connues de l'autopsie et de l'inhumation. Ce
n'est point ici le lieu d'examiner les causes nombreuses qui ont pu arrêter, à ce point, la décomposition des tissus, mais nul doute que l'extrême
solidité de la maçonnerie du tombeau et les soins
apportés à la confection et à la soudure des cercueils
métalliques n'aient contribué puissamment à produire ce résultat. Quoi qu'il en soit, j'ai dû redouter,
pour ces restes, le contact de l'air atmosphérique
et, convaincu que le meilleur moyen d'en assurer
la conservation était de les soustraire à son action
destructive, je me suis rendu avec empressement aux
invitations de M. le commissaire du roi, qui demandait que l'on fermât les cercueils.

J'ai remis à sa place le satin ouaté, après l'avoir
légèrement enduit de créosote; j'ai fait fermer her-
métiquement les caisses en bois et souder avec le
plus grand soin les caisses en métal.

Les restes de l'empereur Napoléon sont aujour-
d'hui dans six cercueils :

1° Un cercueil en fer-blanc ;

2° Un cercueil en bois d'acajou ;

3° Un cercueil en plomb ;

4° Un cercueil en plomb, séparé du précédent par
de la sciure et des coins en bois ;

5° Un cercueil en bois d'ébène ;

6° Un cercueil en bois de chêne, qui protège le cercueil en ébène.

Fait à Sainte-Hélène, le 15 octobre 1840.

Signé : R. GUILLARD.

———

A bord de la Belle-Poule, *rade de Cherbourg,* 30 novembre 1840.

A Monsieur Thiers.

La Belle-Poule, ayant à bord les restes de Napoléon, vient de mouiller en rade de Cherbourg, après quarante-trois jours de mer, depuis Sainte-Hélène... Pendant la traversée, M. l'abbé Coquereau a récité, chaque jour, auprès du cercueil de Napoléon, les prières des morts; et toutes les fois que l'état de la mer l'a permis, il a célébré la messe dans la chapelle, en présence du prince, de la mission et de l'état-major.

Partis de James-Town le 18 octobre, nous avions communiqué, le 31 octobre, avec un bâtiment de commerce hollandais, qui nous avait donné un journal anglais et des nouvelles inquiétantes sur l'état des affaires du Levant. Le 2 novembre, nous rencontrâmes une goélette de mer hollandaise, se rendant à Batavia, et le prince envoya à bord un officier de la corvette. Il nous rapporta quelques journaux hollandais, annonçant que des hostilités avaient éclaté dans le Levant, et représentant comme dans un état fort précaire les relations des grandes cours entre elles. Au dire même du commandant de la goélette, une rupture entre la France et les autres puissances paraissait imminente, au moment où il avait quitté l'Europe.

Sans attacher une grande confiance à ces bruits, Mgr le prince de Joinville a pensé que son premier devoir était de ramener au plus tôt en France le précieux dépôt dont il était chargé. S. A. R. s'est décidée à forcer de voiles pour Cherbourg, en se séparant de la corvette, dont la marche retardait la sienne. — Le lendemain, notre commandant a fait démolir toutes les chambres de la batterie et a mis ainsi la frégate en état d'opposer ses forces entières à toute aggression, dans le cas où la marche précipitée des événements aurait dépassé nos propres prévisions.

Mgr le prince de Joinville eût désiré, dans ces circonstances, pouvoir recevoir M. Marchand à son bord, mais par suite des nouvelles dispositions d'armement, l'entrepont de la frégate, qui déjà ne suffisait pas à notre logement, malgré tous les sacrifices que l'état-major s'est imposés pour nous recevoir, n'aurait absolument pas pu contenir un nouveau passager.

Nous avons repassé le tropique le 10 novembre. Après trois jours de calme, les vents ont fraîchi sensiblement et, notre commandant s'étant décidé à prendre la route de l'Est, nous avons reconnu, le 18,

Sainte-Marie des Açores. A notre entrée dans la Manche, nous avions pu craindre que les vents d'amont ne retardassent sérieusement notre marche; mais *la Belle-Poule* portait plus que la fortune de César, et cette dernière traversée s'est accomplie sous les mêmes auspices que toute la campagne. Jamais navigation n'a été plus heureuse : pas un mot dans l'équipage, aucun accident sérieux, aucune avarie grave n'a eu lieu à bord de *la Belle-Poule* pendant cette nouvelle campagne du prince.

Signé : Ph. de Rohan-Chabot.

PIÈCES JUSTIFICATIVES

ÉTAT DE MA DÉPENSE A SAINTE-HÉLÈNE.

(Le compte est fait en monnaie anglaise, par livres, schellings et pence.

Entretien de l'année.

	£	Sch.	P.
Un chapeau uniforme non garni. . . .	4		
Deux chapeaux ronds, à 2 livres et 1/2. .	5		
Deux habits, à 7 livres.	14		
Deux redingotes, à 9 livres.	18		
Deux pantalons (nankin ou basin). . . .	10	2	
Deux pantalons d'uniforme, à 3 l. 10 sch.	7		
Dix paires de souliers, à 19 sch.	9	10	
Trois paires de bottes, à 4 livres. . . .	12		
Dix-huit chemises, à 10 livres la douzaine.	15		
Vingt-quatre paires de bas, à 3 l. la douz.	6		
Douze mouchoirs de poche.	3		
Dix cravates, à 5 schellings.	2	10	
Cinq gilets, à 1 livre.	5		
Six serviettes, à 6 sch.	1	16	
Huit caleçons, à 10 sch.	4		
Six bonnets de nuit, à 3 sch.		18	
Une paire de draps, à 4 livres.	4		
Deux gilets de flanelle, à 10 schellings. .	1		
Entretien de tout ce qui concerne l'uniforme, épaulettes, aiguillettes et mille petites fournitures, éperons, gants, bretelles, cirage, etc., et les étrennes, par an, à Sainte-Hélène.	10		
Total. . . .	130	56	

Prix des comestibles.

	£	Sch.	P.
Bœuf, la livre (et quelle viande!). . . .		I	9
Un mouton.	3	10 à 12	
Agneau.		5 à 6	
Jambon (la livre)		3	6
Viande salée (la livre)		I	4
Porc frais (la livre)		I	4 à 5
Petit poulet bien étique		6 à 7	
— bon à rôtir		11 à 12	
Dinde bonne à rôtir.		40 à 45	
Oie bonne à rôtir.		30 à 35	
Canard bon à rôtir.		12 à 13	
Pommes de terre (la mesure de 90 livres).		9	
Le beurre (la livre)		3	
Œufs, la douzaine (il est bien rare d'en trouver une douzaine).		6	
Le lait (la bouteille).			11
Le pain (la livre).		11	11
L'huile (la bouteille).		10	
Café (la livre).		2	8
Sucre (la livre)		2	
Amandes (la livre avec les coquilles). . .		2	
Raisins secs (la livre).		2	
Vin du Cap, pour les gens (le gallon) . .		8	
Bière (le gallon de 7 bouteilles, sans compter le transport).		2	4
Vin de Porto (les 12 bouteilles).	5		
Madère (les 12 bouteilles).	7		
Bordeaux ou claret (les 12 bouteilles). .	8		

Je ne mets pas de prix aux légumes parce qu'il n'y en pas de fixe. non plus qu'au fromage. (*Note du marquis de Montchenu.*)

Arch. Aff. étr. Fr., tome 1.804, f. 136.

État des dépenses obligées.

	£	Sch.	P.
Loyer d'une maison.	370		
Blanchissage	100		
Combustible	5o		
Éclairage.	6o		
Cuisinier (et je n'ai pas eu à choisir). . .	6o		
Pour mon valet de chambre, que j'ai amené.	42		
Nègre pour panser mes chevaux, me suivre et me servir à table	40		
Autre nègre pour aller chercher de l'eau, ainsi que mes provisions en ville, chaque jour.	40		
Une fille pour laver la vaisselle, la maison et balayer partout.	36		
Nourriture de deux chevaux	134		
Abonnement pour le poisson.	36		
Total . . .	968		

PIÈCE JUSTIFICATIVE N° 2.

Traduction littérale d'une lettre de M. Philippe Welle, botaniste autrichien, à M. le baron de Stürmer, commissaire de S. M. I. et R., à l'île de Sainte-Hélène.

Rosemary-Hall, le 29 novembre 1816.

Monsieur le baron,

En vertu de l'ordre que vous m'avez donné hier de m'expliquer consciencieusement, tant sur le contenu d'un paquet que j'ai remis, à Sainte-Hélène, au sieur Marchand, actuellement valet de chambre de l'ex-empereur Napoléon, que sur toutes les circonstances qui se rapportent à la remise de ce paquet, et de confirmer cette déposition par un serment, je déclare devant Dieu par les présentes :

1° Que le directeur des jardins, M. Boos, m'a remis, au mois de septembre de l'année dernière, un petit paquet ouvert, avec la prière de le remettre occasionnellement au susdit sieur Marchand ;

Arch. Aff. étr., tome 1,804, fol. 160 et suiv.

2° Que ce paquet ne contenait rien que des cheveux d'une couleur blanchâtre, enveloppés dans un papier, sur lequel étaient écrites en français, autant que je puis m'en souvenir, à peu près les paroles suivantes :

« *Tu trouveras, ci-inclus, quelques-uns de mes cheveux. Si tu as le moyen de te faire peindre, envoie-moi ton portrait.*

Signé : « Ta mère, MARCHAND. »

3° Que je n'ai jamais parlé moi-même à cette dame Marchand ;

4° Que j'ai remis le paquet sus-mentionné au sieur Marchand peu de temps après notre arrivée, le jour même où, comme vous vous en rappellerez, il vint à la maison où nous étions descendus ;

5° Que je me suis borné d'assurer au sieur Marchand que j'avais entendu que sa mère se portait bien, et qu'il n'a été question d'autre chose entre nous ;

6° Enfin, que depuis cette époque, je n'ai point vu le sieur Marchand ni qui que ce soit de la suite de l'ex-empereur Napoléon.

Si les règlements établis ici m'avaient été connus plus tôt, je me serais fait un devoir de vous remettre ce petit paquet, mais je trouvai alors qu'il ne valait pas la peine de vous en parler.

Signé : WELLE.

*Lettre du baron de Stürmer à sir Hudson Lowe,
à laquelle se trouvait annexée la traduction ci-
dessus.*

Rosemary-Hall, 29 novembre 1816.

Monsieur le gouverneur,

Pour vous faire connaître jusqu'aux plus petits
détails relatifs à la communication que j'ai eu l'honneur de vous faire hier, je m'empresse de vous envoyer la lettre ci-jointe que j'ai fait écrire à M. Welle;
comme elle est en allemand, j'ai pensé que vous
seriez bien aise d'en avoir une traduction; vous la
trouverez ci-jointe, j'en garantis l'exactitude.

J'ose vous prier, Monsieur le gouverneur, d'envoyer cette lettre à mylord Bathurst, afin de détruire
les bruits absurdes auxquels cette affaire, absolument
insignifiante en elle-même, a donné lieu, et de dis-
siper les doutes que vos premiers rapports pourraient avoir fait naître dans l'esprit du ministère
britannique.

Signé : Bon STÜRMER.

Copié devant moi sur l'original.

Signé : MONTCHENU.

PIÈCE JUSTIFICATIVE N° 3.

*Correspondance entre M. de Montchenu
et le gouverneur* (1).

M. de Montchenu à sir Hudson Lowe. — Le marquis de Montchenu présente ses respects à Monsieur le gouverneur et a l'honneur de lui accuser réception de sa note du 9 du présent mois, à laquelle était joint un extrait de deux lettres du secrétaire d'État, comte de Bathurst, l'une du 9 juillet 1816, et l'autre, du 17 du même mois; il a l'honneur de l'en remercier.

Le marquis de Montchenu, après les avoir lues avec grande attention, voit avec plaisir que l'on ne saurait prendre des mesures trop sévères pour assurer la captivité d'un homme qui a fait pendant quinze ans le malheur de l'Europe.

Mais le marquis de Montchenu, en lisant avec la même attention la note de Monsieur le gouverneur, n'a jamais pu comprendre le sens ni l'intention des phrases suivantes, qu'il a traduites ainsi :

As you make the act of Parliament known, you must take care to have it understood that all persons living at St-Helena, or resorting to it, are considered as so far owing allegiance to His Majesty as to come within the provisions of the act.

1) *Arch. **Aff**. étr. Fr.*, tome 1,804, fol. 139 et suiv.

Comme il ne voit pas l'analogie qu'il peut y avoir entre lui et les habitants ou passagers résidant à Sainte-Hélène, il a l'honneur de prier Monsieur le gouverneur de lui en donner l'explication d'une manière précise et catégorique pour qu'il puisse y répondre de même. Si Monsieur le gouverneur avait la bonté de faire la réponse en français, M. de Montchenu serait très reconnaissant de cette complaisance.

Sir H. Lowe à M. de Montchenu. — Monsieur le marquis, j'envoie traduction de la note que je vous avais adressée dans cette note; je ne fais que répéter mot pour mot ce qui était contenu dans l'extrait de la lettre du 17, joint à la note reçue de mylord Bathurst. J'ai ajouté à la traduction une explication sur le mot *allegiance* (1). C'est la seule que je suis dans le cas de vous donner; s'il en manque encore, je me ferai un plaisir de vous les donner à toute demande que vous puissiez désirer me faire, mais je dois revenir toujours aux termes cités dans les extraits joints à ma note, comme c'est la seule instruction que j'aie à cet égard.

M. de Montchenu à sir H. Lowe. — Monsieur le gouverneur, j'ai reçu votre lettre du 22 en réponse à la mienne du même jour, à laquelle vous avez

(1) L'*allegiance* est l'obéissance locale et temporaire due aux lois du roi et du gouvernement, dont on jouit de la protection. (Note du marquis de Montchenu.)

eu la bonté de joindre la traduction de votre note du 9 et de la lettre du secrétaire d'État, lord Bathurst.

Le noble lord avance un principe qui n'est contesté par personne, qui est l'*allegiance* due généralement par toutes les personnes qui vivent sous la protection des lois d'un gouvernement. Voilà un principe posé et qui est de toute justice. Mais, en me faisant part de la lettre du 17, avez-vous entendu que moi, commissaire du roi de France, envoyé ici par suite d'un traité conclu et signé par les plus puissants souverains de l'Europe, et les personnes de ma suite, y fussent compris?... Voilà, Monsieur le gouverneur, la déclaration que j'ai l'honneur de vous demander, avant d'entrer avec vous en explication sur le droit des nations et sur le respect dû au caractère dont je suis revêtu, et surtout avant d'en informer ma cour et d'établir des querelles entre des gouvernements qui, grâce au ciel, vivent dans la meilleure harmonie et ne désirent mutuellement que paix, amitié et tranquillité.

La lettre de mylord Bathurst, du 9, qui demande la signature des personnes qui ont accompagné Bonaparte, prisonnier d'État et non prisonnier de guerre, et qui, par conséquent, sont dans la même position que lui, me paraît expliquer clairement son intention.

Sir H. Lowe à M. de Montchenu. — Monsieur le marquis, dans la lettre que j'avais l'honneur de vous adresser, sous date du 9 courant, je ne faisais que répéter un article d'instructions que j'avais reçues, où il n'était pas parlé des commissaires, mais où, cependant, il n'y avait rien à me faire croire qu'ils fussent exceptés. Ayant reçu une instruction si généralement conçue, je ne voudrais pas, de mon chef, autoriser ou faire supposer une exception à leur égard, en leur laissant ignorer son contenu. Voilà le principe sur lequel je vous ai adressé.

Si on considère la chose au fond, on verra que la supposition du cas où les commissaires pourraient être exposés à l'application de la loi, porte sur une contradiction et sur une impossibilité presque absolue, — celle qu'ils devraient agir en sens diamétralement opposé à l'objet, et au *seul* objet de leur mission, — qu'ils rompraient formellement *la condition princi-pale* du traité en vertu duquel leur séjour a été fixé dans cette île. Cas extraordinaire, qui porte en lui-même, et par leur propre acte aussi, la dissolution de toutes leurs fonctions. Un tel cas extraordinaire n'aurait été jamais peut-être formellement prévu, mais cela ne devait pas m'empêcher de faire con-naître aux commissaires l'étendue *générale* de la loi et ainsi me prémunir plus en particulier contre tout effet d'ignorance de la part des domestiques étrangers et autres personnes à leur suite, et je suis persuadé que ma démarche sera approuvée, non

seulement par ma propre cour, mais par les ministres de toutes les autres puissances, qui sont à même
de juger de la position de cette île et des circonstances auxquelles l'ignorance ou l'indifférence des
personnes inférieures peut quelquefois donner lieu.

A l'égard des officiers et autres personnes à la
suite de celui qui est détenu dans cette île il n'a
jamais été parlé s'ils fussent attachés à lui comme
prisonnier d'État ou de *guerre;* aussi ne sais-je,
Monsieur le marquis, d'où dérive votre réflexion
à cet égard. Comme tous ont été parfaitement libres
de rester ou de s'en aller, que c'est par faveur et
attention spéciale, tant à lui qu'à eux, que leur séjour
a été permis dans cette île, il est tout naturel, pour
des motifs plus simples que ceux que vous avez
supposés, qu'ils soient assujettis aux lois du gouvernement qui leur accorde sa protection pendant qu'ils
y demeurent.

Je suis, etc.

Signé : HUDSON LOWE.

A Plantation-House, le 24 oct. 1816.

M. de Montchenu à sir H. Lowe. — J'ai reçu, Monsieur le gouverneur, votre lettre du 24, en réponse à
la mienne du 23; je n'entrerai ici dans aucun détail,
parce que ni vous ni moi ne pourrons décider ce
qui regarde aussi *particulièrement* les droits et les
égards que nos souverains se doivent entre eux,

fondés sur les usages les plus anciens. Je me borne
à envoyer à ma cour notre correspondance et je me
conformerai strictement à ce que nos deux cours
auront décidé. En attendant, je resterai ici comme
l'envoyé du roi de France, avec tous les droits attachés à ce titre; car je ne suis point envoyé pour jouir
de la protection des lois anglaises, que je ne réclame
que conformément au droit des gens, et ce sera avec
d'autant moins d'inconvénient que, comme vous le
remarquez très bien, je ne suis point venu ici pour
contrarier vos mesures, mais bien pour les appuyer
si c'était en mon pouvoir.

Je ne veux cependant pas terminer ma lettre sans
vous détromper sur le sens que vous croyez que j'ai
voulu donner à ma phrase sur les personnes qui ont
accompagné Bonaparte. Je sais très bien que tous
ceux qui sont venus ici avec lui l'ont fait volontairement, mais j'ai entendu que Bonaparte étant, non prisonnier de guerre mais bien prisonnier d'État, les
personnes qui ont bien voulu partager sa captivité
sont, selon les lois de tous les pays, tant qu'elles
seront ici, soumises à toutes les lois de rigueur employées contre le chef. C'est sur la formule exigée
d'eux par la lettre du secrétaire d'État, comte Bathurst, en date du 9 juillet, que je vois clairement
la différence que le noble lord a établie entre nous
et eux, en ne nous nommant point.

Je suis, etc.

Signé : Montchenu.

PIÈCE JUSTIFICATIVE N" 4.

Déchiffré sur l'Anti-Gallican, *du 24 novembre.*

« Le bruit de la vente de votre argenterie a fait sensation ici. C'est une grande maladresse de votre part. A coup sûr, vous ne pouvez pas être pressé pour de l'argent, car Joseph nous a promis de pourvoir à vos besoins...

« Nous avons reçu des lettres satisfaisantes de Vienne; B... y est toujours; dans deux mois, on tentera encore.

Arch. Aff. étr., tome 1,804. fol. 159.

PIÈCE JUSTIFICATIVE N° 5.

Lettre du marquis d'Osmond, ambassadeur de France à Londres, au colonel Maler, chargé d'affaires de France au Brésil.

11 septembre 1817.

Je suppose que vous êtes prévenu des intentions manifestées en Amérique d'enlever le prisonnier de Sainte-Hélène. Dans le plan vaste et compliqué des bonapartistes, se trouve une expédition préliminaire sur l'île de Pernambouc de Noronha. S'il est vrai qu'elle contienne plus de 2.000 bannis, gardés par une faible garnison, les factieux y trouveraient des auxiliaires, propres à rendre leur entreprise redoutable. Quoi qu'il en soit, nous ne devons pas la perdre de vue. Votre attention sera utilement fixée sur le colonel Latapie, à Pernambouc, et sur le général Boyer, à Buenos-Ayres; ces deux officiers, avec tout ce qu'ils pourront emmener, sont destinés à rejoindre les forces parties d'Amérique et d'Angleterre pour

Arch. Aff. étr.

s'emparer d'abord de Fernando Noronha; c'est sur ce point que vous éveillerez sans doute la sollicitude; ici, les précautions ne seront pas négligées.

Signé : OSMOND.

PIÈCE JUSTIFICATIVE N° 6.

Lettre du comte Molé au duc de Richelieu.

22 septembre 1817.

Monsieur le duc, vous avez bien voulu communiquer, le 6 de ce mois, à **M.** le maréchal Gouvion Saint-Cyr, des détails parvenus par la voie d'Amérique sur des préparatifs qui paraîtraient s'y faire par des bannis français et dont le but serait d'attaquer l'île Sainte-Hélène, afin d'enlever Bonaparte.

Il résulte de cette note que deux goélettes, de 300 tonneaux, ayant des bouches à feu, et un vaisseau de 74, armé par lord Cochrane, composeraient cette expédition, qui porterait environ 80 officiers français et 700 hommes recrutés aux États-Unis;

Que l'île de Fernando de Noronha (côte du Brésil serait le rendez-vous des trois bâtiments, qui partiraient de ce point pour l'île de Sainte-Hélène.

Comme Votre Excellence invitait **M.** le maréchal Gouvion Saint-Cyr à surveiller ces armements

et qu'Elle paraissait désirer que des bâtiments du
roi fussent destinés à croiser dans les parages des
États-Unis, je crois devoir ramener votre attention
sur ces circonstances, car il importe de reconnaître
d'une manière positive s'il est possible d'empêcher
une expédition qui se préparerait aux États-Unis
contre l'île Sainte-Hélène et si, dans cette vue, il
convient de mettre à la mer des bâtiments de Sa
Majesté.

Les côtes des États-Unis sont fort étendues,
elles offrent des ports et des mouillages nombreux,
et, pour les observer de près, il faudrait employer
une immense quantité de bâtiments. — Si des croisières étaient établies (et la fixation du budget de la
marine ne permet pas d'y penser), pourrait-on supposer raisonnablement qu'aucun navire n'échappe-
rait à leur surveillance, lorsque des coups de vent,
des avaries subites, peuvent forcer des bâtiments
croiseurs à prendre le large ou à rentrer dans les
ports?

En admettant même que des armements suspects
fussent parfaitement désignés aux croiseurs français,
la régularité apparente des pièces de bord et le pavillon dont les navires seraient couverts permet-
traient-ils aux vaisseaux de Sa Majesté d'arrêter ces
navires, de les forcer à rentrer dans les ports, de les
attaquer, de les capturer? C'est ce qu'il faudrait
faire pour atteindre le but désiré; d'où des contestations politiques d'une extrême gravité.

Si les faits ou les conjectures parvenus ici ont été recueillis soit par le ministre, soit par les consuls de France aux États-Unis, les agents des gouvernements britannique et portugais en auront eu sûrement connaissance, et il serait difficile d'admettre que ces gouvernements n'eussent pas envoyé des avis à Sainte-Hélène, et que la cour de Londres n'eût pas exigé de celle de Rio-Janeiro qu'elle fît retenir les trois bâtiments qui auraient pris l'île de Fernando de Noronha pour rendez-vous.

Mais, dans le cas où il existerait quelques doutes sur ces communications, il semblerait que l'on pourrait les faire donner au cabinet de Saint-James.

Enfin, lors même qu'il serait possible que la France fît des armements assez nombreux pour surveiller ceux que l'on croit se préparer afin d'attaquer l'île de Sainte-Hélène, ne s'exposerait-elle pas à partager, à atténuer la responsabilité que le gouvernement britannique a contractée envers toutes les Puissances de l'Europe, quand il s'est emparé de la personne de Bonaparte et s'est rendu garant de sa détention?

Le fait du vaisseau de 74, armé par lord Cochrane pour seconder les bannis français, pourrait, au surplus, faire suspecter la véracité des avis venus d'Amérique; car il est peu probable qu'un bâtiment de ce rang soit la propriété d'un particulier; mais, quoi qu'il en soit, j'ai cru devoir, Monsieur le duc, vous faire part de mes observations, comme si elles avaient été amenées par des faits exacts et constants : elles se rapportent, en effet, à une question trop grave, et le ministre de la marine est trop intéressé à sa solution, pour que je ne désire pas voir décider d'une manière positive si j'ai, ou non, quelque suite à donner aux communications que **M.** le maréchal Gouvion Saint-Cyr avait reçues de Votre Excellence.

Agréez, etc.

Signé : Comte MOLÉ.

P.-S. — En résumé, il est impossible que nos croisières exercent une surveillance suffisante et soient responsables, dans aucun cas, des événements. C'est ce qu'on a bien voulu constater dans cette lettre.

(Post-scriptum de la main du comte Molé.)

PIÈCE JUSTIFICATIVE n° 7.

Lettre du lieutenant Jackson au gouverneur.

Sainte-Hélène, 15 mars 1818.

Monseigneur, J'ai l'honneur de vous informer que, conformément à vos instructions, j'ai accompagné le général Gourgaud jusqu'à la porte de l'entrée de Longwood, le 13 courant au matin. Il me pria alors d'aller voir le général Bertrand et de lui dire qu'il l'attendait et désirait l'entretenir, pour quelques instants, au sujet de la lettre qu'il lui avait écrite, le 11 courant, et à laquelle il n'avait pas reçu de réponse.

Je trouvai le général Bertrand en conversation avec deux commandants de vaisseaux destinés pour la Chine; ni l'un ni l'autre ne parlait français. Il me pria de m'asseoir et me demanda où était le général Gourgaud. Je lui répondis qu'il était à la porte et qu'il désirait voir le général Bertrand. Je lui demandai s'il avait reçu une lettre de lui. « Oui,

Arch. Aff. étr., tome 1,804, fol. 305 et suiv.

mais je ne sais pas ce qu'il veut; il me parle d'argent; n'en a-t-il pas reçu de Balcomb? »

Je lui répondis que non. « Mais comment! je lui ai dit quatre fois, entre ici et l'Alarm-House (1), que l'Empereur avait mis 12.000 francs à sa disposition et qu'il n'avait qu'à les demander à Balcomb; il y a à présent un mois que cette somme est dans ses mains. — Pourquoi ne l'a-t-il pas reçue? Il me dit qu'il a besoin d'argent; qu'il reçoive les 12.000 francs que l'Empereur a eu la bonté de lui donner. Si cette somme ne lui suffit pas, il n'a qu'à me le dire, il aura alors tout ce qu'il désire. Enfin, tout ce que j'ai est à son service; mais qu'il ne me mette pas dans la position de manquer à l'Empereur. Je suis homme de l'Empereur, les ennemis de l'Empereur sont les miens. J'estime Gourgaud; longtemps je lui disais qu'il faisait des sottises. Je ne suis pas instruit de beaucoup de choses qui se sont passées entre lui et S. M., mais je sais qu'il a tort. Il doit tout à l'Empereur; il était né, pour ainsi dire, à côté de l'Empereur, élevé auprès de l'Empereur, qui a tout fait pour lui. Il était je ne sais quoi... lieutenant! — Était-ce à lui à exposer l'Empereur à entrer en discussion avec lui? Si, à présent, je lui prêtais de l'argent, ce serait l'aider contre l'Empereur... Moi, contre l'Empereur! Si je m'oubliais à un tel point, mes amis me

(1) Le général Bertrand accompagna le général Gourgaud jusqu'à l'Alarm-House, lorsque ce dernier quitta Longwood. (Note de M. de Montchenu.)

donneraient tort, les siens me donneraient tort et
lui-même, après quelque temps aussi, me donnerait
tort... C'est une tête chaude, sans réflexion. Il s'en
va... Que fera-t-il? Des sottises. Qu'en résultera-t-il?
Le monde est divisé en deux partis : les amis et les
ennemis de l'Empereur. Ses amis lui donneront tort
et ses ennemis se moqueront de lui.

« Dans sa lettre, il dit que j'avais promis d'aller
le voir. Ce n'est pas vrai; jamais je ne lui fis cette
promesse. Je ne pourrais le voir que devant un officier anglais et, dans une telle situation, que dirais-je?
Je ne pourrais pas dire : « Mon cher Gourgaud, je
vous conseille telle ou telle chose. » Impossible! le
monde entier nous regarde dans cette île, et c'est une
justice que je dois à mon caractère, à ma position, à
ma conduite, et, si vous voulez, à ma fierté. Il est
vrai que j'ai été une fois voir **M.** de Las Cases, mais
c'était pour une affaire très importante : il s'agissait
de lui persuader de rester à Sainte-Hélène... Je
ne pourrais pas non plus lui écrire sans que ma
lettre fût lue par un officier anglais et, d'ailleurs, il
sait que je n'écris à personne... Retournez au général Gourgaud, racontez-lui ce que je viens de vous
dire et tâchez, si vous prenez intérêt à lui, de lui
faire accepter l'argent que lui accorde l'Empereur.
Alors, je serai à ses ordres et tout ce que je possède
sera à son service. Il me parle de rendre l'argent,
quand il le pourra; s'il en prend, qu'il me le res-
titue quand il sera en état de le faire, ou à mes en-

fants, si je n'existe plus. Mais, je vous le répète, s'il ne prend pas les 12.000 francs de l'Empereur, il n'en aura pas de moi. L'Empereur lui a donné une pension de 12.000 francs; si elle n'est pas payée régulièrement, qu'il m'écrive, j'en ferai mon affaire. »

Le Dr O'Meara est allé aujourd'hui chez Balcomb pour savoir si Gourgaud a reçu l'argent, ainsi que 20 livres sterling que Balcomb a ordre de lui payer.

Je parlai alors du reçu pour les livres. Il n'en a pas donné, du moins je ne l'ai pas vu. Le bibliothécaire m'a montré un petit morceau de papier comme celui-ci (en déchirant un petit morceau de papier de l'enveloppe d'une lettre), sur lequel il y avait les noms de quelques livres, mais il n'était pas signé.

Comme c'est moi qui avais envoyé les livres à Longwood, je lui demandai s'ils avaient été reçus. Il répondit affirmativement et je le priai alors de me donner un reçu.

« Que diable! pourquoi veut-il un reçu? Qu'en fera-t-il? Est-ce pour faire imprimer et montrer à tout le monde que des livres avaient été donnés et redemandés? D'ailleurs, vingt-neuf volumes sont beaucoup à Sainte-Hélène. »

Je lui dis que le général Gourgaud m'avait informé qu'il y en avait des doubles. « Ah oui! il est vrai que quelques-uns sont en double. »

Je pris alors congé pour aller rejoindre le général Gourgaud, à qui je fis part que la conversation que je venais d'avoir avec le général Bertrand prouvait que Napoléon avait bien jugé son caractère, en lui accordant un grand talent dans l'art de la dissimulation.

Signé : B. Jackson.

P.-S. — Pendant toute la conversation, le général Bertrand était très animé et faisait beaucoup de gesticulations.

Pour traduction conforme :

Signé : Osmond.

PIÈCE JUSTIFICATIVE N° 8.

Mémoire remis par le cabinet de Russie sur le mode d'existence de Napoléon Bonaparte dans l'île de Sainte-Hélène et annexé au protocole du 13 novembre 1818 (n° 31 du Congrès d'Aix-la-Chapelle).

Le cabinet de Russie a examiné la question relative au mode d'existence de Napoléon Bonaparte à Sainte-Hélène et aux clameurs excitées en Angleterre et répétées dans quelques parties de l'Europe, concernant les traitements exercés envers un homme dont la funeste célébrité n'a pas encore cessé d'agiter le monde.

L'odieux que les révolutionnaires de tous les pays cherchent à jeter sur la mesure de sa détention, quoique autorisée par la justice et commandée par la nécessité, l'accord que ce mot de ralliement produit entre les ennemis de l'ordre quels que soient les intérêts et les doctrines qui les séparent, l'impression qu'ils produisent et le dessein qu'ils osent avouer ouvertement, ont donné lieu aux observations suivantes.

La guerre soutenue contre Napoléon Bonaparte, et les résultats qui en ont été la conclusion, n'ont jamais eu aucune personnalité pour objet : c'est le pouvoir de la Révolution française, concentré dans un individu qui s'en prévalait pour asservir les nations sous le joug de l'injustice, que les alliés ont combattu et qu'ils sont heureusement parvenus à détruire.

Ce principe a constamment caractérisé les délibérations des cabinets, dans toutes les circonstances où il a été possible de le mettre en pratique. Arrivés à Paris, au mois de mars 1814, et au moment où la fortune des armes avait permis, pour la première fois, d'annoncer d'une manière positive l'époque de la délivrance générale, les souverains s'empressèrent de décider ce que l'incertitude des événements avait mis en question jusqu'alors : *la destruction de la puissance politique de Bonaparte.*

En proclamant qu'ils ne feraient jamais la paix, ni avec sa personne, ni avec aucun individu de sa famille, tout l'échafaudage de l'usurpation s'écroulait, et l'Europe voyait dans cette immense ruine les commencements de sa propre réédification.

Envoyé à l'île d'Elbe, Bonaparte en sortit contre la teneur de son abdication et la foi des traités. La même cause produisit, de nouveau, les mêmes effets; sa présence en France excita la Révolution, dont on venait à peine de sortir, et les espérances de la paix, que le Congrès de Vienne travaillait à rétablir, se flétrirent et s'évanouirent à son aspect.

La lutte qui s'établit alors entre les forces destinées à conserver l'ordre public et celles qui menaçaient de le détruire était d'un caractère différent de toutes celles qui avaient précédé. Dans les premières, Bonaparte avait été considéré et traité comme souverain, par le fait du pouvoir qui l'avait élevé et qui le maintenait à une hauteur aussi éminente; dans celle-ci, au contraire, il ne se présentait que comme le chef d'une force informe, sans caractère politique reconnu et, en conséquence, sans avoir aucun droit de prétendre aux avantages et aux égards dus à la puissance publique par les nations civilisées, même lorsqu'elle est plongée dans l'infortune.

Cette distinction a été la base de toutes les précautions prises et des mesures exercées envers un homme qui, ayant cessé d'être reconnu comme le souverain de la France, devait nécessairement en être traité comme le perturbateur. Bonaparte, avant la bataille de Waterloo, était un rebelle redoutable; après la défaite, un vagabond, dont la fortune avait trahi les projets, un fugitif à Rochefort; il dépendait de la justice de l'Europe à bord du *Belléro-phon*. Dans cette situation, sa destinée était soumise à la prudence des gouvernements qu'il avait offensés, et il n'existait alors en sa faveur les droits inséparables de l'humanité exceptés, aucune loi posi tive, aucune maxime salutaire qui lui fût applicable.

C'est lorsque la question se trouvait ainsi placée que les cabinets alliés ont délibéré sur le sort de leur prisonnier. La nature des circonstances et la singularité du cas ne permettaient pas d'avoir recours à aucun exemple connu. De l'autre côté, la funeste expérience qu'on venait de faire et les devoirs imposés à la conscience des souverains de ne plus exposer le repos de leurs sujets à des dangers et à des convulsions aussi pénibles que celles dont on venait de sortir, leur indiquèrent la marche qu'ils devaient suivre et la décision qui restait à prendre.

Une réunion de Puissances indépendantes ne pouvait s'entendre que sous la forme d'un traité, et cette réunion, composée de tout ce qui existe de plus auguste dans l'univers, se trouvait elle-même engagée par ses propres principes et par sa générosité à combiner les mesures de précautions indispensables pour mettre le prisonnier dans l'impossibilité de faire le mal, avec tout ce que l'humanité et la délicatesse même pouvaient accorder à un homme qui, au milieu des fastes de son existence passée, avait mis son orgueil à se rendre et à se dire insensible aux sentiments de compassion pour ses semblables.

C'est sous de pareils auspices que fut rédigé le traité du 2 août 1815; les stipulations en sont claires et précises.

Napoléon Bonaparte est regardé par les Puissances qui ont signé le traité du 27 mars de la même année, comme leur prisonnier. Il est confié à la garde du gouvernement britannique, qui choisira le lieu de sa détention et qui règlera les mesures de précaution propres à assurer le but de la stipulation convenue. Les cours signataires auront le droit d'y envoyer des commissaires qui, sans être chargés de la responsabilité, s'assureront de la présence du prisonnier.

Ni les événements qui ont donné lieu à cette transaction, ni ceux qui sont arrivés depuis, n'offrent le moindre prétexte à la critique impartiale. Le Parlement britannique lui-même, appelé à se prononcer sur les clauses qu'elle renferme, en a non seulement proclamé l'approbation, mais, entrant dans l'esprit des engagements pris par le gouvernement à cette occasion, il a converti en loi certaines mesures tendantes à autoriser ceux qui sont chargés de la garde de Napoléon Bonaparte à porter la rigueur jusqu'aux dernières extrémités, toutes les fois qu'une tentative d'évasion pourrait avoir lieu.

Un pareil acte confirme expressément les principes qui ont dicté le traité. La condition de prisonnier est soumise aux règles générales du droit des gens, mais le cas de Bonaparte étant une exception, tout ce qu'il y avait de particulier dans ce qui le concerne a dû être fixé par des stipulations et des lois spéciales, et c'est aux unes et aux autres que le devoir prescrit de s'en rapporter, sans déviation quelconque.

En portant une juste attention sur la nature des débats qui se sont élevés à ce sujet, et sans avoir égard à l’esprit de parti, qui a voulu s’en prévaloir pour embarrasser l’administration et induire en erreur le public de la Grande-Bretagne, les alliés saisirent cette occasion de se réunir aux ministres de S. M. britannique dans les doctrines et les maximes qu’ils ont fait triompher sur cette question importante, et ils déclarèrent expressément avec eux que le traité, étant réciproque et obligatoire, il n’appartient à aucune des parties de se soustraire aux obligations qu’on impose et de mettre en doute les intérêts qu’il est destiné à garantir, sans se rendre coupable de défection envers l’Europe et responsable des inconvénients qui en résulteraient infailliblement.

Les principes et les conséquences qui en dérivent démontrent que l’attention du cabinet de Russie s’est portée sur le mérite des clameurs réitérées avec tant de persévérance et reproduites sous des formes si différentes, au sujet du traitement exercé envers le prisonnier par ceux qui sont chargés de sa garde à Sainte-Hélène.

La libéralité et la douceur du caractère et des lois de l’Angleterre auraient suffi pour faire apprécier à leur juste valeur ces cris de la calomnie ou d’une fausse compassion; mais un examen approfondi des documents relatifs aux faits qui se rapportent à cet objet, combiné avec les vues et la conduite politique des auteurs des dénonciations, dévoile le projet formé de leur part, non d'améliorer la position de Bonaparte considéré comme détenu, mais de multiplier les chances de son évasion en fatiguant, s'il leur était possible, la vigilance du gouvernement et de ses agents. Cette tactique leur offre, en attendant, l'avantage de faire supposer à tous les ennemis de l'ordre le retour du chef qui convient le mieux à leurs desseins ou à leurs passions criminelles et d'infuser ainsi la France et les pays encore agités par les suites de la Révolution d'une infinité de spéculations qui, quoique vagues, sont encore encouragées par ceux qui cherchent à trouver dans la corruption ou les folies de la société les moyens de la bouleverser entièrement.

Il n'y a nul doute que, depuis l'arrivée de Bonaparte à Sainte-Hélène, on ne se soit efforcé de lui rendre sa captivité moins pénible : elle le serait devenue, en effet, si, décidé à se considérer comme un particulier relégué dans cette île, il avait eu le courage ou la volonté de renoncer aux prétentions de la grandeur et aux exigences qui sont incompatibles avec sa situation et sa fortune actuelle.

Napoléon veut être considéré comme souverain, lorsqu'il est décidé qu'il est rentré dans la condition d'homme privé et qu'il doit être traité comme tel.

Il regrette des facilités qui lui sont offertes pour se distraire ou prendre l'exercice auquel il paraissait vouloir s'accoutumer, parce qu'il dédaigne d'être observé par un officier anglais.

Il peut avoir des correspondances par la voie du gouverneur, soit pour nourrir sa curiosité ou pour occuper son loisir, soit pour entretenir ses affections, et il n'en cherche que des secrètes et indépendantes de la surveillance publique.

Il se dit malade et il refuse la visite d'aucun autre médecin que de celui qui était devenu son complice, et qui même n'a jamais pu certifier que le général Bonaparte fût travaillé d'aucune indisposition sérieuse ou apparente, dont quelques jours d'exercice le délivreraient complètement.

Le traité porte que les commissaires des Puissances s'assureront de sa présence et, jusqu'à ce moment, ils ne sont pas encore parvenus à le voir une seule fois, parce qu'il ne consent à les voir approcher de lui qu'en qualité d'ambassadeurs.

De ces difficultés, Napoléon descend à d'autres aussi fausses que puériles. Les aliments, le logement et enfin tous les détails minutieux du ménage deviennent à chaque instant un objet de plaintes et d'intrigues. Loin de nous de vouloir aggraver son sort par aucune privation de ce genre, mais la vérité · est que ces privations n'ont jamais existé et qu'elles ne sont présentées à la curiosité et à la malignité publiques que comme un moyen de plus pour réveiller l'intérêt et revivre dans la mémoire de ses partisans.

Cette tactique n'est pas restée absolument sans effet. A des temps donnés, on a vu arriver de Sainte-Hélène quelqu'un de sa société porteur de détails que les perturbateurs de tous les pays ou ceux qui croient follement se donner une sorte de célébrité en se faisant ses apologistes, ne manquent pas de publier en Europe. Si l'émissaire est un homme ignoré et de condition servile, il trouve des rédacteurs et des compositeurs zélés; si, au contraire, il appartient à une classe plus relevée ou mieux instruite, il devient lui-même le narrateur de ses propres inventions.

Les membres de la famille du prisonnier, établis sur plusieurs points principaux de l'Italie et de l'Allemagne, ne manquent pas d'accueillir les nouveaux venus et d'en recevoir des informations. Ils fournissent l'argent et maintiennent par des correspondances cette sourde activité qui travaille encore les esprits, et la leur fait envisager par tous les débris de toutes les factions révolutionnaires comme le centre d'union où ils pourront s'appuyer un jour. Leur correspondance secrète avec Sainte-Hélène est prouvée au-dessus de toute contradiction; l'envoi de sommes clandestines et l'acquittement de toute lettre de change endossée par Bonaparte sont également avoués et hors de doute.

Ces vérités, qui résultent des documents fournis par le gouvernement anglais, n'ont jamais échappé à la vigilance des autres cabinets. Très souvent, ils se sont fait, à ce sujet, des confidences réciproques, *mais jamais les mesures et les précautions n'ont suivi le mal qu'on venait de dénoncer.*

Parmi les émissaires arrivés de Sainte-Hélène, le général Gourgaud se trouve au nombre des plus notables. Ayant pris un ton de franchise suspect, il a révélé, néanmoins, des particularités qui ne peuvent manquer de fixer l'attention des alliés.

Napoléon, selon lui, n'excite envers le gouverneur de Sainte-Hélène toutes les tracasseries dont il le fatigue que pour mieux cacher ses véritables desseins.

Les correspondances secrètes avec l'Europe et le trafic d'argent ont lieu dans toutes les occasions qui se présentent.

Le projet d'évasion a été agité par les gens attachés à sa suite, *et il aurait été exécutable,* si leur chef n'avait pas mieux aimé le différer.

Le moment de l'exécution de ce projet devait coïncider avec celui de l'évacuation du territoire français par les troupes alliées et avec les troubles que cet événement aurait fait naître.

Ces renseignements, combinés avec les espérances et les mouvements de tout le résidu criminel des temps révolutionnaires, méritent une attention suivie de la part des gouvernements, et il appartient plus spécialement aux souverains réunis d'en donner l'exemple.

Déjà le ministère anglais a pris des précautions plus efficaces pour ce qui concerne le prisonnier de Sainte-Hélène. Par sa lettre du 1er septembre, lord

Bathurst témoigne à M. le chevalier Lowe toute sa surprise de ce que les confidents de Bonaparte se vantent que son existence dans l'île serait un mystère pour tout le monde et pour le gouverneur lui-même. Frappé de cette dérivation aux règles prescrites, le ministre ordonne à ce dernier de constater, au moins deux fois par jour, l'existence du détenu et, dans le cas où Bonaparte se prêterait sans résistance à cette vérification, de lui offrir de nouvelles facilités de jouir d'une plus grande liberté, qui cesserait d'être dangereuse du moment que sa personne serait mise en évidence à des intervalles aussi rapprochés.

Si la garde militaire doit accomplir cette opération, il ne saurait y avoir ni raison ni obstacles pour qu'à de certaines périodes les commissaires des Puissances ne soient introduits, afin de s'assurer matériellement de l'existence du prisonnier; ce droit, stipulé par les traités, ne peut leur être contesté. Leur mission n'est pas auprès de Bonaparte, pour avoir besoin d'être reçus par lui afin de l'accomplir; du moment où le gouverneur les reçoit pour tels, il faudrait qu'il les mît à portée d'exécuter les ordres dont ils sont chargés.

Lorsque l'on considère les tracasseries locales que la duplicité ou l'irritation de Napoléon élève sans cesse contre les personnes chargées de le garder, les hommes inconsidérés peuvent ne les apprécier que dans leurs rapports avec la bonne ou la mauvaise humeur, les sûretés ou les difficultés ordinaires des gens placés dans des situations pareilles. Mais, si l'on réfléchit sur les conséquences politiques qui en dépendent, sur le mal que l'évasion d'un tel homme ne manquerait pas de causer à plusieurs parties de l'Europe, qu'elle viendrait surprendre au moment où celles-ci sont encore dans le travail de leur organisation à peine commencée, alors la question se présente dans toute sa gravité et l'étendue de son importance ; et ce n'est que sous ce dernier point de vue qu'il est du devoir des souverains, auxquels elle est soumise maintenant, de l'envisager.

C'est dans cette conviction que le cabinet de Russie regarde comme des principes desquels il n'est pas permis de se départir :

1° Que Napoléon Bonaparte s'étant mis, par l'effet de sa conduite, hors de la loi des nations et que les mesures de précaution prises à son égard, et toutes celles de ce genre qu'on serait autorisé de prendre, dépendront entièrement de la discrétion et de la prudence des souverains alliés ;

2° Que le traité du 2 avril le constitue expressément et formellement prisonnier des Puissances signataires du traité du 25 mars 1815 ;

3° Qu'une telle clause ne permet à aucune d'entre elles, et encore moins à celle qui en est la dépositaire, de se départir de l'engagement contracté ou de l'exposer, par des considérations quelconques, à se voir frustré au détriment de la paix publique ;

4° Que les précautions mentionnées dans les ins-

tructions primitives et renouvelées par la lettre de
lord Bathurst au chevalier Lowe, en date du 1ᵉʳ septembre 1818, rencontrent l'assentiment de toutes les
Puissances intéressées à l'exécution du traité ;

5° Qu'aussi longtemps que les commissaires de ces
Puissances prolongeront leur séjour à l'île de Sainte-
Hélène, le gouverneur sera tenu de les mettre à même
d'exécuter l'objet de leur mission, par les moyens
qu'il jugera les plus convenables ;

6° Que les membres de la famille Bonaparte seront
obligés de se rendre dans le pays qui leur avait été
assigné comme séjour par les délibérations précédentes, insérées aux protocoles arrêtés à cet effet ;

7° Que les ministres des Puissances signataires du
traité du 2 août et des protocoles subséquents, ac-
crédités auprès des cours où ces individus résident,
sont chargés d'en demander le départ et se concer-
teront entre eux sur les moyens d'exécution de cette
mesure ;

8° Que toute correspondance avec le prisonnier
de Sainte-Hélène, envoi d'argent ou communication
quelconque qui ne serait pas soumise à l'inspection
du gouvernement anglais, de la part des membres
de sa famille ou des autres individus, sera regardée
comme attentatoire à la sûreté publique et qu'il sera
porté des plaintes et pris des mesures contre quiconque se rendra coupable d'une pareille infraction.

Si les ministres de cabinet des souverains alliés
partagent la manière dont la question vient d'être

présentée, moyennant le présent rapport, les plénipotentiaires de Russie sont prêts à se réunir à eux,
afin de donner à leur décision commune la forme
d'un protocole et à veiller, en ce qui concerne leurs
cours, à son entière exécution.

(On croit que ce rapport, présenté et lu par M. le
comte Capo d'Istria , a été rédigé par M. le général
Pozzo di Borgo. Le protocole auquel cette pièce devait donner lieu n'a pas été définitivement arrêté. Il
a été seulement convenu que les observations déve-
loppées dans le mémoire du cabinet de Russie seraient prises en considération par les cours signataires du traité du 25 mars et des délibérations du
Congrès actuel.)

PIÈCE JUSTIFICATIVE N° 9.

*Notes sur une conversation entre sir Hudson
Lowe et le comte de Montholon, à Longwood,
le 3 mai 1821 (1).*

Le gouverneur se présenta chez le comte Montholon, accompagné du docteur Arnott et du major Gorrequer, et dit que le docteur Arnott lui avait fait part d'une circonstance qu'il avait cru assez importante pour exiger une visite de lui au comte, afin de s'entretenir avec lui; que le docteur Antommarchi avait exprimé une opinion contraire au désir du docteur Arnott d'administrer certains médicaments au général Bonaparte; que, dans les cas ordinaires, lorsqu'il y avait divergence d'opinions entre deux médecins relativement au traitement de leur malade, d'autres médecins étaient appelés en consultation; qu'il n'avait pas l'intention de révoquer en doute les connaissances médicales ou le jugement du docteur Antommarchi, mais que puisqu'il y avait diversité d'opinions, il devait importer

______

(1) *Arch. Aff. étr.*, tome 1,805, fol. 122 et suiv.

même à sa satisfaction personnelle, et pour le décharger d'une grande part de responsabilité, de connaître l'avis d'autres médecins appelés en consultation; qu'enfin, dans une circonstance où il s'agissait de la vie ou de la mort, il espérait que le comte ferait tout ce qui dépendrait de lui pour recourir à un moyen seul capable de mettre fin à la variété d'opinions actuelle.

Le comte de Montholon répliqua qu'on venait, à l'instant même, de conférer à ce sujet avec le comte Bertrand, et ils étaient convenus, qu'aussitôt que le général Bonaparte serait dans un tel état mortel qu'il ne verrait plus ce qu'on ferait autour de lui, ils demanderaient aussitôt le secours d'autres médecins; mais que, dans le moment actuel, il n'en était pas arrivé au point où il fût possible d'introduire aucun nouveau médecin dans sa chambre. Et ils n'osaient le lui proposer, dans la crainte de produire sur lui une impression que son état présent rendait dangereuse.

Le gouverneur dit : « Ne serait-il pas bon peut-être de le considérer, dans son état actuel, comme un homme qui n'a pas une volonté à lui et de le confier entièrement aux soins et à la charge des médecins qui agissent sous leur propre responsabilité? »

Le comte observa qu'il croyait que le docteur Arnott lui-même, d'après la conversation qu'il avait eue avec lui le matin, ne trouverait pas prudent d'avoir recours, dans le moment actuel, à aucune

mesure semblable, vu la faiblesse du malade. Le
docteur Arnott paraissant partager cette opinion, le
comte ajouta que, dès qu'on s'apercevrait de la perte
de sa connaissance, assez pour ne plus redouter de
prendre malgré lui le parti qui serait jugé convenable, on demanderait aussitôt le concours des médecins qui, ainsi que le gouverneur avait la bonté
de le dire, étaient prêts à donner leurs soins, ajoutant : « Je suppose qu'ils arriveraient toujours ici au
bout de deux heures. » — Le gouverneur informa
le comte que les docteurs Short et Mitchell étaient
arrivés et prêts aussitôt qu'ils seraient appelés, mais
qu'afin d'éviter tout délai, il les ferait venir, pour
attendre à Longwood même.

Le comte exprima sa satisfaction de cet arrangement, qui le mettait à même de les appeler immédiatement quand on verrait le général Bonaparte dans
l'état ci-dessus, auquel cas les ménagements étant
inutiles, on ne s'y arrêterait naturellement plus,
puisque ce serait, comme le gouverneur l'avait observé, une question de vie ou de mort.

Le gouverneur fit remarquer que l'amiral avait
aussi regardé le moment où le général Bonaparte
perdrait sa connaissance comme le plus opportun
pour le faire voir à d'autres médecins, et qu'il désirait concourir lui-même à lui donner assistance, en
envoyant auprès de lui le chirurgien en chef de la
marine.

Le comte de Montholon expliqua que le docteur

Antommarchi se refusait à la proposition faite par le docteur Arnott d'administrer des lavements, non parce qu'il ne partageait pas son opinion sur la convenance du remède, qu'il approuvait au contraire entièrement, mais parce qu'il faudrait l'administrer contre la volonté du général, et il en redoutait la conséquence. Le général ne permettrait pas qu'on le dérangeât, ni même qu'on changeât les draps de son lit, quoiqu'il fût mouillé jusqu'au quatrième matelas. Pour lui donner le lavement, il était nécessaire de le tourner sur le côté; mais comment pouvait-on le faire quand il ne se laissait ni remuer ni toucher? — On ne pourrait même passer une alèze sous lui. Si on réussissait à lui donner un lavement, l'évacuation se ferait dans le lit même, et il lui faudrait rester dans cette fange, car il ne fallait absolument pas penser à le transporter sur un autre lit. Il pouvait expirer dans l'opération; la moindre chose qui l'agitait amenait des hoquets et, l'irritation qu'il en éprouvait était suivie d'une grande faiblesse. Toute secousse de ce genre pouvait le faire immédiatement mourir. Antommarchi craignait que, s'il se trouvait mal, il ne passât pendant l'accès et il dit en conséquence : « Je connais la sensibilité et l'irritabilité de mon malade et, par suite, le danger de prendre aucune mesure contraire à sa volonté. » Il demandait ensuite si le bien qu'on se promettait du remède contrebalançait suffisamment le danger qu'on courait en l'appliquant.

Le comte parla de la parfaite connaissance du général Bonaparte dans certains moments, et de son
insensibilité d'esprit et de corps dans d'autres; de sa
persévérance à refuser tout ce qui lui était offert, soit
médicament, soit nourriture; il dit qu'il secouait
toujours la tête, en disant « non, non », d'un air de
remerciement; qu'il avait plusieurs fois essayé de le
faire consentir à ce qu'on appelât les autres médecins
que le gouverneur offrait et qu'alors il disait : « Mais,
est-ce que je suis en danger donc...? Est-ce que je suis
mourant? » — Que lui, le comte, répondait que son
état n'était pas absolument dangereux, que cependant c'était une précaution nécessaire et qu'il était
utile de consulter d'autres médecins, mais qu'il ne
pouvait obtenir son consentement; que, quand il lui
communiqua la lettre qu'il avait reçue, le 28 avril,
du gouverneur, et où celui-ci lui offrait l'assistance
du docteur Short, et du médecin en chef de la marine,
le général dit qu'il ne voulait aucun autre médecin et
ne prendrait aucun médicament. — « Quelquefois
nous l'avons attrapé en lui faisant prendre quelque
médecine sans le savoir, mais on ne peut pas l'at-
traper en lui faisant prendre un lavement. » — Son
esprit était quelquefois si troublé qu'il ne se souve-
nait plus de rien; par exemple, quand on lui nomma
le docteur Short, en lui disant qu'il succédait au
docteur Baxter, il dit avec beaucoup de surprise :
« Quoi! est-ce que le docteur Baxter est parti? C'est
singulier, je n'en ai jamais rien su! Pourquoi donc

ne me l'a-t-on pas encore dit? » — Le comte répondit à ces questions que le docteur Baxter avait été rappelé et que le docteur Short était venu à sa place. Il continua encore longtemps à parler du docteur Baxter. Une autre fois, il avait demandé quel était le médecin qui le soignait. Le comte ayant répondu que c'était le docteur Antommarchi, il répéta ce nom avec beaucoup d'étonnement, disant « qu'il ne connaissait personne de ce nom » et demandant « ce que c'était que cet Antommarchi? » « N'était-ce pas encore O'Meara, demanda-t-il aussi, qui lui donnait des soins? » — Souvent, il méconnaissait le docteur Arnott lui-même et l'appelait Stokoe. — Quelquefois pourtant, il sortait tout à coup de cet état et reprenait, avec toute sa connaissance, toute sa liberté d'esprit. — Par exemple, avant-hier soir, il se calma tout d'un coup, désira que tout le monde sortît de la chambre et dit au comte de prendre une plume et de l'encre. Il lui dicta alors une lettre pour le gouverneur, lui ordonnant de l'expédier aussitôt après sa mort, ainsi que lui, le comte, aurait l'honneur de le faire. (Le comte observa ici, autant que j'ai pu le comprendre, que cette lettre ne portait aucune trace de dérangement d'esprit.) — Il souhaita aussi qu'après sa mort, le comte de Montholon montrât son testament au gouverneur. Le gouverneur fit ici répéter au comte ce qu'il venait de dire, comme s'il ne l'eût pas bien entendu. Le comte s'exprima en ces termes : « Si, après ma mort, le gouverneur

vous demande à voir ma disposition testamentaire,
vous la lui ferez voir et vous lui en laisserez prendre
copie, s'il le désire. » — Le comte de Montholon,
parlant de l'impression que toute chose inaccoutumée
ou inattendue produit sur le général Bonaparte,
observa que la seule vue de la comtesse Bertrand
avait considérablement affecté ses nerfs, que l'arrivée du comte Bertrand lui-même, à des heures où
il n'était pas habituellement de service auprès de sa
personne (ce qui était fréquent depuis peu) lui causait de l'émotion. Quand il l'apercevait, il s'écriait :
« Comment! vous voilà ici, Bertrand?... Que voulez-vous? Qu'est-ce qui vous amène à cette heure? »
— Un plus grand nombre de personnes autour de
lui, seulement plus de valets que de coutume, le
troublait extrêmement et lui faisait toujours faire
quelque observation.

Le comte de Montholon observa, qu'il y avait
trois ou quatre nuits, le général Bonaparte s'était
remué en se dirigeant vers le pied de son lit; que
lui, le comte, étant aussitôt entré dans sa chambre,
l'avait trouvé faisant, en apparence, quelques efforts
pour se lever; que, lui ayant demandé ce qu'il faisait, il répondit : « Qu'il essayait de se mettre debout »; — que, pendant qu'il cherchait à l'aider et à
le soutenir, il se plaignit d'une douleur dans l'estomac
et tomba à terre, ses yeux tournant dans leurs orbites
d'une manière qui alarmait beaucoup le comte;
qu'alors il perdit sa connaissance. La même chose

arriva encore depuis, le matin et deux autres fois, lorsque le comte l'aidait à se mettre sur son séant, en plaçant les oreillers derrière son dos pour le soutenir. Il n'était pas plus tôt ainsi placé qu'il étendait les bras et retombait en arrière, les yeux tournés comme la première fois.

Le comte dit que l'huile de castor, que le docteur Arnott avait recommandée et que le docteur Antommarchi s'était plusieurs fois efforcé de lui faire prendre, ne pouvait pas rester sur son estomac; il ne l'avait pas plus tôt avalée qu'il la rejetait à l'instant même.

Le gouverneur exprima au comte le désir qu'une consultation de médecins anglais pût avoir lieu, disant : que ce ne serait pas rendre justice à ceux qui étaient à Sainte-Hélène que de refuser l'occasion d'essayer leur savoir et leur expérience dans le cas présent. Il fit mention de la guérison miraculeuse du capitaine Meynell, de la marine royale, qui était dangereusement malade à Plantation-House et avait un hoquet si extraordinaire qu'on le croyait à la dernière extrémité, M. O'Meara, lui-même, qui avait été appelé en consultation, avait affirmé qu'il n'en pouvait revenir; un moment après l'avoir quitté, néanmoins, grâce au talent du docteur Baxter et du docteur Thompson, médecin de marine en chef actuellement à Sainte-Hélène, il se rétablit entièrement.

Le comte donna l'assurance que le comte Bertrand et lui désiraient vivement que d'autres médecins fussent appelés et déclara qu'ils feraient tout ce qu'ils pourraient, quand un intervalle de connaissance pourrait se trouver, pour obtenir du général Bonaparte qu'il consentît à la consultation que le gouverneur avait offerte; qu'à tout événement, quand on verrait qu'il aurait entièrement « perdu le sens », ils enverraient immédiatement prier les médecins anglais de venir le voir. »

Le gouverneur dit en finissant : « Enfin, Monsieur le comte, je désire fortement que la science médicale anglaise ait au moins la chance de lui sauver la vie. »

Entre 3 et 4 heures de l'après-midi, le docteur Antommarchi vint me trouver et exprima son désir d'avoir une consultation avec les médecins anglais proposés, dans sa propre chambre; me disant en même temps, que le général Bonaparte était mourant (*sta morendo*), qu'il croyait qu'il mourrait dans le courant du jour, quoiqu'il pût durer encore quelques journées (*qualche giornati*). Je fis aussitôt faire un signal pour que les docteurs Short et Mitchell vinssent sans délai à Longwood, et ils arrivèrent bientôt après.

Signé : G. GORREQUER,

major.

PIÈCE JUSTIFICATIVE N° 10.

Récit officiel de la mort de Napoléon Bonaparte.

(Hudson Lowe au comte Bathurst.)

« ... Ce matin, de bonne heure, à environ 7 heures, je me rendis à l'appartement où était le corps, accompagné du vice-amiral Lambert, commandant en chef de la marine dans cette station, du marquis de Montchenu, commissaire de S. M. le roi de France et nommé en la même qualité par S. M. l'empereur d'Autriche, du brigadier général Coffin, commandant en second des troupes, de MM. Thomas Brooke et Thomas Greentree, membres du conseil de gouvernement de l'île, et des capitaines Brown, Hendry et Marryat, de la marine royale.

« Après avoir vu la personne de Napoléon Bonaparte, qui était étendu, le visage découvert, nous nous retirâmes ensuite, d'accord avec les personnes qui avaient composé la maison de Napoléon Bonaparte. On procura à tous les officiers qui le souhai-

Arch. Aff. étr., tome 1,805, fol. 151 et suiv.

tèrent, tant de terre que de mer, aux officiers et agents civils de l'honorable Compagnie des Indes Orientales et à plusieurs autres personnes résidant ici, la faculté d'entrer dans la chambre où était le corps et de le voir.

« Aujourd'hui, à 2 heures, le corps fut ouvert, en présence des docteurs Short et Mitchell, Arnott, Burton, du 66ᵉ régiment, et de Matthew Livingstone, esqʳᵉ, chirurgien au service de la Compagnie des Indes. Le professeur Antommarchi assistait à l'ouverture; le général Bertrand et le comte de Montholon étaient présents. Après un examen attentif des diverses parties intérieures du corps, tous les officiers de santé présents rédigèrent concurremment un rapport sur l'aspect qu'elles avaient présenté; ce rapport est ci-joint.

« Je ferai enterrer le corps avec les honneurs dus à un officier général du plus haut rang. J'ai confié la présente dépêche au capitaine Crokat, du 20ᵉ régiment, et qui était l'officier de service auprès de la personne de Napoléon Bonaparte au moment de sa mort. Il s'embarque sur le sloop du roi *le Héron*, que le vice-amiral détache de l'escadre qu'il commande pour porter la nouvelle.

Signé : « HUDSON LOWE. »

État intérieur apparent du corps de Napoléon Bonaparte lors de l'ouverture.

Le corps, en le regardant à l'extérieur, paraissait extrêmement gras; cet état fut confirmé par la première incision faite sur son milieu, où on trouva que la graisse couvrait l'abdomen à l'épaisseur d'un pouce et demi. Après la section des cartilages des côtes pour découvrir la cavité thoracique, on trouva une légère adhésion de la plèvre gauche et de la plèvre droite costale; environ trois onces d'un fluide rougeâtre étaient contenues dans la cavité gauche et près de huit onces dans la droite. Le péricarde était sain et contenait environ une once de fluide. Le cœur était de grandeur naturelle, mais couvert de beaucoup de graisse; les oreillettes et les ventricules ne présentaient rien d'extraordinaire, si ce n'est que les parties musculaires paraissaient plus pâles que dans l'état naturel.

A l'ouverture de l'abdomen, l'*omentum* fut trouvé excessivement gras, et en découvrant l'estomac on s'aperçut que ce viscère était le siège d'un mal qui avait fait de grands ravages; de fortes adhésions joignaient toute la surface supérieure, particulièrement vers l'extrémité pylorique, à la surface concave du lobe gauche du foie. La séparation qui en fut faite laissa voir, à un pouce du pylore, un ulcère qui pénétrait dans les parois de l'estomac et y for-

mait une ouverture assez grande pour y passer le
petit doigt. La surface interne de l'estomac, dans
presque toute son étendue, n'était qu'une masse
d'affections cancéreuses ou de portions squirreuses
prêtes à se cancériser : ceci était surtout remar-
quable près du pylore. L'extrémité cardiaque, seulement dans un court espace vers l'extrémité de l'œso-
phage, paraissait dans un état sain. L'estomac
était presque entièrement rempli d'une grande quantité de liqueur, semblable à du marc de café. La
surface convexe du lobe gauche du foie adhérait au
diaphragme ; à l'exception des adhérences causées
par la maladie de l'estomac, aucune altération mor-
bide n'était apparente au foie. Le reste des viscères
abdominaux était dans un état parfaitement sain.
On observa une légère irrégularité dans la confor-
mation du rognon gauche.

(Suivent les signatures.)

PIÈCE JUSTIFICATIVE N° 11.

*État des boîtes que Marchand doit remettre
à mon fils.*

Il consiste en trois boîtes acajou, n°s 1, 2, 3.

La première boîte n° I est à double fond, a 15
pouces de long et contient :

<pre>
Le premier fond 19 tabatières........ 19
Le second   — 14   —   14
                                     ——
Total des tabatières............ 33
</pre>

N° 1. — La sagesse de Scipion, donnée par le pape
Pie VII à l'Empereur lors du couronnement.

2. — Le roi de Rome enfant, tabatière dont l'Empereur a fait usage pendant plusieurs années.

3. — Portrait de l'impératrice Joséphine, première
femme de l'empereur Napoléon.

4. — Tabatière ovale longue, contenant 4 médailles
où se trouve Jules César. L'Empereur s'est souvent
servi de cette tabatière.

5. — Tabatière ornée du portrait du roi et de la
reine de Westphalie.

Arch. Aff. étr., tome 1,8o5, fol. 191 et suiv.

6. — Petite boîte à cure-dents, ornée du portrait de *Madame*.

7. — Tabatière quarrée, ornée de 5 médailles du moyen âge.

8. — Tabatière quarrée, ornée d'un camée; portrait de *Madame* fort ressemblant.

9. — Boîte à odeur.

9 *bis*. — Bonbonnière, ornée du portrait de la reine de Naples, sœur de l'Empereur.

10. — Tabatière ronde ; 4 portraits : l'impératrice Joséphine, le prince Eugène, la reine Hortense, le roi de Hollande.

11. — Tabatière ovale, ornée de 3 médailles, parmi lesquelles se trouve celle de César. L'Empereur s'est souvent servi de cette tabatière.

12. — Fédération de Milan ou création de la République Cisalpine, en 1797.

12 *bis*. — Tabatière quarrée, ornée d'une agate.

13. — Tête d'Alexandre, camée antique.

14. — Auguste et Livie : camée antique, le seul qui existe.

15. — Tabatière ornée d'un camée : portrait de l'Empereur.

16. — Portrait de Turenne.

17. — Tabatière ornée de perles, offrant une vue de Laeken.

Second fond.

18. — Pierre Ier, empereur de Russie.

19. — Plan de Vienne.

20. — Deux portraits des deux nièces de l'Empereur, filles du roi Joseph.

21. — Paysage en mosaïque.

22. — Charlemagne.

23. — Bataille de Marengo, donnée par la ville de Dieppe.

24. — Bonbonnière, ornée du portrait de *Madame*.

25. — Portrait du roi Joseph, frère aîné de l'Empereur.

26. — Boîte d'or enrichie de diamants, donnée à l'Empereur par l'empereur de Perse.

27. — Frédéric le Grand à Potsdam.

28. — Une tête d'Alexandre.

29. — Une boîte, pierre de lave, avec 3 médailles.

30. — Le roi de Rome. priant Dieu pour la France et pour son père.

31. — Portrait de l'impératrice Marie-Louise, tabatière que portait souvent l'Empereur.

Nota. — Dans plusieurs de ces boîtes, il existe des décorations de la Légion d'honneur, de la Couronne de Fer et de la Réunion que portait l'Empereur, et une grande croix de la Légion d'honneur.

Nᵒ 2.

*État des boîtes que Marchand doit remettre
à mon fils.*

Nᵒ 1. — Douze boîtes aux armes impériales.

2. — Deux petites lunettes, dont se servait l'Empereur à l'armée.

3. — Une boîte n° 1, en pierres de Russie, ornée d'un portrait.

4. — Une boîte en ivoire.

5. — Une chasse à Fontainebleau.

6. — Une boîte d'or, avec un paysage en ivoire.

N° 3.

*État des boîtes que Marchand doit remettre
à mon fils.*

Trois tabatières, dont se servait l'Empereur à Sainte-Hélène, savoir :

N° 1. — Une tabatière ornée de 4 médailles d'argent.

2. — Une tabatière ornée de 2 médailles d'argent.

3. — Une tabatière ornée de 3 médailles d'argent.

4. Deux cordons de la Légion d'honneur.

5. — Une paire de boucles d'or à souliers, dont se servait l'Empereur à Sainte-Hélène.

6. — Une boucle de col.

7. Une paire de boucles à jarretières.

8. — Une bonbonnière en écaille.

9. Une grosse montre d'argent; cette montre se mettait dans la voiture de l'Empereur en campagne.

10. — Une petite lorgnette, du nombre de celles dont se servait l'Empereur à l'armée.

11. — Un petit cachet aux armes de France.

PIÈCE JUSTIFICATIVE N° 12.

Madame Mère à lord Londonderry.

Rome, 15 août 1821.

Mylord,

« La mère de l'empereur Napoléon vient réclamer de ses ennemis les restes de son fils. Elle vous prie de vouloir bien présenter sa réclamation au cabinet de S. M. britannique, et à S. M. elle-même.

« Précipitée du faîte des grandeurs humaines au dernier degré de l'infortune, je ne chercherai pas à attendrir le ministère britannique par la peinture des souffrances de la grande victime; qui, mieux que le gouverneur de Sainte-Hélène et les ministres, dont il a exécuté les ordres, ont été à même de connaître toutes les souffrances de l'Empereur? Il ne reste donc rien à dire à une mère sur la vie et la mort de son fils! L'histoire impartiale et juste

Arch. Aff. étr., tome 1,805, fol. 195-196.

s'est assise sur son cercueil, et les vivants et les morts, les peuples et les rois sont également soumis à son inévitable jugement!

« Même dans les temps les plus reculés, chez les nations les plus barbares, la haine ne s'étendait pas au delà du tombeau. La Sainte-Alliance de nos jours pourrait-elle offrir au monde un spectacle nouveau dans son inflexibilité? Et le gouvernement anglais voudrait-il continuer à étendre son bras de fer sur les cendres de son ennemi immolé?

« Je demande les restes de mon fils, personne n'y a plus de droits qu'une mère; sous quel prétexte pourrait-on retenir ces restes immortels? La raison d'État et tout ce que l'on appelle politique n'ont point de prise sur des restes inanimés; d'ailleurs, quel serait, en les retenant, le but du gouvernement anglais? Si c'était pour outrager la cendre du héros, un tel dessein ferait frémir d'horreur quiconque conserve encore dans son âme quelque chose d'humain! Si c'était pour expier, par des honneurs tardifs, le supplice du rocher dont la mémoire durera autant que l'Angleterre, je m'élève de toutes mes forces avec toute ma famille contre une semblable profanation. De tels honneurs seraient, à vos yeux, le comble de l'outrage. Mon fils n'a plus besoin d'honneurs; son nom suffit à sa gloire, mais j'ai besoin d'embrasser au moins ses restes. C'est loin des clameurs et du bruit que mes mains lui ont préparé, dans une humble chapelle, une tombe...!

Au nom de la justice et de l'humanité, je vous conjure de ne pas repousser ma prière. Pour obtenir les restes de mon fils, je puis supplier le ministère, je puis supplier S. M. britannique. J'ai donné Napoléon à la France et au monde; au nom de Dieu, au nom de toutes les mères, je vous en supplie, Mylord, qu'on ne me refuse pas les restes de mon fils!

« Recevez, Mylord, etc.

Signé : « MADAME MÈRE.

TABLE DES MATIÈRES

CHAPITRE III.

CHAPITRE IV.

CHAPITRE V.

CHAPITRE VI.

CHAPITRE VII.

TABLE DES GRAVURES

"